Jesper Juul

Das kompetente Kind

Auf dem Weg zu einer neuen
Wertgrundlage für die ganze Familie

Deutsch von
Sigrid Engeler

Rowohlt

Die Originalausgabe erschien 1996 unter dem Titel
«Dit kompetente barn. På vej mod et nyt
værdiggrundlag for familien»
im Verlag Schønberg, Kopenhagen

5. Auflage Oktober 2001
Copyright © 1997 by Rowohlt Verlag GmbH,
Reinbek bei Hamburg
«Dit kompetente barn» Copyright © 1995 by Jesper Juul
Umschlaggestaltung Büro Hamburg
(Foto: Tony Stone images / David Oliver)
Alle deutschen Rechte vorbehalten
Satz aus der Life (Linotronic 500)
Gesamtherstellung Clausen & Bosse, Leck
Printed in Germany
ISBN 3 498 03330 1

Inhalt

Einleitung 9

1 Familienwerte 17
Die Familie als Machtstruktur 20
Erziehungsmethoden 22
Das Trotzalter 23
Die Pubertät 24
Teenagerrebellion 25
Grenzen 25
Einigkeit 26
Konsequenz 27
Konsequenzen 28
Gerechtigkeit 29
Die demokratische Parenthese 31
Konflikte 35
Gleichheit 36
Respekt 37
Forderungen 38
Die gleichwürdige Gemeinschaft 39

2 Kinder kooperieren 43
Der grundlegende Konflikt 43
Kooperation 45
Integrität 55
Der Konflikt 75

3 Selbstgefühl und Selbstvertrauen 95
Definitionen 96
Zusammenhang und Ausdruck 97
Schau mich an, Mutter! 100
Anerkennung und Wertschätzung 106

«Unsichtbare» Kinder 116
Von unsichtbar zu sichtbar 123
Gewalt ist Gewalt 125
Das Selbstgefühl der Erwachsenen 133

4 Verantwortung, Verantwortlichkeit und Macht 136
Definitionen 137
Aller Anfang ist schwer 142
Elterliche Verantwortung und Macht 144
Die persönliche Verantwortung der Kinder 149
Eine persönliche Sprache 157
Verantwortlich, aber nicht allein 161
Verantwortung oder Service 168
Die soziale Verantwortung der Kinder 175
Praktische Verantwortung 179
Wenn Kinder zuviel Verantwortung übernehmen 184
Allein mit der Verantwortung 194
Die Macht der Eltern 199
Die Interaktion 200
Verantwortliche Machtausübung 208

5 Grenzen 218
Sich von den Rollen verabschieden 220
Die eigenen Grenzen setzen 223
Wenn es mißglückt 226
Die sozialen Grenzen 232

6 Familien mit Teenagern 239
Lassen Sie das Erziehen 241
Das Verlustgefühl der Eltern 246
Wer entscheidet? 251
Wenn es beinahe gelingt 258

7 Die Eltern 262
  Unterschiedlichkeit 263
  Die gleichwürdige Führung 270
  Partnerschaft und Elternschaft 273
  Gegenseitigkeit ist Respekt vor der gleichen
  Würde 276

Register 280

Einleitung

Wie viele in meiner Generation wußte ich vor fünfundzwanzig bis dreißig Jahren, daß in dem, was die Generation meiner Eltern (und die davor) über Familie und Kindererziehung dachte, etwas grundverkehrt war.

In den folgenden zehn Jahren, als ich mit sogenannt verhaltensschwierigen Kindern und Jugendlichen sowie mit Gruppen alleinstehender Mütter arbeitete und mich nebenher zum Familientherapeuten ausbilden ließ, wurde mir klar, daß meine Einstellungen nicht besser oder schlechter waren als die, für die sie eine Alternative sein wollten. Meine Einstellungen und Ansichten litten an der gleichen fundamentalen Schwäche. Es fehlte ihnen an ethischer Substanz, und sie wirkten polarisierend. Sie befanden ziemlich selbstsicher, daß manche Menschen richtig sind, weil sie in Übereinstimmung mit den richtigen Einstellungen handeln, während andere, die in Übereinstimmung mit den falschen Einstellungen handeln, «verkehrt» sind.

Diese Polarisierung war auch in dem Feedback, das ich von Kollegen und Klienten bekam, enthalten. Einige fanden mich tüchtig, andere nicht, und in meiner Naivität meinte ich, solange die Erstgenannten in der Mehrzahl seien, sei das, was ich tat, in Ordnung. Später wurde mir klar, daß ich auf die Letztgenannten hätte hören sollen. Erst als ich meinen eigenen Mangel an Kompetenz als Vater erlebte, fing ich langsam an zu lernen, wo ich mich früher nur ausgebildet hatte.

Bis dahin hatte ich gedacht, daß die Erziehung geprägt sein sollte von Verständnis, Toleranz und Demokratie zwischen Eltern und Kindern, im Gegensatz zu der moralisierenden, intoleranten und gängelnden Form der Kindererziehung, die, wie ich wußte, sich auf das Selbstgefühl und die Lebenskraft der Kinder verheerend auswirkte.

Im Zusammenhang mit meinem Sohn und den Familien mit ihren Kindern, mit denen ich jeden Tag arbeitete, begann ich zu merken, wie substanzlos meine Haltungen waren. Die Situation der Kinder in Familie und Gesellschaft besserte sich in vieler Hinsicht. Mein beruflicher Wunsch, für die Menschen, mit denen ich arbeite, inspirierend zu sein, bleibt bestehen, auch bedingt durch einen eher persönlichen Schmerz.

Als Lehrer und Supervisor erlebte ich, wie Eltern bei Treffen mit Fachleuten viel zu oft zu Verlierern wurden, denn sie verließen ihre Berater und Therapeuten weniger tatkräftig und mit weniger Selbstbewußtsein als vorher. Ich erfuhr auch, wie oft sich diese Fachleute zwar hilflos und inkompetent fühlten, sich aber aus Pflichtgefühl an eine traditionelle Psychologie klammerten, die mehr darauf aus ist, Fehler zu finden, als Möglichkeiten aufzuzeigen.

Als Familientherapeut erlebte ich ständig, daß es die Kinder und Jugendlichen sind, die dafür zahlen. Das Verständnis der Erwachsenen wurde differenzierter, die Strafen humaner, die pädagogische Behandlung weniger besserwisserisch und die öffentliche Moral weniger restriktiv. Aber es war und ist immer noch so, daß es die Kinder sind, denen eine Verantwortung auferlegt wird, die nur wenige Eltern, Politiker, Pädagogen, Lehrer und Therapeuten bereit sind zu übernehmen. Das geschieht nicht aus bösem Willen – oft genug als Ausdruck von Liebe und gutem Willen –, sondern als eine logische Konsequenz, denn unsere grundlegende Annahme davon, wer und was Kinder sind, ist verkehrt.

Die schwedische Psychologin Margaretha Brodén hat das sehr schön in einem Satz ausgedrückt, der den Titel des vorliegenden Buches anregte: «Vielleicht haben wir uns geirrt – vielleicht sind Kinder kompetent» (Margaretha Brodén, Mor og barn i Ingenmandsland, København 1992, dt. «Mutter und Kind im Niemandsland»).

Einleitung 11

Wie Margaretha Brodén das sagt, zeigt zum einen den wissenschaftlichen Charakter ihres Buches, zum anderen zeigt es besonderes Interesse an der frühen Interaktion zwischen Säuglingen und Eltern. Da ich Praktiker bin und kein Forscher und da meine Erfahrungen die Interaktionen zwischen Kindern und Erwachsenen im weitesten Sinne sind, möchte ich die Summe meiner Beobachtungen etwas anders formulieren.

Soweit ich sehen kann, machen wir einen entscheidenden Fehler, wenn wir nicht davon ausgehen, daß Kinder von Geburt an richtige Menschen sind. Wir sind gewohnt, Kinder als eine Art potentiell asozialer Halbmenschen anzusehen, die zunächst einmal massiver Einwirkung und Manipulation durch Erwachsene unterzogen werden müssen. Sodann müssen sie ein bestimmtes Alter erreicht haben, bevor sie als gleichwertige, richtige Menschen anerkannt werden können. Diese Grundannahme ist im Laufe der Zeit sowohl wissenschaftlicher als auch volkstümlicher formuliert worden, aber der Unterschied ist letztlich nicht so groß. In beiden Fällen lautet das Ergebnis: Erwachsene müssen Wege finden, um Kinder so aufzuziehen, daß sie lernen, sich wie Menschen aufzuführen. Wir haben das Erziehungsstile genannt. Auch wenn wir im Lauf der Zeit die ganze Skala von «freier Erziehung» bis hin zur «antiautoritären Erziehung» diskutiert haben, den Ausgangspunkt haben wir nie ernsthaft hinterfragt.

Dieses Buch soll unter anderem klarmachen, daß das allermeiste dessen, was wir traditionell unter Erziehung verstehen, sowohl überflüssig als auch direkt schädlich ist, denn es ist nicht nur ungesund für Kinder, sondern blockiert auch das menschliche Heranreifen und die Entwicklung der Erwachsenen, und letztlich wird die Interaktion zwischen Kindern und Erwachsenen destruktiv beeinflußt. So kommt ein Teufelskreis in Gang, der auch unser Verständnis von Kleinkindpädagogik, von Unterricht, Sozialpädagogik, von Therapie sowie Kinder- und Familienpolitik verdirbt.

Meine Generation war daran beteiligt, eine illusorische Distanz zwischen «wir» und «die Gesellschaft» zu schaffen, eine Illusion, die vor fünfundzwanzig Jahren der logische Teil eines Aufstandes gegen die Autoritäten war, die aber jetzt, wo sich Politik auf Finanzpolitik reduziert, zunehmend gefährlich wird. Vielleicht ist es mehr denn je wahr, daß die Art, wie wir mit unseren Kindern umgehen, bestimmend sein wird für die Zukunft der Welt. Die Menge an Informationen hat in einem Grad zugenommen, daß wir nicht damit rechnen dürfen, unser Doppelspiel im Verhältnis zu Kindern und Jugendlichen noch viel länger aufrechterhalten zu können. Auf Dauer werden wir nicht damit durchkommen, Ökologie, Mitmenschlichkeit und Gewaltlosigkeit zu predigen, während wir gleichzeitig Kinder und Jugendliche mit Gewalt behandeln, in der prinzipiellen Bedeutung des Wortes.

Seit einigen Jahren genieße ich das Privileg, unterschiedliche Kulturen kennenzulernen und in ihnen zu arbeiten. Das hat mich davon überzeugt, daß die Entwicklung, die im Verhältnis zwischen Erwachsenen und Kindern in den skandinavischen Ländern stattgefunden hat, in wichtigen Teilen als Modell für die Entwicklung in anderen Ländern dienen wird. An der Oberfläche sieht es oft so aus, als fehlten klare Haltungen und es herrschten Verwirrung und Lähmung. Doch regt sich darin etwas, das man nur als Quantensprung in der Entwicklung der Menschheit beschreiben kann: Zum ersten Mal in neuerer Zeit sind wir bereit, die Unantastbarkeit des einzelnen Menschen und sein Recht auf persönliches Wachstum im Ernst von einem undogmatischen und nichtautoritären Ausgangspunkt aus zu sehen. Zum ersten Mal gibt es eine Grundlage, zu glauben, daß die existentielle Freiheit des einzelnen nicht eine Bedrohung der Gemeinschaft bedeutet, sondern vielleicht im Gegenteil für die fortdauernde Gesundheit der Gemeinschaften von vitaler Bedeutung ist.

Das Verhältnis zwischen Erwachsenen und Kindern spielt

sich in vielen verschiedenen Tonlagen ab. Es gibt große Unterschiede zwischen Nord- und Südeuropa, zwischen den USA und den Ländern des ehemaligen Ostblocks, und sogar innerhalb des einzelnen Staates unterscheiden sich die Landesteile erheblich. Die Kultur eines jeden Landes, seine politische Geschichte und religiöse Zugehörigkeit spielen natürlich eine große Rolle für das Selbstverständnis eines Volkes und für das, was Fremden auffällt. Man kann hören, daß Menschen, die nach Dänemark einwandern, sagen, sie wünschten nicht, daß ihre Kinder wie dänische Kinder werden, und wir als Dänen nehmen leicht an dem körperlicheren Umgang der Südeuropäer mit ihren Kindern Anstoß. Nachdem besonders die USA und die europäischen Länder entweder schon zu multiethnischen und multinationalen Gesellschaften geworden sind oder es sehr bald werden, halte ich es für sehr wichtig, hinter diese kulturell bestimmten Varianten zu blicken. Von Kultur zu Kultur unterscheidet sich die soziale Bedeutung der Familie, aber ihre existentielle Bedeutung ist nach meiner Erfahrung überall gleich. Die Freude über ein konstruktives und gesundes Zusammenleben ist die gleiche, ebenso Schmerz über destruktive Beziehungen.

Das ganze Buch hindurch wird das «Alte» dem «Neuen» gegenübergestellt, nicht so sehr, um das Alte zu kritisieren, als vielmehr, um konkrete Handlungsmöglichkeiten aufzeigen zu können. In meiner täglichen Arbeit mit Familien und ihren Betreuern und Therapeuten erlebe ich, daß die Menschen zumeist sehr offen sind für Einstellungen. Die meisten Eltern wissen im Innersten gut, wann sie unangemessen handeln, brauchen aber konkrete Angebote und Demonstrationen, um ihre Handlungsmuster zu ändern. In der sich vollziehenden Entwicklung fehlen ganz klar Vorbilder und Rollenmodelle. Die traditionelle Psychologie setzt bei Gefühlen häufig Fragezeichen: Lieben die Eltern ihre Kinder? Wie sehr haßt ein Sohn seinen Vater? Wie zornig ist eine Tochter auf ihre Mutter? Und so weiter. Ich will gewiß nicht die Bedeutung dieser uralten Formen, menschlichem Leid Ausdruck zu geben, herunterspielen, sondern nur betonen, daß ich nie Eltern begegnet bin, die ihre Kinder nicht liebten, oder Kindern, die ihre Eltern nicht gern hatten. Was mir begegnete, sind Eltern und Kinder, denen es nicht gelang, ihre liebevollen Gefühle füreinander in liebevolle Taten umzusetzen.

Zum ersten Mal sind wir in der Lage, Möglichkeiten zu sehen, um echte Beziehungen auf der Ebene gleicher Würde zwischen Männern und Frauen und zwischen Erwachsenen und Kindern zu etablieren. In so großem Umfang ist das in der Geschichte der Menschheit bislang nie geschehen, und sowohl wir als auch unsere Kinder und Enkelkinder sind im wahrsten Sinn des Wortes dabei, Neuland zu erobern. Die Forderung nach gleicher Würde bedeutet auch Offenheit und Respekt für Verschiedenheit, was wiederum heißt, daß wir einen großen Teil unserer Vorstellungen über generell Richtiges und generell Falsches aufgeben müssen. Wir können nicht mehr nur eine Methode durch eine andere ersetzen. Oder um es etwas deutlicher zu sagen: Es reicht nicht aus, unsere falschen Ansichten zu modernisieren.

Das heißt auch, daß die Handlungsalternativen, die in diesem Buch vorgeschlagen werden, als Anregung gemeint sind, um selber zu experimentieren. Es sind keine Beispiele, denen gefolgt werden soll oder die kopiert werden sollen – also kein System, das ein anderes ersetzt. Eltern sind nicht nur von unterschiedlichem Geschlecht, sondern bringen überdies unterschiedliche Erfahrungen aus ihren Herkunftsfamilien mit. Uns allen ist gemeinsam, daß wir als Kinder lernten, zu anderen Menschen in Beziehung zu treten, die fruchtbar waren und andere, die unfruchtbar waren. Ob die einen die anderen überwogen, ist nicht entscheidend. Wesentlich ist, daß wir in der nächsten Familie, die wir bilden, Möglichkeiten haben, gerade das zu erlernen, was wir in der ersten nicht lernen konnten.

Zu sagen, Kinder seien kompetent, wie es dieses Buch tut, heißt unter anderem: Kinder sind in der Lage, uns Rückmeldungen zu geben, die es uns ermöglichen können, unsere eigene verlorengegangene Kompetenz wiederzugewinnen, und die uns helfen, unsere unfruchtbaren und nicht liebenswerten Handlungsmuster abzulegen. Das erfordert mehr, als nur den Dialog zwischen Kindern und Erwachsenen zu demokratisieren. Es beinhaltet, daß wir eine Form des Dialogs entwickeln müssen, die vielen Erwachsenen nicht gelingt: den «gleichwürdigen», persönlichen Dialog.

Daß jeder von uns seinen eigenen Weg finden muß, den Weg, der sowohl für uns wie unsere Kinder am fruchtbarsten ist, heißt nicht, daß alles gleich gut ist oder daß «anything goes»! Durch das Buch hindurch wird auf einige zentrale Prinzipien Bezug genommen, die jedes einzeln für sich und alle gemeinsam die Kriterien bilden, an denen jeder seine eigenen Handlungen messen kann.

Bei der oberflächlichen Tendenz unserer Zeit, Opfer zu benennen und Schuld zuzuweisen, besteht das Risiko, daß sich einige Erwachsene von diesem Buch und seinem Verfasser kritisiert fühlen werden. Es ist nicht meine Absicht, jemanden zu kritisieren oder irgendwem Schuld zuzuweisen. Wenn ich oft auf historische oder heute gängige Praxis verweise, dann tue ich das, weil ich die Erfahrung gemacht habe, daß die meisten Menschen sich selbst und ihr eigenes Tun am besten im Spiegel der Geschichte verstehen.

Sowohl für die Prinzipien als auch für die vielen Beispiele des Buches gilt, daß sie primär aus meiner Arbeit am The Kempler Institute of Scandinavia herrühren. Ich schulde dem amerikanischen Psychiater und Familientherapeuten Dr. Walter Kempler und den übrigen Mitgliedern des Instituts großen Dank für ihre Inspiration und ihr nie nachlassendes

Vertrauen über die vielen Jahre hin, in denen ich zu mir selbst kein Vertrauen hatte. Das gleiche gilt für viele Familien in der ganzen Welt, die mich in ihr persönliches und privates Leben haben Einblick nehmen lassen.

Ich erinnere mich mit peinlicher Deutlichkeit an meine Einstellungen und Vorurteile, als ich die erste japanische Familie traf, die erste muslimische, die erste ethnisch gemischte Familie in den kroatischen Flüchtlingslagern, die erste amerikanische Alkoholikerfamilie und so weiter und so weiter.

Mein längst erwachsener Sohn trägt dazu bei, meine Erfahrungen auf eine Weise zu integrieren, wie es nur der tun kann, der offen und ehrlich auf der Suche nach dem eigenen Leben ist. Das gleiche gilt für meine Frau, die mich durch ihr Da-Sein mit etwas konfrontiert, von dem ich jedesmal wieder hoffe, es möge die letzten Reste kindischer Egozentrik sein.

Weitere Informationen im Internet unter
www.jesperjuul.com
und
www.yourcompetentchild.com

1 Familienwerte

Die Wertvorstellungen, auf denen die Familie mehr als zwei Jahrhunderte sicher ruhte, sind fast überall in Auflösung oder Umwandlung begriffen. In Skandinavien, wo die Frauen diesen Trend setzten, wurde die Entwicklung zweifelsohne durch relativen Wohlstand und fortgeschrittene Sozialgesetzgebung unterstützt. In anderen Ländern trugen Bürgerkrieg und materielle Not dazu bei, die Dinge ins Rollen zu bringen.

Gemeinsam ist allen, daß die hierarchisch aufgebaute, autoritäre patriarchalische/matriarchalische Familienstruktur in Bewegung gekommen ist. Dies geschieht in unterschiedlichem Tempo, und auf der Landkarte wimmelt es von unterschiedlichen Familientypen. Einige versuchen unbedingt, «die gute alte Zeit» festzuhalten, andere experimentieren mit neuen, fruchtbareren Arten des Zusammenlebens. Mit Blick auf die Gesundheit gibt es allen Grund, diese Veränderung willkommen zu heißen. Die alte Familienstruktur und ein Teil ihrer Werte waren in vielerlei Hinsicht für Kinder wie für Erwachsene destruktiv.

Ein Café in Spanien:

Vater, Mutter und zwei Söhne, ungefähr drei und fünf Jahre alt, haben Eis und Kuchen gegessen und sind nun fertig. Die Mutter nimmt eine Serviette, spuckt darauf, packt mit festem Griff das Kinn des Jüngsten und beginnt ihm das Gesicht rund um den Mund sauberzumachen. Der Junge protestiert und dreht das Gesicht von der Mutter weg. Sie greift ihm in den Haarschopf, und während sie verbissen zischend ihm erzählt, wie böse er ist, dreht sie mit Hilfe seiner Haare sein Gesicht wieder in Reichweite.

Sein großer Bruder ist schon wohlerzogen. Die Episode läßt einen flüchtigen Schimmer von Schmerz über sein Gesicht huschen, das aber doch sofort wieder einer neutralen Maske Platz macht. Auch der Vater reagiert mit einem Schimmer von Schmerz in den Augen, aber er wendet sich rasch der Mutter zu, indem er sich irritiert darüber zeigt, daß sie mit dem Kleinen nicht ohne solches Theater fertig wird.

Der Kleine hat sich blitzschnell von diesem Überfall wieder erholt, und schon zehn Meter weiter bleibt er stehen und zeigt begeistert in ein Schaufenster, wo er seiner Mutter etwas zeigen will. Sie, die mittlerweile schon ein paar Schritte weitergegangen ist, kommt rasch und zielstrebig zurück. Ohne den Gegenstand seiner Begeisterung auch nur eines Blickes zu würdigen, packt sie den Knirps am Arm und zieht ihn mit sich. Er schreit, doch sie will unbedingt die Oberhand behalten und wiederholt: «Pontela cara bien!» (Mach dein Gesicht sauber!)

Ein Café in Wien:

Zwei junge Ehepaare und der Sohn des einen Paares, ungefähr fünf Jahre alt, setzen sich in einem Café draußen an einen Tisch, um nach dem Einkaufen eine Tasse Kaffee zu trinken. Die Bedienung erscheint, und die Mutter des Jungen sagt: «Wir möchten Kaffee, was willst du haben?»

Der Junge wartet einen Moment und sagt: «Ich weiß nicht, worauf ich Lust habe.»

Die Mutter, irritiert, zur Kellnerin: «Geben Sie ihm einen Saft.»

Kaffee und Saft werden gebracht, und kurz darauf sagt der Junge: «Mama, ich möchte lieber eine Cola mit Zitrone, geht das?»

Die Mutter: «Warum hast du das nicht gleich gesagt? Nun mußt du den Saft trinken!» – und im gleichen Atemzug zur

Bedienung: «Der Junge hat es sich anders überlegt. Bringen Sie ihm eine Cola mit Zitrone, damit wir Ruhe haben.»

Nach etwa zehn Minuten, die Erwachsenen haben sich unterdessen mit Erinnerungen an den Urlaub amüsiert, und der Junge saß still und schaute sich um, blickt die Mutter auf die Uhr und sagt gereizt zu dem Jungen: «Trink jetzt deine Cola aus!»

Der Junge (wird munter): «Gehen wir jetzt?»

Die Mutter: «Ja, wir müssen schnell nach Hause. Trink jetzt die Cola!»

Der Junge trinkt seine Cola mit großen Schlucken aus und erklärt fröhlich: «So, ich bin jetzt fertig. War ich nicht schnell, Mama?»

Die Mutter ignoriert seine Frage, das Gespräch der Erwachsenen geht weiter. Der Junge sitzt wohlerzogen und still daneben und hört den Erwachsenen zu. Nach einer halben Stunde fragt er vorsichtig: «Mama, gehen wir bald heim?»

Die Mutter, laut und wütend: «Halt den Mund, Buberl! Wenn du noch weiter Ärger machst, gehst du daheim sofort ins Bett. Hast du mich verstanden?»

Der Junge sinkt in sich zusammen und resigniert. Die übrigen Erwachsenen blicken anerkennend auf die Mutter, und der Vater des Jungen legt bekräftigend seine Hand auf den Arm seiner Frau.

Eine Bushaltestelle in Kopenhagen:

Eine Großmutter wartet mit zwei Enkelkindern im Alter von etwa vier und sechs Jahren auf den Bus. Der Junge, der etwa vier Jahre ist, zupft seine Großmutter am Ärmel und sagt: «Oma, ich muß mal.»

Großmutter: «Das geht jetzt nicht. Wir wollen jetzt nach Hause.»

Der Junge: «Ja, aber ich muß doch so doll!»

Großmutter: «Nun tu, was Oma dir sagt, und damit basta! Sieh dir deine große Schwester an, wie groß und vernünftig die ist.»

Der Junge: «Ja, aber ich muß mal... ganz doll!»

Großmutter: «Kannst du nicht hören, Junge? Du kannst auf die Toilette, wenn du nach Hause kommst. Wenn du jetzt nicht lieb bist, dann erzählt Oma das der Mama, das kannst du glauben. Dann kommst du nicht mehr mit Oma in die Stadt.»

Seit Hunderten von Jahren haben wir Kindern Respekt vor Macht, Autorität und Gewalt beigebracht – aber nicht vor Menschen.

Die Erwachsenen, die in den vorstehenden Beispielen zitiert wurden, sind keine schlechten Menschen. Sie lieben ihre Kinder und Enkelkinder und sind von ihnen entzückt, wenn sie sich niedlich, spaßig, gut betragen. Die Erwachsenen handeln nur lieblos, weil sie das Lieblose als lieb und das Liebe als unverantwortlich kennengelernt haben.

Die Familie als Machtstruktur

Über Jahrhunderte hin haben Familien als Machtstruktur existiert, innerhalb deren die Männer über Frauen Macht hatten und die Erwachsenen über die Kinder. Diese Macht war umfassend und bezog sowohl die soziale wie auch die politische und psychische Ebene ein. Die Rangordnung in der Familie wurde nicht hinterfragt: Erst kam der Mann, dann die Frau – wenn es keine halbwüchsigen männlichen Kinder gab –, dann die Jungen und zum Schluß die Mädchen. Eine gelungene Ehe beruhte auf der Fähigkeit und dem Willen der Frau, sich dem Mann unterzuordnen, und die Kindererziehung hatte klar zum Ziel, daß die Kinder lernten, sich anzupassen und denen, die die Macht hatten, zu gehorchen.

Die Machtstruktur der Familie war totalitär, und mangelnder Fähigkeit oder fehlendem Willen zur Zusammenarbeit wurde logischerweise mit physischer Gewalt und/oder Einschränkungen der von vornherein begrenzten persönlichen Freiheit entgegengetreten. Wie auch in allen anderen totalitären Machtstrukturen war das Ideal: keine offenen Konflikte.

Gegen Ende des 19. Jahrhunderts begannen wir uns für Kinder als Wesen zu interessieren mit individuellen geistigen und seelischen Bedürfnissen, die für ihr Gedeihen und ihre Entwicklung große Bedeutung haben können. In den zwanziger Jahren fingen Frauen ernsthaft an, auf sich aufmerksam zu machen und verlangten ernst genommen zu werden – sowohl menschlich als auch sozial, als auch politisch. Im Laufe der ersten Hälfte des 20. Jahrhunderts wurde die Familie nach und nach weniger totalitär, aber an der zugrundeliegenden Machtstruktur des Familienlebens wurde nicht gerüttelt.

Für diejenigen, die sich anzupassen vermochten, bot die Familie eine sichere Basis, aber für diejenigen mit einer stärker ausgebildeten Individualität konnten die Familie und die Interaktion in ihr erschreckend destruktiv sein. Diejenigen, die darunter litten und Symptome entwickelten, wurden (pädagogisch und psychiatrisch) behandelt mit der klaren Zielsetzung, sie wieder an die Machtstrukturen anzupassen.

In den (wenigen) Fällen, wo die Ehepartner oder die Eltern in die Behandlung von Frauen und Kindern einbezogen wurden, forderte man sie auf, Verständnis, Liebe und Konsequenz zu zeigen, aber nie von ihrer Macht abzugeben. Erneute Einlieferung, fehlgeschlagene Resozialisierung, zwangsweise Behandlung mit Medikamenten und rascher sozialer Abstieg waren mithin die häufigsten Resultate der Behandlung. Zur «Familie in der guten alten Zeit» läßt sich viel sagen, aber gesund für das existentielle Befinden und Gedeihen des einzelnen war sie nur in Ausnahmen. Sozial gesehen war sie überwiegend erfolgreich, aber gleich unterhalb der sozialen Oberfläche fielen die krankhaften Prozesse ins Auge.

In dieser Form ist diese Beschreibung natürlich nicht nur unvollständig, sondern auch ungerecht. Auch damals hatte das Familienleben seine hellen, schönen und glücklichen Seiten. Selbstverständlich gedieh die Liebe zwischen den Menschen, und eine geglückte Unterwerfung birgt auch eine bestimmte Form von Sicherheit in sich, wie sie gut angepaßte Bürger totalitärer Gesellschaften auch kennen.

Eines der zentralen Probleme für viele moderne Familien liegt darin, daß die Sprache, die wir gebrauchen, wenn wir von Kindererziehung sprechen, noch aus der Zeit stammt, wo die gut gelungene Familie eine war, die keine Konflikte kannte und wo das Verständnis von seelischer Gesundheit sich sehr von unserem heutigen unterschied. Wenn einige der Wörter und Begriffe, die ich im folgenden durchgehen werde, auch noch in Zukunft benutzt werden sollen, muß man sie mit einer ganz anderen Bedeutung als bisher versehen.

Erziehungsmethoden

Bis zur Mitte der siebziger Jahre diskutierten wir in Skandinavien wie selbstverständlich Erziehungs*methoden*. Ausgehend von dem alten Bild, wie Kinder beschaffen sind, beinhaltet das auch die Bedeutung: Kinder haben potentiell etwas Tierisches und Asoziales, und deshalb müssen wir Erwachsenen mit ihnen unter Zuhilfenahme von Methoden umgehen, die sicherstellen, daß die Kinder sich menschlich und sozial entwickeln. Der Inhalt der Methoden ist ideologisch unterschiedlich, aber die Notwendigkeit einer Methode an sich wird nicht in Frage gestellt.

Jetzt, wo uns klar ist, daß Kinder von Anfang an richtige

Menschen sind, ist es absurd, von Methoden zu sprechen. Würde dieser Begriff auf das Verhältnis zwischen Erwachsenen angewendet, so bekäme man wohl Protest zu hören, und das aus gutem Grund. Stellen Sie sich einen Erwachsenen vor, der sagt: «Ich bin verliebt in eine große dunkelhaarige Frau aus Portugal, aber ich habe viele Probleme mit ihr. Können Sie mir nicht eine Methode an die Hand geben, wie ich weniger anstrengend mit ihr zusammenleben kann?» Nicht wahr – das geht nicht! Aber nichtsdestoweniger sprechen seit dem Anfang des 18. Jahrhunderts Erwachsene so über ihr Verhältnis zu Kindern.

Kinder sind von Geburt an sozial und menschlich, und um diese Qualitäten weiterzuentwickeln, müssen sie mit Erwachsenen zusammensein, die sozial und menschlich handeln. Jegliche Form von Methode ist nicht nur überflüssig, sie ist kontraindiziert, weil sie die Kinder für ihre Nächsten zum *Objekt* werden läßt.

Das Trotzalter

Mit ungefähr zwei Jahren beginnen Kinder langsam, sich aus der totalen Abhängigkeit von ihren Eltern zu befreien. Sie fangen an, selbständig zu denken, fühlen und handeln zu wollen und zu können. Die Erwachsenen brauchen nie zu zweifeln, wann dieses *Selbständigkeitsalter* einsetzt. Eines Morgens, wenn man sie anzieht, wehren sie den elterlichen Arm ab und sagen: «Kann alleine!» oder «Will alleine!» An diesem Punkt werden viele Eltern trotzig und antworten: «Nein, kannst du nicht!», «Nein, hör jetzt auf, wir haben keine Zeit zum Spielchenspielen!» oder ähnlich. Die Kinder werden selbständig, und die Erwachsenen werden trotzig!

Diese Monate im Leben der Kinder geben zugleich eines der klarsten Beispiele dafür, wie gekonnt Kinder kooperieren. Wenn der Versuch von Zweijährigen, eine selbständige

Kompetenz zu entwickeln, bei den Erwachsenen auf Widerstreben und Trotz stößt, werden die Kinder schon innerhalb weniger Monate entweder trotzig – und begegnen Trotz mit Trotz –, oder sie werden abhängig und entwickeln keine Initiative.

Der Begriff Trotzalter ist eine typische Beschreibung derjenigen, die Macht haben, für beschwerliche Untergebene. Daß kleine Kinder immer selbständiger werden, ist ein notwendiger Teil ihrer Entwicklung, und nur ein totalitäres System kann daran interessiert sein, diese kontinuierliche Entwicklung einer einzigartigen, sich entfaltenden Persönlichkeit zum Problem zu machen.

Die Pubertät

Pubertät ist an sich ein neutraler klinischer Begriff, der im Laufe des 20. Jahrhunderts ausgesprochen negative Assoziationen weckt. Heute wird dabei wie selbstverständlich an Konflikt, Zank und Streit gedacht. Dieses negative Bild wurde nach dem Zweiten Weltkrieg erweitert durch den Begriff «Präpubertät» – ein Fremdwort, das bedeutet: Der Krach lauert gleich um die Ecke.

Sachlich gesehen ist die Pubertät eine intrapsychische (individuelle), psychosexuelle Entwicklungsphase, die vielen der Zwölf- bis Fünfzehnjährigen Turbulenzen und einen hohen Grad an innerer Unsicherheit beschert. Daß diese Entwicklung an sich Ursache für interpersonelle Konflikte (mit Erwachsenen) sein soll, ist schlicht Unsinn. Die Häufigkeit der Konflikte und deren Heftigkeit beruhen, unter anderem, auf der Fähigkeit der Erwachsenen, ihre veränderte Rolle ins Auge zu fassen und auf der Art und Weise, wie es ihnen gelungen ist, die Integrität der Kinder während der ersten drei bis vier Lebensjahre sich herausbilden zu lassen.

Teenagerrebellion

Ebenso wie die Pubertät sind die Teenagerjahre in besonderem Maße mit einem Sprachgebrauch verknüpft, der schon beinahe politischen oder militärischen Charakter hat: Aufruhr, Rebellion, Ablösung, Revolution, Mangel an Disziplin und so weiter. In einer Machtstruktur, in der davon ausgegangen wird, daß die Erwachsenen das stabile, konfliktfreie Element verkörpern, muß jegliche progressive Entwicklung notwendigerweise als Angriff auf das Etablierte definiert werden. Ebenso wie man in Verbindung mit den Wechseljahren der Frauen diejenigen, die Macht haben, und damit die Interaktion von jeglicher Mitverantwortung freispricht, weist man in Familien mit Teenagern rein sprachlich die Schuld den Jugendlichen zu. Damit weicht man auf das eleganteste der Notwendigkeit aus, Stellung zu beziehen im Hinblick auf die übergeordnete Verantwortlichkeit der Erwachsenen für die Qualität der Interaktion. Das sind dann «das Alter», «die Hormone» oder beides!

Einige Begriffe, die wir traditionell in Zusammenhang mit der Kindererziehung verwenden, verweisen gleichzeitig auf das Bild von Realität bei den Mächtigen, wie auch auf ihren Glauben, daß es das beste für alle Beteiligten sei, die Machtstrukturen zu erhalten.

Grenzen

Innerhalb einer Machtstruktur müssen notwendigerweise Gesetz und Ordnung herrschen, also müssen der körperlichen, geistigen und emotionalen Entfaltung der Kinder Grenzen gesetzt werden. Die Grenzen – was die Kinder müssen und nicht müssen, sollen und nicht sollen, dürfen und nicht dürfen – waren eine Art familiärer Polizeiordnung.

Das führte zu der Behauptung, daß es für die Kinder gut und gesund sei, innerhalb bestimmter Grenzen zu leben, wofür es nicht den Schatten eines Beweises gibt. Wahr ist, daß sich Kinder nur dann harmonisch und gesund entwickeln, wenn die Erwachsenen in der Familie bestimmte Grenzen setzen. Ich werde später darauf zurückkommen, wie wichtig es ist, daß sowohl Erwachsene wie Kinder sich selbst Grenzen setzen. Anderen Grenzen zu setzen ist hingegen in erster Linie ein Ausdruck von Macht.

Sobald die Erwachsenen begonnen hatten, über Kindererziehung öffentlich zu diskutieren, stand die Frage nach den Grenzen auf der Tagesordnung. Wir glauben mitunter, es sei etwas Neues, daß Eltern es so schwer haben, Grenzen zu setzen, aber das ist immer so gewesen. Eltern haben immer Experten um Rat gefragt, wie sie die Kinder dazu bekommen können, «zu gehorchen» oder «zu folgen», wie es heißt. Solange die Machtstruktur das Ideal war, erhielten Eltern eine Anweisung, die aus vier Elementen bestand: Einigkeit, Festigkeit, Konsequenz und Gerechtigkeit.

Einigkeit

Einigkeit macht bekanntlich stark, das war genau der rationale Hintergrund für einen der wichtigsten Glaubenssätze der Familien: «Es ist wichtig, daß sich Eltern in der Kindererziehung einig sind.» Mir sind unzählige Elternpaare begegnet, die fast ihre Ehe geopfert hätten, um dieses Ideal zu erfüllen, und die unter erheblichen Schuldgefühlen litten, weil es ihnen nicht gelang. Ihre vielen Streitereien und großen Schuldgefühle rührten daher, daß sie gelernt hatten: Die Einigkeit der Eltern sei für die Kinder das Beste (= Sicherste), und sie würden ihren Kindern Schaden zufügen, wenn sie sich nicht zu einigen vermochten.

Dieser Glaubenssatz ist nur als eine Art politisches Manöver wahr. Wenn diejenigen, die die Macht haben, Gesetz und Ordnung aufrechterhalten sollen, ist es vorteilhaft, wenn die Leitung als einige Front vor den Kindern steht. Zwar wurde ein gewisses Maß an Uneinigkeit toleriert, Hauptsache, es kam erst zur Sprache, wenn die Kinder schon im Bett lagen. Aber wenn die Eltern erst den Kindern gegenüberstanden, war unbedingte Einigkeit gefordert.

Eine der Begründungen lag darin, daß die Kinder im anderen Fall die Erwachsenen gegeneinander ausspielen würden – sozusagen Keile zwischen die Führung treiben würden. In der Praxis waren Eltern selten einig. Wenn der Vater zum Beispiel die Kinder diszipliniert hatte, geschah es oft, daß dann die Mutter mit ihrer weiblichen Fürsorglichkeit ins Spiel kam. Nicht, weil sie offen illoyal war, sondern weil sie die Samariterdienste in der Familie versah, die sich wohl der Verletzten annahm, die aber die Notwendigkeit von Grenzen und Disziplinierungen, unter denen sie ja selber lebte, nie in Frage stellte.

Für eine gesunde Entwicklung ist es überhaupt nicht wichtig, daß Eltern sich in der Kindererziehung einig sind. Prinzipiell brauchen sie sich nur in einer Sache einig zu sein, daß es nämlich in Ordnung ist, uneinig zu sein. Nur wenn sie ihre Verschiedenheit als verkehrt empfinden, werden die Kinder unsicher.

Konsequenz

Der Begriff Konsequenz gehört zur gleichen Gruppe wie «Einigkeit» und ist gleichermaßen notwendig, um die Machtstruktur zu bewahren. Verschiedenheit führt zu Konflikten, und die Verschiedenheit der anderen muß notwendigerweise als feindliche Opposition erlebt werden.

Der Wert, der darin liegt, konsequent aufzutreten, beruht deshalb ganz klar ausschließlich auf dem mit Festigkeit verkündeten «Nein!». Wenn die Einigkeit der Erwachsenen nicht ausreiche, um den Kindern Gehorsam beizubringen, fügte man Konsequenz hinzu.

Konsequenzen

Aber wenn sie immer noch nicht das tun, was wir wollen, selbst wenn wir einig und konsequent auftreten, was sollen dann die Konsequenzen sein? Unabhängig vom Inhalt der Konflikte gab es für die Antwort nur zwei Kategorien: körperliche Gewalt und/oder Einschränkung der persönlichen Freiheit. Da nur die wenigsten Menschen mit völlig ruhigem Gewissen Gewalt ausüben oder die persönliche und soziale Freiheit anderer einschränken, brauchte man etwas zur Rechtfertigung:
- «Es ist zu deinem eigenen Besten!»
- «Du wirst das verstehen, wenn du erwachsen bist!»
- «Du mußt lernen, dich zu fügen!»
- «Es tut mir mehr weh als dir!»
- «Wer nicht hören will, muß fühlen!»

Die zugrundeliegenden Prinzipien wurden den Kindern so früh wie möglich beigebracht:
- «Die Entscheidungen treffe ich!» – Und weg war die persönliche Freiheit.
- «Kinder soll man sehen, aber nicht hören!» – Die Redefreiheit ging, und Zensur und Selbstzensur kamen.

Nachdem sie die Strafe vollstreckt hatten, kamen vielen Eltern Zweifel, ob sie damit nun das Verhältnis zu ihrem Kind zerstört hätten. Dieser Zweifel drückte sich entweder als Forderung aus:
- «Gib deinem Vater jetzt einen Kuß, und dann vergessen wir die Sache!»

oder indirekter:

○ «Sind wir jetzt wieder Freunde?»

Das ist, ironischerweise, das gleiche, was Erwachsene zueinander sagen, wenn eine Liebe zu Ende geht: «Können wir nicht weiter Freunde sein?»

Derartige Gefühle von Unbehagen und Zweifel sind berechtigt. Diese Form der Konsequenzen oder Strafen zerstört das Verhältnis zwischen Kindern und Erwachsenen jedesmal ein bißchen, unter anderem, weil die Erwachsenen damit die Verantwortung für das Geschehene leugnen und das Kind schuldig sein lassen. Das ist für das Vertrauen des Kindes zu den Erwachsenen wie für sein eigenes Selbstgefühl zerstörerisch.

Gerechtigkeit

Kindererziehung bestand zu einem großen Teil darin, Kinder, wenn sie sich verkehrt benommen hatten, zu kritisieren und zu korrigieren. Die Philosophie, die dahintersteckte, sah in ihrer volkstümlichen Ausprägung so aus, daß die Eltern dem Kind sagten, wo es sich in einer gegebenen Situation falsch verhalten hatte, und wenn das Kind entweder sein fehlerhaftes Betragen einräumte oder andere Zeichen aufrichtiger Reue zeigte, galt die Geschichte als erfolgreich abgeschlossen. Man hatte die Idee, daß die Kinder sich bessern würden, wenn die Erwachsenen ihnen hatten klarmachen können, sie seien ganz und gar im Unrecht. Daher stammen solche altbekannten Sätze wie:

○ «Schäm dich!»
○ «Pfui, du solltest dich schämen!»
○ «Daß du dich nicht schämst!?»

In diesem System, wo jeglicher Konflikt zwischen Eltern und Kindern mit mangelnder oder fehlgeschlagener Erziehung erklärt wurde, wurde Gerechtigkeit als eine Art Richtschnur für diejenigen eingeführt, die die Macht hatten. In der

Praxis konnte das zum Beispiel heißen, daß die Erwachsenen sichergehen sollten, daß das Kind wirklich schuld hatte, bevor die Strafe erfolgte. Das Ungerechte war nicht etwa die Gewalt an sich, sondern Gewalt gegenüber einem Unschuldigen.

Paradoxerweise brachte das häufig mit sich, daß Kinder nur die Episoden erinnerten (und dagegen protestierten), in denen sie für etwas bestraft worden waren, was sie tatsächlich nicht getan hatten. Das eher generelle – und tief ungerechte – Erleben, unrecht zu haben und unrecht zu sein, wurde verdrängt, denn das war das Normale!

Der Begriff Gerechtigkeit spielte überdies in vielen Familien eine Rolle, wo die Eltern bestrebt waren, zwischen den Kindern «keine Unterschiede zu machen». Sie bekamen die gleichen Weihnachtsgeschenke, die gleiche Strafe und die gleiche Ausbildung, egal wie unterschiedlich sie waren. Auf diese Weise war es ganz und gar dem Zufall überlassen, ob ein Kind das erhielt, was es brauchte. Aber die Eltern konnten in dem Bewußtsein, gerecht gehandelt zu haben, ruhig schlafen.

Der beschriebene Wertefächer ist in großen Teilen der Welt noch immer der allgemein gültige. Man mag von diesen Werten halten, was man will, zugeben muß man, daß sie miteinander ganz eng verflochten sind und in Ursprung und Ziel zueinander passen. Ihr Ausgangspunkt ist, wie schon gesagt, eine veraltete Vorstellung davon, wer und was Kinder sind. Aber das ist vielleicht nicht so wichtig wie das Ziel. Das Ziel bedeutet äußere Anpassung, die wiederum am deutlichsten in einer Ermahnung zum Ausdruck kommt, die meine Freunde und ich im Laufe unseres Heranwachsens unzählige Male zu hören bekamen: «Nun denk dran, dich anständig zu benehmen, damit andere Menschen sehen können, daß du eine ordentliche Erziehung genossen hast!»

In der Kindererziehung stand in großem Umfang das

Äußere an erster Stelle. Es war wichtig, daß Kinder lernten, «einen guten Eindruck zu machen», «sich anständig zu benehmen», «sich einzuordnen», «ordentlich zu sprechen», «sag schön danke», «sag schön guten Tag», «sag schön auf Wiedersehen». Kinder sollten eben gerade nicht sie selbst sein. Sie sollten «sich aufführen», genau wie man ein Schauspiel aufführt, und genau wie Schauspieler sollten sie die richtigen Texte lernen.

Hinterher ist man immer klüger. Selbst wenn ich entschieden der Meinung bin, daß die Suche der letzten Jahre nach einem Wertesystem für die Familie ohne Zweifel ein großer Fortschritt für die Menschheit ist, so ist es vielleicht hier am Platz, daran zu erinnern, daß die Eltern, die die Familie noch als Machtstruktur zu halten suchen, dies tun, weil sie aufrichtig glauben, daß dies das Beste ist, was sie ihren Kindern geben können, und es daher auch nicht primär als Ausdruck von Machtverhältnissen erleben.

Die demokratische Parenthese

Vor ungefähr fünfundzwanzig Jahren, als meine Generation in das Alter des Kinderkriegens kam, brüteten wir eine Reihe von Ideen aus, die eine logische Folge des Lebens in den Familien darstellten, in denen wir aufgewachsen waren.

o Auf dem Hintergrund jahrhundertelanger Unterdrückung kam Frauen die Idee, Gleichheit müsse besser sein. Bei dem dann folgenden Kampf handelte es sich darum, die Geschlechterrollen und die Verantwortung innerhalb der Familie zu demokratisieren und arbeitsmarktpolitische und bildungspolitische Mißverhältnisse in der Gesellschaft zu benennen.

○ Frischgebackene Eltern, die selber mit Verboten und Befehlen aufgewachsen waren, fanden, daß Kinder ein Recht darauf haben, daß die Erwachsenen ihnen die Normen und Grenzen, die sie anwenden, erklären.
○ Mit den Erfahrungen aus den Familien, in denen wir aufgewachsen waren, und die ein mehr oder weniger totalitäres Machtgefüge darstellten, kam uns der Gedanke, daß die Spielregeln einer Demokratie vielleicht besser seien. Begriffe wie *Recht auf Einflußnahme, Mitbestimmung* und *Rechte der Kinder* wurden zur Ouvertüre für neue Qualitäten in der Interaktion der Geschlechter und zwischen Erwachsenen und Kindern.
○ Die Nachfrage nach Erziehungsmethoden sank, und man sprach statt dessen davon, wie wichtig es sei, Kinder und Jugendliche zu *verstehen*.
○ Die sexuellen Beziehungen zwischen Mann und Frau wurden durch das Recht der Frauen, über ihren eigenen Körper zu entscheiden, bereichert, und die Pharmaindustrie trug mit den Möglichkeiten der Empfängnisverhütung dazu bei, dieses Recht auszuleben.

Die Schlagzeilen damals waren politisch und in der Mehrzahl waren das auch Terminologie und Rhetorik. Aus zwei Gründen nenne ich diese Periode die «demokratische Parenthese»: Die demokratischen Werte wurden als alternative Wertgrundlage für die Familie geprüft und haben sich, wenn auch unzureichend, als tragfähig erwiesen. Diese Periode war deshalb nur von relativ kurzer Dauer – eine wichtige Parenthese in der Auseinandersetzung mit der alten Familienstruktur.

Auch wenn die politische und politisierende Definition der Probleme zwischen den Geschlechtern und zwischen Erwachsenen und Kindern sowohl logisch als auch notwendig war, so ist sie an sich doch nicht ausreichend, weder um die interne Verhältnisse in der Familie zu beschreiben noch um sie zu bearbeiten. Bei grundlegenderen interaktiven Konflikten bringen Ideologien, welcher Art auch immer, es mit sich, daß sie Gemeinschaften eher blockieren als fördern. Es ist mit Ideologien wie mit totalitären Systemen – sie sind sicher und sinnvoll für die, die im Warmen sitzen, aber nie für die, die in der Hierarchie ganz unten stehen oder die die Realität anders erleben.

Zweifelsohne sind die demokratischen Werte für die Wertgrundlage der Familie ein kräftiger Zuschuß, aber ausreichend sind sie nicht. Mit Begriffen wie Mitbestimmung, Recht auf Einflußnahme, Stimmrecht und ähnlichem kann man sich nur zu Inhalt und Struktur der Familie verhalten – zum Beispiel: Wo wollen wir dieses Jahr Weihnachten feiern, und wer sorgt für was? –, aber nicht zum *Prozeß* der Interaktion, der dafür entscheidend ist, ob die Familienmitglieder sich wohl fühlen und im Lauf der Weihnachtsferien miteinander klarkommen.

Entscheidend für die Entwicklung und Gesundheit von Kindern wie von Erwachsenen ist die Qualität, in welcher der Interaktionsprozeß innerhalb der Familie abläuft, das, was wir gewöhnlich mit «Ton», «Stimmung» oder «Atmosphäre» bezeichnen. Die griechischen Philosophen nannten es Ethos. Später werde ich auf diesen zentralen Begriff zurückkommen. Hier reicht es festzuhalten, daß die Verantwortung für die Qualität des Prozesses bei den Erwachsenen in der Familie liegt. Sie kann weder delegiert noch demokratisch geteilt werden. Die Qualität des Prozesses wird durch eine Vielzahl von Faktoren beeinflußt: Persönlichkeit und Lebenserfahrung der Eltern, ihr Verhältnis zueinander, ihre individuellen Hochs und Tiefs, ihren Überblick, ihre Perspektive und Lebenseinstellung, ihre Fähigkeit, Konflikte wahrzunehmen und sie zu bearbeiten, ihre Verfügbarkeit bei Streß und Krisen und so weiter.

Das heißt nicht, daß Kinder auf den internen familiären Prozeß nicht einwirken. Das tun sie in hohem Maße. Sie beeinflussen ihn kraft ihrer fehlenden Lebenserfahrung, ihrer Logik, ihrer eventuellen Behinderung, ihrer Sensitivität gegenüber Konflikten, gepaart mit der fehlenden Erfahrung, sie zu bearbeiten, und so weiter. Sie beeinflussen ihn auch durch ihren starken Wunsch nach Kooperation, durch ihre Funktion als Blitzableiter für die Konflikte der Erwachsenen, ihre Lebenskraft und Kreativität.

Aber für die Qualität der Interaktion können Kinder nicht verantwortlich sein. In Familien, wo die Erwachsenen aus verschiedenen Gründen nicht in der Lage sind, diese Verantwortung zu übernehmen und wo schließlich die Kinder «bestimmen», wird das Resultat immer destruktiv sein. Arbeitsaufgaben, Pflichten und praktische Verantwortungsbereiche können an Kinder und Jugendliche delegiert werden, aber die Erwachsenen haben die volle Verantwortung für ein gedeihliches Klima in der Familie.

Das heißt nicht, daß es verkehrt ist, Kindern und Jugendlichen im demokratischen Sinn Mitbestimmung einzuräumen, aber nur dann, wenn dabei das Hauptanliegen ist, sie in demokratischen Spielregeln zu üben. Wenn es um Zusammenhänge geht, wo Kinder und Erwachsene miteinander klarkommen müssen, ist Kindern mehr damit gedient, daß die Erwachsenen vor allen Dingen *die Wünsche und Bedürfnisse der Kinder ernst nehmen*. Oft besteht in der Familie wie der Gesellschaft ein himmelweiter Unterschied zwischen recht bekommen und dem bekommen, was man braucht.

Ein juristischer Begriff ist Familie nur, wenn sie gegründet oder aufgelöst wird. In der gesamten dazwischenliegenden Zeit ist sie in erster Linie eine existentielle und emotionale Einheit. Es ist nett, die Rechte der Mitglieder zu respektieren, aber das reicht nicht als Grundlage für ihr Wohlergehen und ihre Entwicklung. Dazu ist mehr als Gleichheit in politischer und juristischer Hinsicht gefordert – da geht es um *gleiche Würde*.

Mit dem Übergang zu einer demokratischen Familie entstanden Konflikte und Gegensätze, die doch etliche Verletzte auf dem Schlachtfeld zurückließen, aber der Kampf selbst wurde in einer Atmosphäre ausgefochten, die von Optimismus geprägt war und von dem Glauben daran, daß die Zukunft diesen Einsatz lohne. In den ersten Jahren war das Wichtigste, daß das «Alte» vernichtet wurde, ohne eine spezifische Vorstellung davon zu haben, wie das «Neue» charakterisiert sein solle. Noch heute verdrießt es viele Familien ein bißchen und verunsichert sie, daß «die moderne Familie» nicht mit Lösungen aufwartet, einschließlich der eigenen Probleme.

Die Mehrzahl der Schlüsselbegriffe der Revolution erwiesen sich als nur begrenzt praktisch anwendbar. Sie waren ganz einfach zu abstrakt, um im tagtäglichen Umgang wegweisend funktionieren zu können. Die neuen Begriffe erwiesen sich als unhandlicher als gedacht.

Konflikte

In Familien, in denen das Fehlen von Konflikten zwischen Erwachsenen als Ideal galt, durfte es selbstverständlich keine Konflikte zwischen Kindern und Erwachsenen geben. Traten diese auf, wurden sie als Ausdruck einer schlechten oder gar fehlenden Erziehung gewertet. Dieser Generation, die diese Vorstellungen noch immer im Hinterkopf hatte, fehlten ganz einfach Rollenmodelle dafür, wie man Konflikte aushandelt und so löst, daß die Gemeinschaft dadurch bereichert wird, statt entnervt zu sein.

Das Modell spiegelte deshalb in der ersten Runde natürlich den praktischen Konflikt – nämlich den Machtkampf. Dieses Modell ist für Familien schon allein aus dem Grund unzweckmäßig, weil es unausweichlich dazu führt, daß einer verliert und einer gewinnt. In einer Familie heißt das, daß die Gemeinschaft verlorengeht. Viele erlebten das so hautnah, daß Scheidungen und Familien mit alleinerziehenden Müttern und Vätern verbreiteter wurden als jemals in der Geschichte.

Gleichheit

Innerhalb der Familie manifestierte sich der Gleichheitsbegriff in erster Linie als ein Versuch, die alten Geschlechterrollen abzuschaffen. Es sollte nicht länger selbstverständlich sein, daß der Mann die Rolle des Versorgers und die Frau die der Hausfrau übernahm.

Besonders in den Familien, in denen die Demokratisierung der Geschlechterrollen erfolgreich durchgeführt wurde, mußte man dem ins Auge sehen, daß «Gleichheit» sich wohl gut eignete als Parameter auf den praktischen und organisatorischen Ebenen, daß der Begriff auf allen anderen Ebenen aber nicht dazu beitrug, ein ausgeglicheneres Verhältnis zwischen Mann und Frau zu schaffen. Neue Stereotype kamen auf.

Die Umverteilung der praktischen Aufgaben rund um Haus und Kinder enthielt noch nicht an sich die Antwort darauf, wie man Verantwortung, Übersicht und gefühlsmäßige «Ökonomie» teilen sollte.

Weil der Mann direkter Nachfolger der alten totalitären Machthaber war, geriet die Rolle des Mannes in der Familie unter massive Kritik. Dies wurde von vielen wie eine Art Kastration erlebt und war auf jeden Fall Ausdruck eines Paradoxes: Männer und Väter haben innerhalb der Familie nie eine wesentliche Rolle gespielt, weder quantitativ noch qualitativ, und die Kritik handelte deshalb meist auch davon, was Männer und Väter *nicht* taten.

Mit mehr oder weniger gutem Willen übernahmen viele Männer mehr Aufgaben und mehr Verantwortung in der Familie, und indem Frauen massenhaft Zugang zum Arbeitsmarkt suchten, war auch das Monopol der Männer als Ernährer abgeschafft. Bei beiden Geschlechtern wuchs die Nachfrage nach männlicher Identität als einer Grundlage, um die Rollen als Partner, Liebende, Väter und Familienangehörige neu zu definieren.

Für eine kurze Übergangszeit wurde Gleichheit zu «Gleichsamkeit» mit «dem sanften Mann», und nach einer Stippvisite im anderen Extrem, dem «Macho», wurde beiden Partnern klar, daß das Problem nicht mit «Gebt den Frauen, was sie haben wollen» zu lösen war. Und die sogenannten weiblichen Werte, die in der Hauptsache schlicht menschliche Grundwerte sind, ließen sich nicht einfach von den Frauen abkupfern.

Den Frauen hatte man jahrtausendelang grundlegende Menschenrechte vorenthalten. Frauen hatten aber, in unterschiedlichem Umfang, ihre Menschlichkeit bewahrt. Männer waren in ihrer Rolle isoliert und hatten zu ihrer Menschlichkeit Distanz geschaffen. So gesehen ist der Mangel an Gleichheit noch immer auffällig.

Respekt

Sowohl «Respekt» wie «Akzeptanz» waren in der neuen Gleichheit der Geschlechter Schlüsselbegriffe, aber es ist nicht leicht, sich zu ihnen eindeutig zu verhalten. Wie man sie versteht, ist sehr individuell und ganz von der Persönlichkeit des einzelnen abhängig.

Ist zum Beispiel Respekt etwas, was wir Menschen füreinander haben müssen, nur weil wir *existieren*, oder ist es etwas, das man sich erst «erwerben» muß? Ist Respekt für die Art, wie mein Partner etwas tut, der Ausgangspunkt, oder kann ich warten, bis ich die Resultate gewürdigt habe? (Beispiel: ihre Erziehung ihrer Kinder im Unterschied zu meiner Erziehung meiner Kinder.)

Was hat es zu bedeuten, wenn mein Partner sagt: «Das mußt du akzeptieren!»? Soll ich für mich behalten, daß ich mit ihm nicht einig bin? Soll ich mit ihm einig sein oder so tun, als ob? Hat sie einen Anspruch darauf, daß ich sie akzeptiere, oder ist das ein Geschenk, das ich ihr aus Liebe machen kann? Was, wenn ich sie respektiere und akzeptiere, so wie sie ist, und es dennoch nicht aushalten kann, mit ihr zusammenzuleben? Soll man einen anderen Menschen erst verstehen können, ehe man ihn respektieren und akzeptieren kann – oder vielleicht lieben? Oder hat Verstehen gar nichts damit zu tun?

Wenn diese abstrakten Begriffe in der familiären Interaktion als Haltepunkte zu gebrauchen sein sollen – wenn sie Substanz haben sollen –, muß man die Aufmerksamkeit zunächst nach innen richten. Wir müssen lernen, uns selbst so zu akzeptieren, wie wir sind, und von da ausgehend ein gewisses Maß an Selbstachtung aufbauen. Im Rahmen dieses Prozesses lernen wir, wie absurd es ist, das Fehlen von Akzeptanz beim anderen persönlich zu nehmen, und damit sind wir wieder beim Ausgangspunkt: Sind Respekt und Akzeptanz Voraussetzung für Liebe oder sind sie eine Konsequenz daraus?

Forderungen

Von Forderungen spricht man im Zusammenhang mit Verträgen, Handelsgeschäften oder politischen Machtkämpfen, aber nicht bei der Familie. Hausfrauenrente kann man fordern, aber nicht Verantwortlichkeit. Beaufsichtigung kann man fordern, aber keine persönliche Nähe. Eine Liebesbeziehung zwischen Mann und Frau oder zwischen Eltern und

Kindern ist ein Geschenk und ein Privileg, aber nichts, das wir voneinander fordern können. In der familiären Interaktion gilt als Hauptregel, daß man selbstverständlich gut *etwas* (ein)fordern kann, das man haben will, und vielleicht hat man auch ab und zu das Glück, es zu bekommen. Aber oft folgt als Konsequenz, daß der Kontakt mit *der Person* verlorengeht, nach der man sich sehnt.

Innerhalb der Familie wird jegliche Forderung nach – beispielsweise – Verantwortlichkeit, Zärtlichkeit, Rücksichtnahme, Sex, Nähe, Pflichtgefühl, Beisammensein, Respekt letzten Endes eine Forderung nach Liebe sein. Natürlich ist das als Folge genauso absurd wie es legitim als Verlangen ist.

Der Familie, begriffen als demokratisches System, fehlt eine Dimension, die für eine gesunde Entwicklung ihrer Mitglieder von zentraler Bedeutung ist, eine Dimension, die es in politischen Programmen und Absichtserklärungen zwar gibt, die aber in der politischen Praxis nie stark hervorgetreten ist: *Gleichwürdigkeit.*

Die gleichwürdige Gemeinschaft

Im Laufe der letzten fünfundzwanzig Jahre vollzog sich im Verhältnis zwischen Erwachsenen und Kindern eine entscheidende qualitative Verbesserung. Am klarsten läßt sich das vielleicht an dem Faktum ablesen, daß sich Kinder und Jugendliche heute viel selbstverständlicher und selbstbewußter in der Welt bewegen. Sie sind nicht länger wie frühere Generationen automatisch darauf eingestellt, Übergriffen und Kränkungen durch Eltern und anderen Erwachsenen ausgesetzt zu sein.

Gleichwohl gilt aber auch, daß sowohl Familien wie Gesellschaft auf vielen Gebieten das Bedürfnis der Kinder und Jugendlichen, sich als wertvolle Mitglieder einer Gemeinschaft zu fühlen, geringachten, während der Machtmißbrauch in engen Beziehungen nicht mehr so verbreitet ist und nicht mehr allgemein hingenommen wird.

Das Auftauchen von Gleichwürdigkeit ist auch in den Beziehungen zwischen Männern und Frauen deutlich zu bemerken. Es gibt klare Zeichen dafür, daß mit der Rollenfixierung der beiden Geschlechter in sehr vielen Bereichen Schluß ist. Das augenblickliche Vakuum kann nur durch grundlegende menschliche Qualitäten gefüllt werden, welche die Gleichwürdigkeit der oft sehr unterschiedlichen Arten zu denken, zu erleben und zu handeln fördern. Die Frage, inwieweit diese Unterschiede biologischen oder kulturgeschichtlichen Ursprungs sind, ist in diesem Zusammenhang zweitrangig, denn die Gleichwürdigkeit gewichtet eben die Unterschiede und strebt nicht danach, sie auszugleichen oder aufzulösen. Es sind deshalb dieselben Qualitäten in Haltung und Verhalten wichtig, ob wir nun über persönliche Beziehungen zwischen Mann und Frau, Erwachsenen und Kindern, Heiden und Christen, Afrikanern und Europäern, Arzt und Patient, Leiter und Mitarbeiter sprechen.

Es gibt viele gute Gründe für die Unsicherheit und Ratlosigkeit moderner Familien, die mutig genug waren, die Vergangenheit hinter sich zu lassen, um auszuprobieren, auf humanere Weise Gemeinschaften aufzubauen. Einer der wichtigsten ist vermutlich, daß wir seit rund zwei Jahrhunderten die Forderung nach gleicher Würde zwar als Prinzip kennen, aber nur ausnahmsweise aus der Praxis. Uns fehlen ganz einfach klare und verständliche Rollenmodelle.

Während «Gleichheit» eine statische, meßbare Größe ist, ist gleiche Würde ein dynamischer Prozeß, ein periodisches Erlebnis, das beide Partner in ihrer Beziehung haben, das aber in anderen Perioden bearbeitet werden muß, um es immer wieder herbeizuführen. Gleichwürdigkeit unterscheidet sich von Gleichheit insoweit, als sie sich nicht unbedingt in irgendeiner festgelegten Rollenverteilung spiegelt.

Selbst wenn die Frau am Sonnabend nachmittag in der Küche steht, während der Mann im Fernsehen Fußball sieht – oder umgekehrt –, sagt das nichts über den Grad der Gleichwürdigkeit zwischen ihnen aus. Ungleichheit spielt für Gleichwürdigkeit nur eine Rolle, wenn sie aufgezwungen ist, und Gleichheit nur in dem Ausmaß, wie unterschiedliche Verantwortungs- und Arbeitsbereiche einige zentrale, allgemein menschliche Qualitäten bei denen ausbilden, die sie übernommen haben.

Wenn sich beispielsweise Väter viel mehr der Kinder annehmen, kann das natürlich für die Mütter eine Erleichterung sein. Aber die Partnerschaft der Eltern wächst nur in dem Ausmaß, wie das allgemein menschliche Potential der Väter als Folge des Zusammenseins mit den Kindern zunimmt.

Die Fähigkeit, sich unmittelbar gleichwürdig in Beziehung zu einem Erwachsenen oder zu einem Kind verhalten zu können, ist wie so vieles andere von den Erfahrungen abhängig, die wir in unserer Herkunftsfamilie gemacht haben, und von den Rollenmodellen, die wir dort erlebten. Es kann schwierig sein, anderen Menschen gleichwürdig zu begegnen, wenn wir in unserer Familie Opfer waren. Es kann genauso schwierig sein, wenn man stets wegen seines Aussehens vergöttert wurde oder wegen seiner Hilfsbereitschaft, oder wegen seiner guten Noten in der Schule. Für die meisten Menschen ist Gleichwürdigkeit noch eine Qualität, die bewußte Einübung und tägliches Training verlangt.

Ich habe mich entschlossen, in diesem Buch die Kinder und ihre Entwicklung als Ausgangspunkt zu wählen, weil das der natürliche Ausgangspunkt ist, sowohl wenn wir mit unseren Kindern zusammen sind, als auch um uns selbst besser kennenzulernen. Wenn Psychotherapie überhaupt ein wenig

Aufklärung und ein paar Prinzipien beitragen kann, um Beziehungen auf der Ebene gleicher Würde zwischen Familienmitgliedern zuwege zu bringen, dann insofern, als Gleichwürdigkeit immer der einzig dauerhafte Ausweg aus psychischen Konflikten und existentiellen Krisen war.

Selbstwert, Würde, sich selbst treu sein, der sein, der man ist, sich selbst ausdrücken, nein sagen und Grenzen setzen, solche Vorstellungen waren stets zentrale Elemente im Heilprozeß. Wir wissen deshalb, daß sie eine wichtige Rolle nicht nur für die psychische, soziale und spirituelle Gesundheit des einzelnen spielen, sondern auch, wenn wir erfolgreich Familien und Gemeinschaften bilden wollen.

Kinder haben alle diese Qualitäten entweder von Geburt an oder brauchen nur ein wenig unterstützt zu werden, um sie zu entwickeln. Historisch gesehen liegen genau diese Eigenschaften bei den meisten Menschen ungefähr vom zweiten Lebensjahr an bis ins Erwachsenenalter hinein im Winterschlaf. Bei vielen dauert dieser Winterschlaf ihr Leben lang, für andere kommt der Zeitpunkt eines persönlichen Durchbruchs – nicht selten in Form eines Zusammenbruchs.

Das ganze 20. Jahrhundert hindurch haben wir uns daran gewöhnt, daß geringes Selbstwertgefühl, Mißbrauch und andere Formen destruktiven Verhaltens, psychosomatische Leiden, Depressionen und vieles mehr den Status von Volkskrankheiten haben. Zwei Dinge könnten dieses Bild jetzt an der Schwelle zu einem neuen Jahrhundert ändern. Vom Ideal des gut angepaßten Massenmenschen entfernen wir uns, und wir haben genug Kenntnisse und Erfahrungen über die Gesundheit und Entwicklung von Menschen sammeln können, die auf vielerlei Weise unser Menschenbild vollständig auf den Kopf stellen.

2 Kinder kooperieren

Wenn Kinder aufhören zu kooperieren, geschieht das entweder, weil sie zu lange zuviel kooperiert haben oder weil ihre Integrität lädiert wurde. Es geschieht niemals, weil sie nicht zusammenarbeiten wollen.

Der grundlegende Konflikt

Bereits die ältesten Schriftzeugnisse zeigen, daß die Menschen sich ihres fundamentalen existentiellen Dilemmas bewußt waren: des Konflikts zwischen Individuum und Gruppe, Individuum und Gesellschaft, Individuation und Konformität, Identität und Anpassung – oder, wie ich es nennen möchte: des Konflikts zwischen Integrität und Kooperation.

INTEGRITÄT
(Selbst, Identität, Ich…)
↑
KONFLIKT
↓
KOOPERATION
(kopieren / nachahmen)

Generationenlang baut alle Erziehung, Bildung und Behandlung auf einem ganz bestimmten Verständnis dieses Konflikts auf. Es besagt, Kinder seien potentiell nicht willens zur Zusammenarbeit, sie seien asozial oder egozentrisch. Die Aufgabe der Erwachsenen war mithin einleuchtend: Sie sollten dafür sorgen, dem Kind beizubringen, wie man kooperiert, sich anpaßt und Rücksicht nimmt. Die Mittel variierten, und besonders in der zweiten Hälfte des 20. Jahrhunderts tendierte man zu weniger physischer Gewalt, zu mehr Dialog. Als ich geboren wurde, empfahlen Säuglingsschwestern und Kinderärzte Struktur und Hygiene. «Ruhe, Reinlichkeit und Regelmäßigkeit» wurde das genannt.

Den Müttern brachte man bei, dafür zu sorgen, daß ihre Säuglinge zu bestimmten Zeiten und in bestimmten Intervallen gefüttert werden sollten. Das galt auch für Schlaf, Hygiene und andere Dinge. Zur Begründung hieß es, die Kinder würden sonst die Macht übernehmen! Wenn sich die Mütter später darum sorgten, daß ihre Kinder frustriert waren und weinten, standen die Fachleute mit der Ermahnung parat, nicht nachzugeben, und versicherten, daß die Kinder schon keinen Schaden nähmen, wenn sie etwas weinen und schreien. Im Gegenteil, das sei gut für die Lungen. Viele von uns haben die ersten Lebensjahre verhältnismäßig gut überlebt, weil unsere Eltern nicht das Herz hatten, unsere Frustration zu hören und deshalb den Befehlen der Ärzte trotzten und uns «außer der Reihe» hochnahmen.

Diese Methode stützte sich auf das gleiche Verständnis von der Natur der Kinder, wie ich es gerade beschrieben habe. Man wußte, daß auch Kinder in Konflikt geraten können zwischen ihrem Bedürfnis, sich selbst intakt zu halten, einerseits und andererseits ihrem Wunsch nach Kooperation. Nur meinte man, daß in neun von zehn Fällen, wo Kinder in diesen Konflikt kommen, sie für sich selber sorgen. Deshalb war der Gegenpart der Eltern so festgelegt, daß die Kinder von Anfang wissen konnten, wer das Sagen hatte.

Im Lauf der letzten vierzig Jahre intensiver therapeutischer Arbeit mit Familien haben wir gelernt, daß die Dinge genau andersherum liegen!

Es ist faktisch so, daß Kinder, wenn sie in den Konflikt zwischen Integrität und Kooperation geraten – und das tun sie, genau wie die Erwachsenen, Dutzende von Malen jeden

Tag –, in neun von zehn Fällen die Zusammenarbeit wählen. Kinder brauchen keine Erwachsenen, die sie lehren, wie man sich anpaßt oder wie man zusammenarbeitet. Hingegen haben sie dringenden Bedarf an solchen Erwachsenen, die sie lehren, wie man in der Interaktion mit anderen für sich selber sorgt.

Für Erwachsene kann es aus zwei Gründen schwierig sein, dazu Stellung zu beziehen. Erstens achten wir als Erwachsene normalerweise nicht auf das Verhalten von Kindern, wenn sie kooperieren. Das tun wir erst, wenn sie damit aufhören oder die Zusammenarbeit verweigern. Zweitens kooperieren Kinder auf zwei Arten: direkt und indirekt oder spiegelverkehrt. Aber lassen Sie uns zunächst anschauen, was Kooperieren in diesem Zusammenhang eigentlich bedeutet.

Kooperation

Kooperation bedeutet für unseren Zusammenhang (was sich aus dem Schema auf Seite 43 ergibt), daß Kinder die Erwachsenen ihrer Umgebung, die für sie von Bedeutung sind, kopieren oder nachahmen. Zuallererst natürlich die Eltern, aber später auch andere Erwachsene, zu denen sie nahen Kontakt haben.

Beispiel:

Viele Eltern erleben folgendes «Rätsel»: Der Mutterschaftsurlaub ist um, das Kind soll zum ersten Mal bei einer Tagesmutter oder in einer Kinderkrippe abgeliefert werden. Die Eltern entdecken schnell, daß es einen Unterschied macht, wer das Kind morgens hinbringt. Macht es die Mutter, ist das Kind unglücklich, und was sie auch tut, um es zu beruhigen, es hilft nichts. Macht es der Vater, geht alles glatt. Die Situation ist entspannt und unkompliziert.

Solche Erfahrungen haben zwischen Eltern zu unzähligen Diskussionen darüber geführt, wie gut oder schlecht die Tagesmutter, die Krippe ist, oder wie «überbehütend» die Mutter, wie fürsorglich der Vater ist.

In den allermeisten Fällen liegt es daran nicht. Die Ursache ist ganz einfach die, daß die Mutter (aus gutem Grund) gefühlsmäßig noch nicht bereit ist, sich von ihrem Kind zu trennen. Sie ist unruhig, traurig, nervös oder unglücklich, hat aber vielleicht mehr als drei Monate lang diese Gefühle unterdrückt, weil die Familiensituation nun einmal so ist, daß nicht einer der Elternteile zu Hause bleiben und auf das Kind aufpassen kann.

Selbst wenn also die Mutter (oder der Vater) sich dieser Gefühle nicht bewußt ist, spürt das Kind sie – und kopiert sie. Das Kind gibt seiner Mutter eine kompetente Rückmeldung, die in Erwachsenensprache lauten würde: «Liebe Mutter, etwas stimmt nicht zwischen uns – das eine oder andere ist ungeklärt. Ich mache dich darauf aufmerksam und rechne damit, daß du die Verantwortung dafür übernimmst, es zu klären, so daß wir beide uns wohl fühlen können.»

Wenn wir nun diese Mutter, die gerade ihr schreiendes Kind zurückgelassen hat, fragen würden, ob das Kind kooperiert, so würde sie sicher «Nein» sagen. Denn ihre Vorstellung von Zusammenarbeit läuft eher auf Anpassung hinaus – also daß sich ihr Kind still und ohne weiteres abliefern läßt. Vergleichbare Situationen ergeben sich, wenn es zum Zahnarzt und ähnlichen Stellen gehen soll.

Beispiel:

Karen und Christian haben nach vielen Jahren unfreiwilliger Kinderlosigkeit ihr erstes Kind bekommen. Wie die meisten anderen frischgebackenen Eltern sind sie überglücklich und gleichzeitig unsicher, ob sie nun der Riesenverantwortung, für die ihr Kind auch steht, gerecht werden können.

Karen hat sich für ein Jahr von ihrer Arbeit beurlauben lassen. Aus vielen Gründen haben sie und Christian nie richtig über ihre Unsicherheit geredet. Sie hat den anstrengenden Alltag mit ihrem Kind, und sie weiß nicht recht, wie sie mit ihrer Unsicherheit umgehen soll. Wenn Christian von der Arbeit nach Hause kommt oder wenn Freunde vorbeikommen oder jemand von der Familie, dann fragen sie entweder nach dem Befinden des Kindes oder stellen fest, wie wunderbar es doch für sie sein muß, so viel mit ihrem Kind zusammenzusein.

Langsam verdrängt sie die Unsicherheit und nimmt es statt dessen mit Hygiene und Kost des Babys sehr genau. Die Kleidung ihrer Kleinen soll ordentlich aussehen, sie soll keinen wunden Po haben, und sie soll regelmäßig essen und am liebsten viel.

Karen stillt ihre Tochter nach drei Monaten noch immer. Plötzlich beginnt diese, die Milch auszuspucken. Karen ist verzweifelt, redet aber mit niemandem über das Problem, und erst als die Tochter Gewicht verliert, faßt sie sich ein Herz und spricht mit der Säuglingsschwester. Da es statistisch eine geringe Möglichkeit gibt, daß die Kleine mit Magenmundverengung geboren wurde, wird sie im Krankenhaus untersucht. Eine physische Ursache ist nicht festzustellen, und die Tochter spuckt weiterhin. Das Stillen, das früher eine intime und gemütliche kleine Pause war, ist zu einem Alptraum für Mutter und Kind geworden.

Es vergehen ein paar Wochen, und die Familie muß noch

eine weitere Klinikeinweisung durchstehen, ehe sie sich entschließt, einen Familientherapeuten aufzusuchen.

Auch Karens Kind gab seiner Mutter eine kompetente Rückmeldung, kooperierte also. In welcher Weise diese zu übersetzen war, konnte man nicht wissen, ehe nicht die näheren Umstände in der Familie offengelegt waren.

Das erste Erbrechen könnte bedeuten: «Danke für die Mahlzeit, Mutter. Jetzt bin ich satt.»

Oder:

«Mutter, ich will am liebsten essen, wenn ich hungrig bin und nicht, wenn du eine gemütliche Pause brauchst.»

Oder:

«Irgend etwas stimmt nicht zwischen uns, Mutter. Du bist allmählich so davon ausgefüllt, eine gute Mutter zu sein, daß du ganz vergißt, daß ich auch Bedürfnisse habe. Meinst du nicht auch, daß du mal mit Vater reden solltest?»

Oder:

«Hör zu, Mutter. So wie du mich behandelst, kann es mir nicht gutgehen. Das ist zum Kotzen!»

Ehe die Familie so weit gekommen ist, hatten sich die Meinungen schon polarisiert. Das ist eine Tendenz auch in der traditionellen Psychologie. Entweder ist die Mutter des Kindes neurotisch, oder die Ehe der Eltern ist nicht gut, oder auch: Mit dem Kind stimmt irgend etwas nicht.

Direkt befragt, wie sie sich vorstellen könne, daß ihre Tochter mit ihr zusammenarbeiten wolle, antwortete sie: «Wenn sie nur anfangen würde, normal zu essen und zuzunehmen, wäre ich froh.»

Aber so kooperieren Kinder nicht. Sie gehen den Dingen auf den Grund. Sie tun das ganz unbewußt, legen aber mit unfehlbarer Sicherheit den Finger immer auf den Konflikt, der im Augenblick die Familie stört.

Kooperation

Beispiel:

Die Familie ist im Restaurant. Die Kinder, vier und sieben Jahre alt, genießen beide das Essen und den Familienausflug in vollen Zügen. Auch die Eltern sind mit sich und der Situation zufrieden. Als der Kaffee serviert ist und die Kinder ihr Eis zum Nachtisch gegessen haben, sind die Erwachsenen ganz und gar in ein wichtiges vertrauliches Gespräch vertieft. Die Kinder sitzen am Tisch und hören eine Weile zu, aber bald fällt ihnen ein Spiel ein. Sie gehen, ganz leise, in immer verwickelteren Mustern um die unbesetzten Tische des Restaurants herum. Die Eltern rufen sie ein paarmal, aber da sie sich sofort wieder einander zuwenden, bleiben die Kinder weg.

Plötzlich ruft sie der Vater, leise und zornig. Als sie brav zum Tisch der Familie kommen, sagt er: «Könnt ihr denn nicht hören? Wenn ihr euch nicht ordentlich betragen könnt, hat es ja keinen Zweck, wenn ihr mit in die Stadt kommt. Aber jetzt reicht es. Jetzt fahren wir nach Hause!»

Die Kinder sind wie gelähmt. Sie sagen kein Wort und verlassen das Lokal mit niedergeschlagenen Augen und hochgezogenen Schultern. Sie hatten ja nur kooperiert! Sie hatten obendrein ganz offen und direkt zusammengearbeitet, ohne daß es einer psychologischen Übersetzung bedarf: Unsere Eltern sind miteinander beschäftigt, wir finden selbst etwas für uns, so daß wir nicht stören.

Niemand weiß, was anschließend in der Familie geschah. Vielleicht war der Abend trotz allem so geglückt, daß die Eltern die Episode vergaßen. Vielleicht auch nicht. Auf jeden Fall ist es nicht schwer, sich ein paar Monate später folgenden Wortwechsel vorzustellen:

Kinder: «Au ja, wir gehen essen!»

Vater: «Ja, vielleicht... aber dann betragt euch ordentlich und verderbt nicht das Ganze wie beim letzten Mal!»

Und wieder einmal ist spontanes, liebes und rücksichtsvolles Verhalten zu «artigem Betragen» entstellt worden. Kooperieren auf der Ebene gleicher Würde ist durch Gehorsamkeit abgelöst worden.

Die Fähigkeit der Kinder zur Kooperation zeigt sich auf allen Gebieten. Einige der eher äußerlichen kennen wir gut: der Junge, der schon mit vier Jahren wie sein Vater geht; Kinder, die nachahmen, wie die Eltern essen oder mit den kleineren Geschwistern reden und ähnliches. Wenn uns so ein Spiegel vorgehalten wird, macht uns das nichts aus.

Anders ist das, wenn Kinder Gefühle oder Haltungen kopieren oder ausdrücken, die wir entweder am liebsten für uns behalten wollen oder die uns nicht einmal bewußt sind. Wenn sie klein sind, schauen sie uns sogar noch an, um unsere Gefühle abzulesen, bevor sie sie selbst ausdrücken. Achten Sie zum Beispiel darauf, was geschieht, wenn man eine Familie mit Kindern zwischen sechs und acht Monaten und zwei bis zweieinhalb Jahren besucht: Ein Elternteil öffnet die Tür mit dem Kleinen auf dem Arm. Der Kleine studiert einige Sekunden lang intensiv das Gesicht von Vater oder Mutter, ehe er selber den Gast begrüßt. Wenn der Erwachsene unruhig ist, nervös, ängstlich oder sich einfach nichts daraus macht, Gäste zu bekommen, beginnt das Kind zu weinen oder das Gesicht vom Gast wegzudrehen. Es hilft nichts, wenn der Erwachsene sein entgegenkommendes soziales Lächeln aufsetzt und sagt: «Ach, du bist es! Komm doch herein!»

Genauso wach nehmen sie wahr, wenn Mutter oder Vater Besuch von der neuen Liebe haben und sich entweder nicht sicher sind über ihr Verhältnis zu dem Neuen oder ihre Gefühle vor dem Kind verbergen wollen.

Als Familientherapeut erlebe ich jeden Tag, wie insbesondere kleinere Kinder unruhig sind und Aufmerksamkeit fordern, solange die Eltern und ich dabei sind, das Problem der

Familie einzukreisen. Sowie das gelungen ist und die Eltern die Verantwortung akzeptiert haben, sich des Problems anzunehmen, schlafen die kleinsten Kinder ein und die etwas größeren setzen sich, um zu malen, oder fangen an, sich zu langweilen und wollen nach Hause.

Die Fähigkeit und der Wille der Kinder, ihre Eltern nachzuahmen, impliziert selbst die Art und Weise, wie die Eltern mit Konflikten und Problemen umgehen, und oft hat das zu Spekulationen geführt, inwieweit zum Beispiel Alkoholismus Teil des biologischen Erbes ist. Die familientherapeutische Erfahrung lehrt, daß sich darin doch eher die Kooperation des Kindes mit einer selbstzerstörerischen Elternpersönlichkeit ausdrückt, mit der es besonders eng verbunden war.

Gar nicht so selten kooperieren zum Beispiel zwei Kinder in derselben Familie direkt und spiegelverkehrt. Darüber wundern sich oft sowohl Eltern wie Fachleute, denn die Kinder haben ja die gleichen Lebensbedingungen, sie werden auf die gleiche Weise erzogen!

Beispiel:

In einem kroatischen Flüchtlingslager wendet sich eine junge Mutter an das psychosoziale Team des Lagers, weil sie Probleme mit ihrem jüngsten Sohn hat, der sieben Jahre alt ist. Er ist unmöglich, trotzig, quengelig und klebt an der Mutter. Kurz gesagt: ungehorsam und nicht willens zu kooperieren.

Zur Familie gehört außerdem noch ein zwölfjähriger Sohn. Der Vater war ein halbes Jahr zuvor an der Front in Bosnien gefallen, und die meisten aus der Familie leben verstreut in Flüchtlingslagern und Asylzentren verschiedener Länder. Die Mutter beschreibt ihren ältesten Sohn als hilfsbereit, reif und kooperationswillig. Die Lehrer in der Schule erleben ihn als in sich gekehrt, aber tüchtig und fleißig. Die

Familie hat enorme Umwälzungen erlebt und große Verluste erlitten. Sie verlor unter anderem ihr Zuhause, Freunde, Schule, Familie, Vater und Ehemann. Die Mutter verhielt sich zu diesen Verlusten so, wie es neun von zehn Eltern spontan tun: Mit Rücksicht auf ihre Kinder halten sie ihre große Trauer in sich zurück und weinen nur manchmal, wenn sie allein sind. Das ist liebevoll gedacht und gut gemeint, aber leider genauso ungesund für sie und die Kinder, wie es verbreitet ist.

Der älteste Sohn kooperiert mit seiner Mutter, indem er tut, was sie tut. Er behält seine Trauer für sich, verliert seine Lebensfreude, fällt körperlich zusammen und bewegt sich mit leicht mechanischen Bewegungen und einem verschlossenen, beinahe versteinerten Gesicht. Bei den Erwachsenen, die ihm begegnen, erweckt er Mitgefühl und Besorgnis. Eine unausgesprochene Gemeinschaft verbindet ihn mit seiner Mutter, die beide beruhigt und ihnen Kraft gibt. Er ist die direkte Kopie des äußeren Verhaltens seiner Mutter.

Der kleine Siebenjährige tut das Gegenteil. In der Familie ist er derjenige, der aktiv seiner Trauer Ausdruck verleiht, seiner Verzweiflung und Sehnsucht nach Gemeinschaft, der Frustration und Verleugnung. Er versucht die Gefühle auszudrücken, die die Mutter zurückhält. Aber die Mutter kann sich nicht gleichzeitig ihren eigenen Gefühlen verschließen und für seine öffnen. Dafür sind sich ihrer beider Gefühle viel zu ähnlich. Er seinerseits will gerne mit seinem großen Bruder kooperieren, schafft das aber nicht.

Sein Gefühlsausdruck wirkt frustriert und wie halb erstickt. Er weckt deshalb in seiner Umgebung auch weder Mitgefühl noch Fürsorglichkeit. Die Menschen spüren statt dessen ihre Machtlosigkeit und reagieren irritiert. Er ist nicht «groß und vernünftig» wie sein Bruder. Er ist «klein und unartig».

Die Mutter kooperiert und verzichtet auf ihre eigene Gesundheit aus Rücksicht auf etwas, von dem sie glaubt, daß es das Beste für ihre Kinder sei. Beide Kinder kooperieren und verzichten auf ihre Gesundheit, aber in diesem Fall hält der Kleine den Schlüssel für eine gesündere Familiengemeinschaft in der Hand. Er ist es, der den Weg weist.

Die Mutter war klug genug zu merken, daß sie Hilfe brauchte. Es ist nicht so wichtig, wie sie im ersten Anlauf das Problem verstand. Das Wichtigste war, daß sie das Signal erkannte und es ernst genug nahm, um mit anderen Erwachsenen darüber zu sprechen. (Sie kam in eine Gruppe gleichgestellter Frauen und erhielt die Möglichkeit, ihre Trauer zu bearbeiten, was ihrem ältesten Sohn half, seine Trauer auszudrücken, und dem jüngsten Sohn, wieder auf eigenen Beinen zu stehen.)

Dem gleichen Phänomen begegnen wir oft in Familien, in denen physische Gewalt zum Familienleben gehört. Ich rede hier in erster Linie nicht von der Gewalt, mit der leider noch immer viele Eltern versuchen, ihre Kinder zu erziehen, sondern von den Familien, in denen Männer häufig gegenüber Frauen und Kindern gewalttätig auftreten.

Zwei Kinder einer solchen Familie werden je auf die für sie typische Weise (das heißt jedes mit seinem Erwachsenen) kooperieren, wodurch schon die Teenager ganz verschieden auftreten werden. Der eine wird genauso nach außen gerichtet gewalttätig auftreten wie der Vater, und der andere wird die Gewalt nach innen richten und autodestruktiv werden. Das Selbstzerstörerische kann sich auf unterschiedliche Art manifestieren. Es kann offen autodestruktiv sein, etwa durch Rauschgift oder Alkoholmißbrauch, Selbstmordversuch oder sexuelle Promiskuität. Aber es kann sich auch weniger augenfällig äußern, zum Beispiel durch schweigsames, selbstloses Verhalten, durch die mangelnde Fähigkeit, nein zu sagen oder Absagen zu erteilen, durch übergroßes Verantwortungsgefühl für andere und so weiter – anders gesagt:

durch Verhaltensweisen, die wir oft als Ergebnis «guter Erziehung» falsch einschätzen.

Aus vielen Gründen ist es auch jetzt noch so, daß Jungen häufiger aggressiv, Mädchen hingegen selbstzerstörerisch werden. Vielleicht liegt das daran, daß Mädchen sich an der Mutter orientieren und deshalb mit deren autodestruktivem Vorbild kooperieren. Einiges deutet jedoch darauf, daß es nicht ganz so einfach ist, sondern sich unter Umständen eher darum dreht, daß die Beziehungen der Kinder zu ihren Eltern von unterschiedlicher Natur und Qualität sind.

Schematisch betrachtet ist die Frage nach direkter und spiegelverkehrter Nachahmung / Kooperation sehr einfach:

- Kinder, die kritisiert werden, werden entweder kritisch oder selbstkritisch.
- Kinder, die mit Gewalt aufgezogen werden, werden entweder gewalttätig oder selbstzerstörerisch.
- Kinder, die in Familien aufwachsen, wo sich niemand persönlich ausdrückt, werden entweder schweigsam oder redselig.
- Kinder, die gewalttätigen oder sexuellen Kränkungen ausgesetzt sind, werden entweder exzessiv und autodestruktiv oder exzessiv und verletzend.

Diese Liste könnte leicht länger und detaillierter werden, aber hier geht es nur darum, daran zu erinnern, daß wir alle aus gutem Grund so handeln, wie wir es tun. Wir sind alle ohne Schuld zu unserem destruktiven / autodestruktiven Verhalten gekommen.

Das Interessante (und Kompetente!) bei Kindern ist, daß sie, wenn sie nur destruktivem Verhalten Erwachsener begegnen, dieses spiegelverkehrt wenden oder verdrehen, und zwar so, daß es sich erst Jahrzehnte später als problematisch erweist. Das bedeutet nicht, daß Kinder mit destruktivem Erwachsenenverhalten immer spiegelverkehrt kooperieren. In etwa der Hälfte der Fälle kooperieren sie direkt, was die Umgebung natürlich viel früher als Problem erlebt. Kinder, deren Eltern glücklicherweise destruktives Verhalten meistens vermeiden können, kopieren ihre Eltern direkt.

- Kinder, die mit Respekt behandelt werden, antworten mit Respekt.
- Kinder, die fürsorglich behandelt werden, verhalten sich fürsorglich.
- Kinder, die nicht in ihrer Integrität verletzt werden, kränken andere nicht.

Das Problem mit Wörtern wie Respekt, Fürsorge, Gewalt, Liebe oder Rücksichtnahme ist indessen, daß sie alle zu abstrakt sind. Bei vielem, wie Erwachsene handeln, haben sie gelernt, es als liebevoll und fürsorglich anzusehen. Es ist es aber nicht. Es ist liebevoll gemeint, aber das reicht nicht aus. In der «guten alten Zeit» mit autokratischer Machtstruktur in der Familie konnten die Eltern die Kompetenz ihrer Kinder unterdrücken. Das ist zum Glück viel schwerer geworden. Kinder und Jugendliche sind selbstbewußter geworden, Eltern flexibler, und die Gesellschaft ist in viel höherem Maß darauf eingestellt, das Befinden des einzelnen Kindes ernst zu nehmen.

Integrität

Das Wort Integrität ist so etwas wie eine Überschrift oder ein Sammelbegriff für die physische und psychische Existenz des Kindes: für Selbständigkeit, Grenzen, Unverletzbarkeit, Eigenart, «Ich», Identität.

Grob gesagt sind Kinder, wie erwähnt, hilflos in Hinblick darauf, ihre eigene Identität im Verhältnis zu den Eltern zu schützen. Das bedeutet nicht, daß sie generell inkompetent sind – tatsächlich können sie durchaus weitreichend ihre Grenzen setzen. Es heißt, daß sie oft schnell die Rücksicht auf sich selber zugunsten der Kooperation mit den Eltern aufgeben.

Illustriert werden kann das durch eine der klassischen, großen Kränkungen: Inzest, hier verstanden als sexueller Mißbrauch der eigenen Kinder oder Stiefkinder durch Vater oder Mutter, ist eine dramatische Verletzung der physischen und psychischen Integrität des Kindes.

Alle Inzestopfer können berichten, wie sie fühlten, daß das, was da vorging, ganz verkehrt war, und wie sie auf unterschiedliche Weise – verbal und nonverbal – versuchten, sich zu wehren. Ein liebevoller, reifer und fürsorglicher Erwachsener würde unmöglich diese Versuche, nein zu sagen, überhören können. Aber alle Inzestopfer gaben ihre eigenen Grenzen zugunsten der Kooperation auf, und wenn der Kränkende ihnen drohte oder sie auf andere Weise zum Schweigen gegenüber der Umgebung verpflichtete, waren sie diesem unzumutbaren Verhalten gegenüber loyaler als sich selbst gegenüber. Oft das ganze Leben hindurch, aber mindestens über mehrere Jahre hin.

Wenn Kinder so selbstzerstörerisch auf einen solchen Übergriff reagieren können, der von den meisten Gesellschaften sowohl als moralisch verwerflich wie auch juristisch als strafbar angesehen wird, gehört nicht mehr viel Phantasie dazu, sich vorzustellen, wie still und autodestruktiv sich Kinder täglich gegenüber den Übergriffen verhalten, die als wertvoller oder notwendiger Teil «guter Erziehung» allgemein akzeptiert werden.

Ein Teil der Probleme der Kinder rührt daher, daß sie generell autodestruktiv auf Kränkungen reagieren. Wenn Eltern bewußt oder unbewußt auf die gleiche Weise in gleichen Abständen die Integrität ihres Kindes verletzen, kommen Kinder nicht zu dem Schluß, daß ihre Eltern verkehrt handeln. Sie kommen zu dem Schluß, daß sie selber verkehrt sind! Sie verlieren *Selbst*gefühl und akkumulieren *Schuld*gefühl.

Die Arbeit mit erwachsenen Opfern von Folterungen hat gezeigt, daß eine Art Proportionalität zwischen Kränkung und Schuldgefühl existiert. Folter hat klar das Ziel, die Integrität des Opfers so vollständig wie möglich auszulöschen, ohne daß das Opfer – in jedem Fall in einem bestimmten Stadium – stirbt. Wenn aus Sicht der Folterknechte die Tortur gelungen ist, wird das Schuldgefühl des Opfers total sein.

Das gleiche Phänomen kennen wir von Kindern und Jugendlichen, die man wegen Vernachlässigung und Verwahrlosung aus dem Elternhaus herausgenommen hat. Wenn sich die ausgebliebene Fürsorge als physischer oder psychischer Übergriff manifestiert hat, leiden die Kinder unter extrem geschwächtem Selbstgefühl und einem sehr großen Schuldgefühl, das sich oft als Loyalität den Eltern gegenüber zeigt und sie zum Beispiel dazu bringt, für Wochenend- oder Ferienbesuche nach Hause zu fahren, selbst wenn sie wissen, daß sie dort schlecht behandelt werden.

Anders ist es mit Kindern, deren Eltern es nur nicht schafften, für sie zu sorgen, sie im übrigen aber nicht aktiv mißhandelt haben. Diese Kinder können ihre Eltern oft realistischer sehen und besser einschätzen, was zu ihrem eigenen Besten dient.

Aber zurück zum allgemeinen, täglichen Umgang zwischen Kindern und Erwachsenen. Kinder haben die Erwachsenen immer darauf aufmerksam machen können, wenn ihre Integrität verletzt wurde, aber ihre Kompetenz ist, wie schon gesagt, oft ignoriert, unterdrückt oder falsch ausgelegt worden.

Als ich Kind war, war es durchaus üblich, daß Eltern und

Lehrer glaubten, man könne Kinder zu dem erziehen, was «richtig» ist, indem man ihnen erzählte, wie «verkehrt» sie sind, und daß Kinder «artig» werden würden, wenn man ihnen mit Stimmlage und Mimik nur genügend überzeugend beibrachte, wie «unartig» sie waren.

Kindern zu erzählen, wie «verkehrt» sie sind, bedeutet ganz eindeutig eine Kränkung ihrer Integrität. Kinder haben das immer klar und deutlich mit nonverbaler Botschaft den Erwachsenen zu sagen versucht: Die Augen sind voll Tränen und/oder einem schmerzerfüllten Ausdruck, sie schauen den Erwachsenen kurz an, und wenn die Botschaft nicht erfaßt wurde, versteift sich ihr Körper, sie schauen zur Erde und senken den Kopf. Eine klare Botschaft, der nur die Worte fehlen: «Du verletzt mich!», um ganz und gar unzweideutig zu sein.

Oft hatten sie zu Anfang Worte, aber ihnen wurde ein «Sei still, wenn ich mit dir rede!» entgegnet, und die Körpersprache wurde als Trotz fehlgedeutet und mit «Sieh mich an, wenn ich mit dir rede!» kommentiert. Damals wie heute leben Eltern so nach dem äußeren sozialen Ideal: «Es ist nicht wichtig, ob das, was ich dir sage, dir weh tut oder nicht, und wenn es das tut, erinnerst du dich vielleicht besser! Es ist wichtiger, daß du die allgemeinen Anstandsregeln lernst, und dazu gehört, daß man den ansieht, mit dem man spricht!»

Wenn das noch nicht ausreichte, faßten die Erwachsenen das Kind unters Kinn und zwangen das Gesicht nach oben, und so blieb nur eine Verteidigung: die niedergeschlagenen Augen, die die meisten Erwachsenen so weit zur Verzweiflung bringen konnten, daß die Situation entweder bis zu physischer Gewalt eskalieren konnte oder das Kind in die Isolation geschickt wurde, bis es seinen Sinn geändert hatte.

Dieses ganz alltägliche Phänomen ist eine grobe Verletzung/Kränkung der Integrität des Kindes mit lebenslangen Konsequenzen, und zwar nicht nur für die zukünftige Lebensqualität des Kindes, sondern auch für die Qualität des weiteren Verhältnisses zwischen Eltern und Kind.

Wenn das in Dänemark vor dreißig, vierzig Jahren in großem Umfang passieren konnte und in vielen Ländern noch immer allgemein akzeptiertes Verhalten ist, so hat das zwei Gründe:

Zum ersten war das etwas, das alle Eltern taten, und damit ist es beinahe schon per definitionem richtig. Der zweite Grund ist in diesem Zusammenhang wichtiger: Kinder kooperieren! Dem gleichen Jungen, der im Beispiel entweder eine Ohrfeige bekommt oder ohne Abendessen auf sein Zimmer geschickt wird, um zur Vernunft zu kommen, finden wir zwei Stunden später oder am nächsten Morgen in offensichtlich harmonischem Zusammensein mit seinen Eltern wieder. Er spielt Fußball mit seinem Vater, plaudert gemütlich mit seiner Mutter oder tobt im Garten herum und spielt mit anderen Kindern. Vielleicht mußte er zuerst bei den Eltern eine rituelle Entschuldigung abgeben, oder vielleicht ergriffen die Eltern die Initiative: «So, nun wollen wir das vergessen und wieder gute Freunde sein.»

Er ist nicht wütend auf seine Eltern, und er betrachtet sie nicht mit kritischeren Augen als vorher. Er hat noch ein wenig an Selbstgefühl verloren, er ist ein bißchen weniger er selbst und ein bißchen mehr so, wie sie ihn haben wollen. Aber genau wie alle anderen Kinder liebt er seine Eltern ganz unvoreingenommen, und er ist bereit, ihnen der Sohn zu sein, den sie haben wollen, fast ungeachtet der Kosten. Er ist so überzeugt, daß sie richtig sind und er falsch, daß er mit großer Wahrscheinlichkeit den Schmerz verdrängen und in zwanzig Jahren das gleiche mit seinem Sohn tun wird.

Oft wird die Fähigkeit der Kinder zur Kooperation in Anspruch genommen, um zu beweisen, daß diese oder jene Art, sie zu erziehen, «richtig» ist oder daß sie «keinen Schaden nehmen» durch das, was wir Erwachsenen ihnen zumuten.

Beispiel:

Eine junge Mutter hatte es schwer, den Überblick zu behalten über alles das, was sie tun und wofür sie sorgen mußte, wenn sie von der Arbeit nach Hause kam. Sie lebte nicht mit dem Vater der Kinder zusammen, so daß sie mit allem allein fertig werden mußte: waschen, auf zwei Kinder von drei und fünf Jahren aufpassen, saubermachen, das Essen kochen, den Garten versorgen und so weiter. Sie hatte für sich das Problem gelöst, indem sie die Kinder für einige Stunden im Kinderzimmer einschloß, während sie sich um die praktischen Dinge kümmerte.

Den Erziehern im Kindergarten fiel auf, daß beide Kinder etwas passiv und ein wenig traurig und melancholisch wirkten. Einer der Erzieher redete mit ihnen, und sie erzählten unter anderem, daß sie es leid waren, eingesperrt zu werden. Bei einem Gespräch mit der Mutter gestand sie offen diese Praktik ein und verteidigte sie mit zwei Argumenten: erstens hätte ihre eigene Mutter das gleiche getan, ohne daß sie (die junge alleinerziehende Mutter) daran Schaden genommen hätte, und zweitens könne sie die Kinder reden und spielen hören, wenn sie an der verschlossenen Tür vorbeigehe. Sie glaubte, daß die Kinder sich wohl fühlten, aber die kooperierten nur.

Wieder dreht es sich nicht um «richtig» oder «verkehrt», nicht darum, ob es richtig oder falsch ist, Kinder drei Stunden am Tag einzuschließen. Es geht darum, die Sprache der Kinder wahrzunehmen und sie ernst zu nehmen, auch wenn das bedeutet, daß man als Erwachsener eine Praxis ändern muß, die man beim eigenen Aufwachsen oder während seiner Ausbildung als richtig kennengelernt hat, und auch wenn alle anderen am Ort das gleiche tun.

Physische Gewalt bedeutet für alle Menschen eine Verletzung ihrer Integrität, auch für Kinder. Das gilt, selbst wenn

Integrität 61

wir das etwas anders bezeichnen: «der letzte Ausweg», «der verdiente Klaps hintendrauf», «Züchtigungsrecht». Allein die Anzahl der Euphemismen, die wir gebildet haben, um es nicht einfach Gewalt zu nennen, spricht dafür, daß wir gut wissen, daß etwas nicht stimmt.

Ebenso lassen sich für die Gewaltanwendung die gleichen Argumente anführen, wie sie die junge Mutter gebrauchte, um ihre Kinder einzuschließen: «Ich habe als Kind selbst ein paar auf den Po bekommen, wenn ich es verdient hatte, und es hat mir nicht geschadet.» Oder: «Das nützt! Wenn Kinder etwas tun, was man nicht will, muß man sie nur fest genug und oft genug hauen, dann hören sie auf!»

Das Argument «Es nützt» oder «Das wirkt» ist nicht nur im Kontakt zwischen Eltern und Kindern üblich, sondern auch in der professionellen Pädagogik und Behandlung. Ich meine, es ist höchste Zeit, daß wir aufhören, dies als Hauptargument zu benutzen, und zwar aus zwei Gründen.

Erstens wissen wir nun so viel über die Fähigkeit und den Willen der Kinder (und der Erwachsenen) zur Kooperation, daß das Argument nicht länger sticht.

Zweitens wissen wir allmählich so viel über die Langzeitwirkung etwa von Gewalt, daß es ethisch ganz einfach nicht vertretbar ist, die Gewaltanwendung mit dem oberflächlichen Effekt zu begründen, den sie kurzfristig hat.

Ich meine, es ist an der Zeit, daß wir anfangen, weniger primitive Fragen an das zu stellen, was wir einander antun, egal ob wir das Erziehung, Pädagogik oder Therapie nennen. Es reicht nicht, daß etwas «wirkt» oder «nützt». Wir müssen untersuchen, warum und wie es nützt. Welches ist der menschliche und zwischenmenschliche Preis, den wir selbst, die Kinder, Klienten, Bürger und Patienten für etwas bezahlen müssen, das so aussieht, als sei es unmittelbar erfolgreich?

Wenn der Preis so ist, daß die eine Seite ihre Integrität

opfern muß, um die andere zufriedenzustellen, dann ist der Preis zu hoch. Das ist ein einfaches und zivilisiertes ethisches Prinzip.

Das Problem ist, wie gesagt, daß «alles nützt», und je mehr dies erfordert, daß der eine Part seine Integrität aufgeben muß, um so besser scheint es zu wirken. Deshalb ähneln sich ein sechsjähriges Inzestopfer und eine dreizehnjährige flirtende Lolita. Deshalb begehen japanische Schüler aus Angst vor Versagen Selbstmord. Deshalb haben neue religiöse Sekten eine so starke Anziehungskraft. Deshalb weinen Zehntausende, wenn ein Stalin oder Tito stirbt. Deshalb können patriarchalische Familienväter und machthungrige Großmütter in der Illusion leben, die Familie hinter sich zu haben, wenn sie sie in Wirklichkeit unter sich haben.

Solange wir noch glaubten, daß Kinder als inkompetente Halbmenschen geboren werden, war es möglich, die Verletzung ihrer Integrität zu rechtfertigen. Die Erwachsenen wußten einfach, was das Beste für die Kinder war. Sie wußten, was sein mußte, damit Kinder zu richtigen Menschen heranwachsen können.

- «Du wirst schon noch lernen, das zu schätzen, wenn du erst erwachsen bist!»
- «Das ist zu deinem eigenen Besten!»
- «Eines Tages wirst du mir für das, was ich jetzt tue, dankbar sein! Mir tut das viel mehr weh als dir!»

Das sind nur einige wenige der klassischen Aussagen, die die Verletzungen und Kränkungen der Integrität von Kindern und Jugendlichen immer begleitet haben. Aussagen, die, wenn man sie mit Sympathie deutet, von dem Unbehagen der Erwachsenen erzählen, so zu handeln, wie sie es taten, aber auch von der sozialen Notwendigkeit, es eben genau so zu tun.

Heute wissen wir es besser. Wir wissen, daß Kinder kompetent sind:

○ Kinder können den Inhalt und die Grenzen ihrer Integrität kennzeichnen.
○ Kinder sind von Geburt an sozial.
○ Kinder kooperieren kompetent mit jeglicher Form von Erwachsenenverhalten, unabhängig davon, ob das für ihr eigenes Leben konstruktiv oder destruktiv ist.
○ Kinder geben den Eltern verbale und nonverbale Rückmeldungen, die gleichzeitig kompetente Hinweise auf emotionale und existentielle Probleme der Eltern sind.

Kurz gesagt: Kinder sind am wertvollsten für das Leben ihrer Eltern, wenn die sie am beschwerlichsten finden!

Ich werde in diesem Buch immer wieder versuchen, diese vielleicht etwas provozierende Beobachtung, die einen der Eckpfeiler in einer neuen Art von Beziehung zwischen Eltern und Kindern bildet, zu begründen und zu beleuchten. Hier nur drei Beispiele.

Beispiel:

Als Nicolas elf Monate alt ist, steckt die Ehe seiner Eltern in einer tiefen Krise, was unter anderem dazu führt, daß sie öfter bis spät in der Nacht auf sind und sich streiten.

Jedesmal, wenn das geschieht, wacht Nicolas auf und weint. Die Eltern nehmen ihn hoch und versuchen, ihn zu beruhigen. Aber nichts hilft. Egal, was sie tun, er ist untröstlich, und je mehr sie seine Bedürfnisse zu erraten versuchen, desto irritierter und klammernder verhält er sich – bis er nach einer Stunde aus Erschöpfung einschläft. Am nächsten Morgen ist er dann regelmäßig gereizt und quengelig.

Die Eltern wissen, daß Kinder kompetent sind, und sie wissen deshalb auch, daß Nicolas sich nicht so verhält, «um

Aufmerksamkeit zu ergattern» oder um sie zu stören, oder um ihnen etwas zu verderben. Ihnen fällt ein ähnliches Phänomen ein: Nicolas wacht oft auf, wenn sie sich lieben, aber dann ist er immer froh und guter Dinge und leicht wieder zum Einschlafen zu bringen. Sie bemühen sich, ihre nächtlichen Streitereien mit anderen Augen zu sehen, und entdecken, daß beide sie destruktiv finden. Nicht nur wird der Tonfall zwischen ihnen beiden schnell anklagend und unerfreulich, sondern die Streitereien führen auch nicht zu konstruktiven Ergebnissen, sondern lassen sie beide nur immer ein bißchen empfindlicher und ein bißchen entmutigter zurück.

Es gelingt den Eltern, ihre Unstimmigkeiten und Verschiedenheiten konstruktiver zu diskutieren. Nicolas wacht noch immer etwas frustriert und unglücklich auf, aber wenn er bei einem der beiden fünf bis zehn Minuten auf dem Schoß sitzen darf, während sie weiterreden, beruhigt er sich und macht selbst darauf aufmerksam, wieder ins Bett zu wollen.

Allein dadurch, daß sie die Reaktionen ihres Sohnes ernst nahmen, lernten die Eltern etwas, wofür sie sonst unter Umständen Jahre gebraucht hätten. Sie konnten nicht wissen, ob ihre Übersetzung seiner Reaktionen richtig war, bevor sie die neue Rückmeldung erhielten, aber die bekräftigte dann, daß das frühere offensichtliche Unglücklichsein und die Frustration bedeutete: «Liebe Eltern, ich kann gar nicht leiden, wie ihr versucht, eure Probleme zu lösen. Es macht mir angst, und ich habe davon genug. Könnt ihr nicht einen anderen Weg finden?» Seine veränderte Reaktion könnte heißen: «Es macht mir immer noch ein bißchen Angst, und ich bin es leid, wenn zwischen euch beiden keine Harmonie herrscht, aber ich bin froh, wie ihr die Dinge bearbeitet.»

Beispiel:

Louise ist neun Jahre und ein extrem anstrengendes Kind, das nicht nur fortwährend unmögliche Forderungen an die Eltern stellt, sondern auch begonnen hat, sich selbstzerstörerisch zu verhalten. Sie schneidet sich zum Beispiel mit einer Schere in die Finger, sie sticht sich mit dem Messer in den Bauch, und sie ruft Nasenbluten hervor, indem sie mit einer Nadel stochert. Sie hat einen großen Bruder, mit dem sie sich oft vergleicht. Seit einigen Jahren sagt sie zu den Eltern: «Warum habt ihr mich nicht genauso lieb wie Thomas?» Ihre selbstproduzierten Anfälle von Nasenbluten begannen kurz nachdem Thomas beim Arzt gewesen war, der ihm kleine Blutgefäße in der Nase verödet hatte, weil er oft starkes, spontanes Nasenbluten bekam.

Die Eltern «hatten alles versucht». Sie hatten sich bemüht, vernünftig zu sein. Sie hatten sich bemüht, ihr zu geben, wonach sie verlangte. Sie hatten sich mit anderen Erwachsenen beraten, die ihnen empfahlen, konsequent einige klare Grenzen zu setzen. Aber Louise machte unermüdlich weiter. Ein paarmal (ich werde später ausführlich darauf zurückkommen) hatte sie ihre Eltern richtiggehend zu einem Treffen zusammengerufen und gesagt: «Also so, wie wir miteinander umgehen, kann es nicht bleiben. Wollen wir nicht versuchen, von jetzt an gute Freunde zu sein?»

Louises Eltern waren kompetente erwachsene Menschen, die ihre Tochter sehr liebten und wirklich alles, was in ihrer Macht stand, versucht hatten, um ein besseres Verhältnis zu ihr zu bekommen.

Als wir gemeinsam das Verhältnis der Eltern zu Louise bis zu ihrer Geburt zurückverfolgten, wurde klar:

○ Es war eine schwierige Schwangerschaft und eine schmerzhafte Geburt gewesen.

- Louise war von Anfang an schwierig. Sie war unruhig und laut und hatte Probleme mit dem Essen. Die Mutter hatte sich inkompetent und in der Defensive gefühlt.
- Die Milch wollte nicht fließen. Die anderen Mütter auf der Wöchnerinnenstation hatten ihr und ihrem «Schreihals» vorwurfsvolle Blicke zugeworfen.
- Der Vater war damals arbeitsmäßig stark beansprucht, weil er dabei war, sich selbständig zu machen. Nach seinen eigenen Aussagen dauerte es ein paar Jahre, ehe er Kräfte frei hatte, um sich um sein neues Kind zu kümmern und um die offenkundigen Schwierigkeiten seiner Frau, ein harmonisches Verhältnis zu Louise zu bekommen.

Der Unterschied zwischen den ersten Monaten und Jahren und der jetzigen Situation war nicht so groß. Die Eltern fühlten sich beide in der Defensive, erschöpft und ratlos. Sie waren weder gereizt noch wütend auf ihre Tochter und verlangten nicht, daß sie «untersucht und repariert» würde. Sie hatten Schuldgefühle und waren darüber unglücklich, daß es nun so weit gekommen war, daß Louise angefangen hatte, sich selbst Schaden zuzufügen.

Betrachten wir Louises Situation seit ihrer Geburt, so wird deutlich, daß ihr die fundamentale Sicherheit gefehlt hatte, die so wichtig ist für das Wohlbefinden und die Entwicklung des Säuglings.

Ganz konkret fehlte ihr ein Aspekt dieser Sicherheit, nämlich das Gefühl, in sicheren, kompetenten Händen zu sein, die wissen, was sie tun. Ihre Mutter fühlte sich meistens in der Defensive und war allein vor die Situation gestellt, einen Ausweg aus ihrer Ratlosigkeit zu finden.

Die kleine Louise hat unter diesen Bedingungen zwei Möglichkeiten: Sie kann resignieren und ein sogenanntes «einfaches Kind» werden, oder sie kann aktiv darum kämpfen, das zu bekommen, was ihr fehlt. Louise «wählte» die zweite Möglichkeit.

In den letzten Jahren äußerten Kleinkindforscher die Überzeugung, daß Kinder mit einem bestimmten «Temperament» geboren werden. Mir fehlt die Kompetenz, diese Überzeugung zu kommentieren, ich finde sie aber sowohl wahrscheinlich als auch logisch. Im Rahmen meiner Arbeit ist es nicht besonders wichtig, ob zum Beispiel Louises Willensstärke und ihr heftiges Temperament von Anfang an in ihren Genen angelegt waren oder ob sie ihr ganz einzigartiger psychischer Ausdruck sind für ihre Art zu kooperieren.

In diesem Zusammenhang sind unsere (familientherapeutischen) Erfahrungen das wichtigste. Sie geben klar Auskunft darüber, wie entscheidend es ist, wie Eltern der Vitalität ihrer Kinder und den unterschiedlichen Temperamenten begegnen. Die Art der Interaktion der Eltern mit den Kindern ist dafür entscheidend, ob sich das Temperament des Kindes als ein konstruktiver oder ein destruktiver Teil seiner Persönlichkeit entwickelt.

Louise kooperiert mit ihrer Mutter durch ein Verhalten, das klar und deutlich sagt: «Liebe Mutter, da du etwas ratlos und unsicher zu sein scheinst, wie du mit mir umgehen sollst, so werde ich dir das erzählen. Ich werde einfach protestieren, wenn du etwas tust, was ich nicht mag, und ich werde fordern, wenn es etwas gibt, das ich haben will.»

Als sie sprechen gelernt hatte, versuchte sie, über ihr Dilemma zu reden: «Warum habt ihr mich nicht genauso lieb wie Thomas?» In der traditionellen Psychologie (und dem allgemeinen Verständnis) wird eine solche Aussage zu einem Ausdruck von Eifersucht erklärt, womit sie aber nach meiner Erfahrung entschieden nichts zu tun hat. Das Verhalten gibt indessen dem Erleben Ausdruck, nicht auf die richtige Weise geliebt zu werden, das wiederum dazu führt, sich nicht als so wertvoll für die Eltern zu erleben, wie das Louise genau wie alle anderen Kinder gerne sein will. Für Menschen aller Altersgruppen geht das Erleben, «nicht so wertvoll zu sein», einher mit starken Gefühlen wie Irritation, Aggressivität und Frustration. Um von der Frustration abzusehen, verlangt es zumindest einen viel größeren Überblick und eine viel größere Reife, als irgendein Kind haben kann. Das hieße auch, daß ein vier- bis fünfjähriges Kind in Louises Situation imstande wäre, auf die Eltern zuzugehen und zu ihnen zu sagen: «Hört mal zu! Irgend etwas läuft zwischen uns schief. Ich weiß, daß ihr mich liebt, und ich tue von meiner Seite aus alles, um diese Liebe zu verdienen. Trotz allem fühle ich mich die meiste Zeit nicht geliebt. Wenn ich sehe, wieviel unbeschwerter euer Verhältnis zu meinem großen Bruder ist, kann ich nicht anders, als darauf ein bißchen neidisch zu sein.»

Natürlich! So reden Kinder nicht!

Wenn dieses Erleben von Eltern und Fachleuten falsch interpretiert und kritisch als «Eifersucht» diagnostiziert wird, dann wird sich das Erleben des Kindes, verkehrt zu sein, natürlich verstärken, was wiederum dazu führt, daß sich in einem Teufelskreis dann das «eifersüchtige» Verhalten verstärkt. Genau das gleiche gilt im übrigen auch für Erwachsene.

Louises Eltern antworteten ihr so, wie das die meisten liebevollen Eltern tun: «Aber hör, Louise, das stimmt nicht! Wir lieben dich ganz genauso wie Thomas!» Eine Antwort, die sowohl ehrlich als auch liebevoll gemeint ist, die aber leider genau den gegenteiligen Effekt hat: Das Kind erlebt sich noch stärker als allein und nicht richtig: «Ich kann sehen, daß sie mich lieben. Ich kann hören, daß sie mich lieben. Wenn ich nicht spüren kann, daß sie mich lieben, so wird mit mir etwas nicht stimmen.»

Aber zurück zu Louises erster Form der Kooperation. Sie ist unglaublich «fordernd», wie wir das traditionell nennen. Sie fordert von ihrer Umgebung ständige Aufmerksamkeit. Oft verlangt sie Unmögliches, wie zum Beispiel eine bestimmte

Sorte Eis außerhalb der Saison. Jeden Abend, wenn sie im Bett liegt, ruft sie ihre Eltern zehn- bis fünfzehnmal. Die ganze Zeit, die sie mit den Eltern zusammen verbringt, vergeht mit Forderungen nach dem einen oder anderen, dazu die Dramen, die sich abspielen, wenn die Eltern ihre Wünsche entweder nicht erfüllen können oder wollen. Louise läßt sich nicht einfach abweisen!

Auch diese Form des Betragens wird oft fehlinterpretiert, und wie Louises Eltern wird allen geraten, sie sollten lernen, «Grenzen zu setzen», «nein zu sagen», «konsequent zu sein» und ähnliches. Das Problem ist, daß die pädagogischen Methoden nur eben die Oberfläche des Problems berühren, genau wie es bei «Eifersucht» der Fall ist. Das eigentliche Problem ist hier aber, daß Kinder nicht wissen, was sie *brauchen*. Oft wissen sie nur, wozu sie *Lust* haben. Das heißt nicht, daß Kinder auf diesem Gebiet inkompetent sind, sondern daß es ihnen an Überblick fehlt und an den sprachlichen Fähigkeiten. Sie können nur hoffen und sind darauf angewiesen, daß ihre Eltern beides haben. Auch wenn sie ihre existentiellen Bedürfnisse nicht ausdrücken können, so können sie doch spüren, daß sie diese nicht erfüllt bekommen, und sie können den Erwachsenen eine Rückmeldung in Form von frustriertem, schwierigem Verhalten oder totaler Resignation und Passivität geben.

Die Forderungen von aktiven lebenstüchtigen Kindern wie Louise, die alles verlangen, wozu sie impulsiv Lust bekommen, und unabhängig davon, ob sie alles, einen Teil oder gar nichts bekommen, werden eskalieren und immer häufiger und absurder werden. Für die verantwortlichen Eltern ist dieses Verhalten natürlich ungeheuer provozierend und letzten Endes auch abstoßend. In Zusammenhängen und Kulturen, wo man noch die «guten alten» Erziehungsprinzipien hochhält, wird diese Art in großem Umfang mit physischer Gewalt und/oder mit verbalen Übergriffen unterdrückt, und das irrationale Verhalten des Kindes wird erst wenn es erwachsen ist zum Ausdruck kommen.

In anderen Zusammenhängen, wo die Eltern sich um eine rücksichtsvollere und demokratischere Erziehung bemühen, erleben wir seit zehn bis fünfzehn Jahren eine steigende Zahl von Familien, in denen die nächsten Angehörigen von kleinen und größeren Kindern tyrannisiert werden, die offensichtlich vollkommen egozentrisch und unsozial sind. Das sind Kinder, die zuviel von dem bekommen, wozu sie Lust haben und zuwenig von dem, was sie brauchen. Es hat immer Kinder gegeben, die zuwenig von dem bekamen, was sie, existentiell gesehen, brauchten. Das Neue ist, daß als Folge größerer Liberalität Kindern gegenüber und größeren ökonomischen Wohlstandes mehr Kinder auch zuviel von dem bekommen, wozu sie Lust haben. Dieses Phänomen wird in einigen der ehemals sozialistischen Länder besonders deutlich, wo eine relativ kleine Gruppe von Menschen plötzlich ökonomischen Reichtum erlebt, den sie natürlich auch mit ihren Kindern teilen wollen – oft in Form von Sachen, die ganz ausgeprägt sozialen Status demonstrieren.

Louise hat es also auf zwei Arten versucht. Zuerst wurde sie fordernd: der verzerrte Versuch mitzuteilen, daß ihr etwas fehlte. Dann wurde sie direkter, um auch verbal mitzuteilen, daß sie sich nicht so geschätzt fühlte. Das half genausowenig. Sowohl sie als auch die Eltern verwandten all ihre Energie, all ihre Kreativität und all ihre gegenseitige Liebe darauf, eine harmonischere Beziehung zu schaffen, leider ohne Erfolg. Und doch – nicht ganz ohne Resultat. Das Faktum, daß sich Louise so energisch zur Wehr setzte und daß ihre Eltern sich genauso energisch bemühten, das Problem zu lösen, ist eine bessere Basis für Wachstum und Entwicklung, als wenn sich beide Seiten aufgegeben oder eine kühle Distanz zueinander aufgebaut hätten.

Beim dritten und letzten Versuch begann Louise sich

Schmerzen zuzufügen. «Es ist schmerzlich für mich, mit euch zusammenzusein... ich blute!» sagte sie. Und sie hörten, was sie sagte.

Im Gespräch mit der Familie zeigte sich unter anderem, daß die Mutter während ihrer ganzen Kindheit großen körperlichen Kränkungen ihres Vaters ausgesetzt war. Sie hatte, kurz gesagt, kooperiert, indem sie ein süßes und folgsames Mädchen wurde, das anderen für deren Bedürfnisse stets zur Verfügung stand. Aber die Mutter hatte nicht gelernt, ihre eigenen Bedürfnisse zu kennen und ihnen Ausdruck zu geben. Das hieß, daß sie und Louise jetzt den gleichen Lernprozeß durchmachen sollten – gemeinsam! Die Mutter sollte, etwas spät, lernen, ihre Bedürfnisse und ihre Grenzen zu spüren und auszudrücken, damit ihre Tochter lernen konnte, ihre Bedürfnisse zu spüren und auszudrücken – in recht jungen Jahren. Louise war diejenige, die letzten Endes ihrer Mutter den Mut gab, den Mißbrauch, dem sie in ihrer Familie ausgesetzt gewesen war, zu bearbeiten, und so wurde sie auf einer tief existentiellen Ebene sehr wichtig für das Leben ihrer Mutter – und für das gemeinsame Leben ihrer Eltern. Das wäre nicht geschehen, wenn das Problem als «Erziehungsproblem» definiert worden wäre. Im günstigsten Fall wäre eine pädagogische Strategie geglückt, und Louise wäre «einfacher» im Umgang geworden. Das Selbstvertrauen der Eltern wäre gehoben worden, aber für Louise wäre der Preis ein unersetzlicher Verlust an Selbstgefühl gewesen.

Beispiel:

Dieses Beispiel handelt von einem vierjährigen italienischen Mädchen, dem es im Laufe weniger Ferientage gelang, sowohl auf seiner eigenen Integrität zu insistieren, als auch seine Familie offener werden zu lassen und – aller Wahrscheinlichkeit nach – ihrer großen Schwester eine weniger problematische Pubertät zu verschaffen.

Die Familie bestand aus den beiden Mädchen von etwa vier und zehn Jahren und aus Vater und Mutter. Eine ausgesprochen nette Familie, die vom ersten Augenblick an eine stilvolle Atmosphäre um sich verbreitete. Das galt auch, als sie sich am ersten Abend an ihrem Tisch im Restaurant einfanden, gutgekleidet, selbstbewußt und korrekt.

Der Oberkellner kam zum Tisch der Familie und stellte das Menü vor, wo jeder Gast zwischen drei Vorspeisen, drei Hauptgerichten und so weiter frei wählen konnte. Der Vater wählte sein Menü, die Mutter ihres, die älteste Tochter ihres (genau das gleiche wie die Mutter), und die Mutter wählte für die Kleine. Die protestierte leise, aber entschieden gegen die Wahl der Mutter und sagte, was sie lieber haben wolle. Die Mutter fertigte sie mit einem «Das magst du sowieso nicht» ab. Und es blieb, wie die Mutter es bestimmt und der Vater mit einem gefährlichen Funkeln der Augen sanktioniert hatte. Während dieses Intermezzos, das keine Minute dauerte, saß die große Tochter da und schaute wohlerzogen neutral auf ihren Teller.

Als die Vorspeise serviert wurde, nahm die Mutter die der Jüngsten und schnitt sie in mundgerechte Bissen. Die Tochter verweigerte stumm, das Gericht zu essen. Während sie die Vorspeise verzehrten, versuchten sich beide, Vater und Mutter, mit unterschiedlichen Formen von Druck, aber nichts half. In der Pause zwischen Vorspeise und Hauptgericht wurde die Tochter ermahnt und gelockt, und ihr wurde gedroht, sich anständig zu betragen. Unter anderem wurde ihr der Zugang zum üppigen Dessertbüfett des Restaurants verweigert, wenn sie so weitermachen würde.

Das Hauptgericht kam, die Mutter schnitt das Fleisch für die Tochter in Stücke und steckte ihr sicherheitshalber das erste Stück in den Mund. Sie kaute langsam und widerwillig ihre ganze Portion, und als die Eltern die versprochene Belohnung zuteilten – Dessert nach Wahl –, sagte sie, daß sie keine Lust auf Nachtisch habe. Die übrigen Familienmitglieder sahen sich in stummem Einverständnis an und schüttelten den Kopf über ihre «kindische Dummheit».

Am nächsten Abend vollzog sich das Drama mit der Variante, daß sich die Kleine glatt weigerte, etwas von dem zu essen, das für sie serviert wurde. Nach dem Hauptgericht beorderte der Vater seine Frau, die Kleine ins Bett zu bringen zur Strafe für ihr peinliches Betragen. (Sie war genau wie am ersten Abend absolut nett und ganz und gar stumm. Das Peinliche bestand darin, daß der Kellner das nicht gegessene Essen entdecken und abräumen mußte.)

Am dritten Abend kam die Familie in «Therapie». Der Therapeut war der Oberkellner. Nachdem er die Bestellung der Eltern und der ältesten Tochter entgegengenommen hatte (sie bestellte weiterhin genau das gleiche wie die Mutter und bekam dafür jeden Abend ein diskret anerkennendes Nicken ihrer Eltern), wandte er sich an die Kleinste und sagte: «Und was würde das junge Fräulein heute gerne speisen?»

Das Mädchen sah ihn überrascht und froh an und reagierte sofort, indem sie ihre Position veränderte. Sie hatte an den vorhergehenden Abenden korrekt (aber unbequem) auf dem Stuhl gesessen, kniete sich jetzt aber hin, so daß sie mit den anderen auf einer Höhe war. Als erstes sagte sie: «Entschuldigen Sie, ich habe nicht richtig verstanden, was Sie sagten. Würden Sie so freundlich sein, mir das Menü noch einmal vorzulesen?»

«Selbstverständlich, mein Fräulein», antwortete der Oberkellner und stellte ihr das Menü mit den gleichen begleitenden Erklärungen vor, wie sie die Erwachsenen bekommen hatten. Souverän gab das Mädchen seine Bestellung auf, und bevor ihre leicht verblüfften Eltern die Sprache wiedergefunden hatten, begann sie sich so mit ihnen zu unterhalten, als ob nichts Ungewöhnliches geschehen sei. Die Szene wiederholte sich an den folgenden Abenden – das Mädchen aß natürlich alles auf –, und als die Ferien zu Ende gingen, war die Stimmung am Tisch der Familie gemütlich, lebendig und spontan. Der Vater erlaubte sich sogar, im Sporthemd und ohne Krawatte zu Tisch zu kommen. «Die «gute Kinderstube» hatte eine entscheidende, wenn nicht definitive Niederlage erlitten – und das Leben hatte in die Familie Einzug gehalten, angeführt von einer kompetenten Vierjährigen. Sie hatte eine Schlacht gewonnen, die die meisten Kinder ohne Kampf verlieren: das Recht, selbst zu bestimmen, was sie in den Mund stecken wollen und wann und in welchen Mengen. Ihre Eltern sahen ihre Kompetenz, erkannten sie an und ließen ihr Leben durch sie bereichern.

Aber was, werden einige vielleicht einwenden, ist mit den vielen Kindern, die nicht so glücklich sind, flexible Eltern zu haben oder einem genialen Oberkellner zu begegnen? Was sollen wir mit den Eltern und anderen Erwachsenen anstellen, die nur in ihrem eigenen Schmerz erstarrt sind?
  Nach meiner Erfahrung sind viel mehr Erwachsene, als wir gemeinhin annehmen, bereit, zuzuhören und zu lernen, aber das fordert natürlich, daß wir (Fachleute, Nachbarn, Familienmitglieder, Eheleute und andere) sorgfältig darauf achten, ihnen nicht mit der gleichen Kritik, den gleichen Vorwürfen und der gleichen Blindheit für ihre Kompetenz zu begegnen, mit der sie ihren Kindern begegnen. Wir müssen bereit sein, ihnen mit der gleichen persönlichen und menschlichen Qualität zu begegnen, mit der wir wünschen, sie mögen ihren Kindern gegenübertreten. Das ist angewandte zivilisierte Ethik! Ihr Schmerz ist der gleiche wie der ihrer Kinder. Sie hatten ihn nur länger.

Der Konflikt

In der Interaktion zwischen Erwachsenen und Kindern kann das, was allgemein als moralisch gut akzeptiert ist, sehr wohl ethisch ungünstig sein.

Erwachsene wie Kinder kommen täglich Dutzende von Malen in Situationen, wo sie vor der Alternative stehen: Sollen wir Rücksicht auf unsere eigene Integrität nehmen (auf unsere persönlichen Bedürfnisse und Grenzen), oder sollen wir diese zugunsten der Gemeinschaft (äußere Forderungen, potentielle Gewalt oder Ablehnung, soziale Normen) hintanstellen?

So stellt sich der Konflikt zumindest für viele dar, und nicht zuletzt für Kinder in den ersten drei bis vier Lebensjahren. Es gibt nur entweder – oder! Erst die familiären und später die kulturellen Traditionen bezüglich Dialog und Verhandlung befinden darüber, ob es bei dem Entweder-Oder bleibt oder ob daraus ein Sowohl-Als-auch werden kann. Die Möglichkeiten für ein Sowohl-Als-auch sind aufs engste mit der Fähigkeit verbunden, sich persönlich ausdrücken zu können, und werden in einem besonderen Abschnitt später im Buch behandelt.

Historisch gesehen hat es für Kinder und Jugendliche in großem Umfang nur entweder – oder gegeben, und in großem Umfang ist das noch immer so, wenn wir von der generellen Sicht auf Kinder und Kindererziehung sprechen. Wie gesagt deutet alles darauf hin, daß kleine Kinder in neun von zehn Situationen, in denen sie wählen müssen, diesen Konflikt als ein Entweder-Oder erleben. Das paßt im übrigen sehr gut zu dem, was die Psychologie seit vielen Jahren betont: die entscheidende Bedeutung der ersten drei bis vier Lebensjahre für die Entwicklung und das spätere Befinden der Kinder.

In diesem Konflikt zwischen Integration und Kooperation

entscheiden sich Kinder meistens für Kooperation und damit, sich dafür selbst aufzugeben, wenn sie auch nur dem sanftesten Druck der Eltern ausgesetzt sind. Um die Reichweite der Konsequenz zu verstehen, ist es wichtig zu wissen, daß wir nicht nur von dem (mehr oder weniger) absichtlichen Druck sprechen, den die Eltern auf ihre Kinder ausüben in Form der aktiven Erziehung, der Institutionen, bei denen wir sie unterbringen, der Wohn- und Arbeitsform, die wir gewählt haben, und anderes mehr. Dieser bewußte, absichtliche Druck ist von großer Bedeutung, aber er macht nur einen kleinen Teil der Phänomene aus, wie Kinder kooperieren.

Den größten Teil umfassen Phänomene und Prozesse, die uns kaum bewußt sind und über die wir deshalb wenig oder keine Kontrolle haben (zumindest nicht in den Lebensjahren, wenn die meisten von uns Kinder bekommen). Das können die Höhen und Tiefen unserer Paarbeziehung sein, die inneren Konflikte, die zur menschlichen Existenz gehören, unsere unterschiedlichen Temperamente, unsere relative gefühlsmäßige Verschlossenheit oder Offenheit, Todesfälle in der nächsten Familie, ökonomische Krisen oder Bürgerkrieg, die menschliche und pädagogische Qualität der Schulen, auf die wir unsere Kinder schicken – und vieles andere mehr.

Beispiel:

Ein wichtiger Aspekt der physischen Integrität der Kinder ist ihre Möglichkeit, Nahrung nur dann aufzunehmen, wenn sie das Bedürfnis verspüren. Dieser einfache und einleuchtende Gesichtspunkt ist einer derjenigen, der in der industrialisierten westlichen Welt am häufigsten und frühesten manipuliert wird.

Die kleine Sarah, fünf Monate alt, hat einige Tage lang zum Frühstück getreulich eine ganze Portion Gemüsebrei gegessen. Eines Tages ißt sie vier Löffel voll und will den Mund für den fünften nicht mehr öffnen. Ihre Mutter reagiert, indem sie ihr erst «gut zuredet», und da das nicht hilft, beginnt sie mit dem alten Spiel: «Schau, Sarah! Brmmmm... brmmmm... brmmmm... schau, da kommt das kleine Flugzeug... gleich in den Mund hinein...» Nach ein paar weiteren Versuchen beginnt Sarah zu quengeln, die Mutter hält einen Augenblick inne, streicht ihr übers Haar und tröstet sie – und versucht es noch einmal mit dem Flugzeug. Sarah gibt auf und schluckt alles, was man ihr in den Mund steckt.

Eine andere kleine Sarah, ebenfalls fünf Monate alt, bekommt von ihrer Mutter die Brust. Sie nimmt das nicht richtig an, auch wenn die Mutter die Brust wechselt und sie mit einschmeichelnden Reden lockt. Die Mutter ist rasch irritiert, und sie nimmt Sarah hoch, hält sie vor sich und schüttelt sie, während sie sagt: «So, nun reicht es aber! Ich habe keine Zeit, hier den ganzen Tag zu sitzen, wenn du glaubst, du kannst zu Hause alles bestimmen! Nun ißt du – und fertig!»
Sarah trinkt ein paar Schlucke und schläft ein.

Die Mutter der ersten Sarah war Opfer eines sehr verbreiteten Zwangsgedankens bei Eltern von Säuglingen: Ein großer und konstanter Appetit der Kinder beweist, daß sie gute Eltern sind.

Die Mutter der zweiten Sarah war jung, ohne Arbeit und Ausbildung und mit Sarah allein. Sie hatte große persönliche Probleme, und allein ihre Tochter gab, genaugenommen, ihrem gegenwärtigen Leben einen Sinn. Häufig schaffte sie es nicht, zwischen ihrem und Sarahs Bedürfnis nach Nähe und Sicherheit zu unterscheiden – mit dem Ergebnis, daß sie die Kleine oft wach hielt, wenn sie hätte schlafen müssen, und ihr oft die Brust gab, wenn Sarah eigentlich keinen Hunger hatte.

Sowohl der bewußte, absichtliche Druck als auch der notwendige unabsichtliche sind beide unvermeidlich. Kinder wären schlecht dran, würden wir uns im Hinblick auf ihre physische und psychische Entwicklung nicht aktiv und bewußt verhalten. Deshalb muß man kein Ideal konstruieren von den «guten» Eltern, die ihre Kinder diesem existentiellen Konflikt nicht aussetzen. Das ist unmöglich! Eltern brauchen deshalb auch nicht permanent Schuldgefühle zu haben.

Für Eltern ist es in diesem Konflikt unmöglich, «das Richtige» zu tun. Wir werden uns damit zufriedengeben müssen, uns verantwortlich unseren absichtlichen wie unabsichtlichen Fehleinschätzungen zu stellen, das heißt, den Signalen und Symptomen, die Kinder entwickeln. Aber lassen Sie uns zunächst den Konflikt und seine Konsequenzen anschauen:

INTEGRITÄT
KONFLIKT → SCHMERZ → SIGNAL → SYMPTOM
KOOPERATION

Je öfter wir in diesem Konflikt unsere Integrität opfern, um so größer wird der Schmerz. Beim Verdrängen des Schmerzes können wir so gut werden, daß weder wir selbst noch unsere Umgebung etwas merken, aber früher oder später senden wir ein Signal aus, verbal oder nonverbal, das meldet: Etwas stimmt nicht! Wenn wir selbst und die uns Nahestehenden das Signal ernst nehmen, seine Bedeutung verstehen und das Verhalten ändern, ist der Konflikt gelöst, der Schmerz nimmt ab oder verschwindet. Wenn von all dem nichts geschieht, wird das Signal sich verstärken oder seinen Charakter ändern (zum Beispiel vom verbalen zum physischen), und früher oder später wird sich ein regelrechtes Symptom zeigen.

Eigentlich ist nichts Merkwürdiges dabei, daß unser psychisches System auf diese Weise funktioniert. Genauso funktioniert unser Körper – wenn wir für einen Augenblick zur

Illustration die altmodische Trennung von Körper und Seele aufrechterhalten. Jede einzelne Zelle unseres Körpers hat ihre eigene Grenze, ihre eigene Identität und ihr eigenes harmonisches Gleichgewicht. Wenn wir die Integrität der Zelle verletzen, gerät im Körper so viel aus dem Gleichgewicht, daß das Unbehagen oder Schmerzen mit sich bringt. Und wenn wir mit der Verletzung oder Kränkung fortfahren, wird der Körper krank. Das gilt, wenn andere unsere physische Existenz verletzen, und es gilt, wenn wir selbst das tun – mit Nikotin oder Tabletten- oder Alkoholmißbrauch zum Beispiel. Wenn die Kränkung nicht ernst ist und wieder aufhört, stellt der Körper seine eigene Gesundheit wieder her, wenn aber nicht, wird die Harmonie des Körpers unser Leben lang zerstört sein.

Wie gesagt ist an der Tatsache nichts Merkwürdiges, daß unsere Psyche auf die gleiche Weise reagiert, und die Menschen wissen das schon sehr lange. Doch zeigt sich besonders im Verhältnis zwischen Erwachsenen und Kindern – aber auch zwischen Männern und Frauen – das Problem, daß in großem Umfang eine Kluft klafft zwischen dem, was sozial und kulturell als Kränkung akzeptiert ist, und dem, was tatsächlich eine Kränkung ist. Die Handlungen, die allgemein als Kränkungen angesehen werden, sind im Vergleich mit der Anzahl wirklicher Verletzungen nur sehr wenige.

Es gibt drei Arten von Verletzungen der kindlichen Integrität:

○ die nicht akzeptierten (etwa übertriebene Gewaltanwendung, sexueller Mißbrauch und Vernachlässigung);
○ die akzeptierten (vieles von dem, was wir «gute» oder «notwendige» Erziehung nennen);
○ die ideologischen (erzwungene politische oder religiöse Gleichschaltung).

In diesem Buch werden Verletzungen der Integrität des einzelnen Menschen als unethisch bezeichnet. Das bedeutet, daß wir die Diskrepanz auf andere Weise beschreiben können:

In der Interaktion zwischen Erwachsenen und Kindern kann das, was allgemein als gute Moral anerkannt ist, sehr wohl schlechte Ethik sein!

Ich betone diese Tatsache nicht, um den ethischen oder moralischen Zeigefinger gegen jemanden zu richten, sondern um die Erwachsenen aufzufordern, sich kritisch gegenüber dem «Üblichen», dem, «was alle tun», oder dem, «was in unserer Kultur normal» ist und so weiter, zu verhalten.

Das gilt nach meiner Erfahrung insbesondere dann, wenn Kinder oder Jugendliche Signale zeigen, die den verantwortlichen Erwachsenen melden können, daß das Gleichgewicht zwischen Integrität und Kooperation so schwierig zu halten ist, daß es beginnt, weh zu tun. Ich werde später noch darauf zurückkommen, wie Eltern und andere Erwachsene einen wichtigen vorbeugenden Dienst leisten können, indem sie aktiv helfen, daß Kinder lernen, wie man selbst auf seine Integrität achtet. Aber kein Erwachsener ist perfekt, und alle Kinder sind unterschiedlich. Deshalb machen wir «Fehler». Unschuldig, liebevoll und mit den besten Absichten blamieren wir uns – und das ist in Ordnung! Darum dürfen die Erwachsenen die Verantwortung für ihre Irrtümer übernehmen, anstatt sie, wie üblich, den Kindern anzulasten.

Die Tatsache, daß Kinder kooperieren, beinhaltet, daß wir nun zwei wichtige Dinge über Kinder und Jugendliche, die üblicherweise als «schwer erziehbar» oder «asozial» bezeichnet werden, wissen:

○ Wenn Kinder sich destruktiv und/oder asozial verhalten, geschieht das immer, weil einer oder einige der Erwachse-

nen ihrer näheren Umgebung das auch tun. Oft auf andere Weise als das Kind und nicht selten auf eine Weise, die zu den akzeptierten Kränkungen gehört.
Immer ist es der Erwachsene, der beginnt! Manches Mal bewußt, um den Kindern «eine Lehre» zu erteilen, aber meistens als Ergebnis ihres eigenen selbstzerstörerischen Verhaltens.

○ Wenn Kinder aufhören zu kooperieren oder die Kooperation verweigern, passiert das entweder, weil sie viel zu lange mit destruktiven Phänomenen in ihrer Familie kooperiert haben oder weil sie direkten Verletzungen ihrer Integrität ausgesetzt sind.

Die Liste der Signale, die Kinder und Jugendliche aussenden, ist natürlich unendlich lang. Lassen Sie mich erst einige klassische Steine des Anstoßes zwischen Eltern und Kindern nennen und danach einige von denen, die typisch sind und auch außerhalb der Familie Besorgnis erwecken.

○ «Sie wollen ganz einfach oft nicht auf das hören, was wir sagen!»
○ «Sie kommt nie zu der abgesprochenen Zeit nach Hause!»
○ «Er ist nie hungrig, wenn wir essen, aber eine halbe Stunde später will er etwas zu essen!»
○ «Ich kann fast nichts anderes tun, als hinter ihnen aufzuräumen!»
○ «Ihn dazu zu bekommen, sein Zimmer aufzuräumen, ist ein ewiger Kampf.»
○ «Das Schlimmste ist, daß sie uns auch noch anlügt!»
○ «Er muß beinahe gezwungen werden, jeden Tag seine Hausaufgaben zu machen!»
○ «Wenn wir sie nicht wecken würden, käme sie morgens nie hoch!»

○ «Man soll sie um alles bitten! Sie übernehmen nie etwas von sich aus!»
○ «Ich kann sie morgens kaum anziehen, so störrisch ist sie!»

Das sind bloß einige der üblichsten Konfliktpunkte in der Interaktion von Eltern und Kindern, die so, wie die Eltern sie darstellen, keinen Zweifel daran lassen, wer richtig und wer falsch liegt. Auch Pädagogen, Psychologen und andere Fachleute haben traditionell diese Auffassung unterstützt, wenn sie nicht den anderen Weg gegangen sind und mit dem Finger auf die Eltern gezeigt haben als diejenigen, die alles verkehrt machen. Lassen Sie uns einige zur Illustration näher anschauen. Es gibt, wie zuvor betont, von Familie zu Familie so große individuelle Unterschiede, daß eine präzise und spezifische Übersetzung der Signale eines Kindes unmöglich ist, wenn man die konkrete Familie nicht kennt. Das Folgende ist deshalb ausschließlich Ausdruck einiger genereller Erfahrungen.

Wenn Kinder «schlicht und einfach nicht hören, egal was wir ihnen sagen», ist das in der Regel darauf zurückzuführen, daß das, was die Eltern sagen, nicht wert ist, darauf zu hören! Das bedeutet nicht, daß die Sache an sich nicht wahr oder vernünftig, angemessen, gerechtfertigt oder genial wäre. Das bedeutet vielleicht, daß die Weise, wie es gesagt wird, die Bewertung, die hinter dem steht, was gesagt wird, der Zusammenhang, in dem etwas gesagt wird, oder irgend etwas Viertes verkorkst ist. Es kann zum Beispiel so sein, daß die Kinder auf einem anderen Gebiet so selbstzerstörerisch mit den Eltern kooperieren, daß die Reaktion darauf sich in einem Gebiet manifestiert, wo die Kooperation keine sonderlich großen Forderungen zu stellen scheint.

Es kann auch sein, daß die zugrundeliegende Bewertung einer Revision bedarf. Es gibt noch immer viele Eltern, die vertreten, Kinder müßten «gehorchen lernen», und das bringt im großen und ganzen immer Ungehorsam mit sich, offen oder verdeckt.

Warum ist das so?

Weil es unwürdig und kränkend ist, wenn man auf Kommando gehorchen soll, wo man doch nur zu gern kooperieren will. Die meisten Erwachsenen können sich das wahrscheinlich vorstellen, wenn sie an das Verhältnis zu ihrem Ehepartner oder Arbeitgeber denken. «Er hätte mich ja nur höflich zu fragen brauchen», sagen wir, wenn wir versuchen, die Demütigung abzuschütteln. Und noch nicht einmal beim Militär fühlen wir uns beim Gehorchen auf Kommando wohl. Aber dort liegt der Sinn darin, daß einige Menschen so ausgebildet werden, daß sie sich destruktiv verhalten. Der Sinn einer Familie liegt genau im Gegenteil!

«Er ist nie hungrig, wenn wir essen, aber eine halbe Stunde später...» Diese Situation muß noch nicht einmal ein Signal sein. Das kann auch bedeuten, daß die biologische Uhr des Sohnes anders tickt als die der übrigen Familie. Aber es kann ein Signal sein, das zum Beispiel bedeutet: «Mir vergeht der Appetit, wenn ich mit meiner Familie bei Tisch sitze. Da ist etwas in der Stimmung, etwas Verklemmtes oder Destruktives, aber genau wie den anderen fehlen mir die Worte.»

Die gemeinsame tägliche Mahlzeit – in den Ländern, wo man sie noch immer pflegt – ist oft der einzige Moment am Tag, wo alle versammelt sind und sich die augenblickliche Stimmung zeigt oder die unbearbeiteten Konflikte an ihre Existenz erinnern. Viele von uns haben vergessen, wie das in unserer eigenen Herkunftsfamilie war. Aber man muß sich nur zurückerinnern, wie es beim letzten Mal war, als man bei Freunden oder Bekannten zum Essen war, wo ein ungelöster Konflikt bei der Unterhaltung während des Essens schwelte.

Eine Sache ist ganz sicher: Kinder tun so etwas nicht, um ihren Eltern das Leben schwerzumachen. Das ist etwas, das sie für ihre Familie tun und nicht gegen sie.

Im vierten Kapitel (über Verantwortlichkeit) wird eine Reihe der übrigen Signale gründlich besprochen, so daß wir hier dazu übergehen können, uns noch mit etwas anderem zu befassen.

○ Psychosomatische Beschwerden, zum Beispiel Kopfschmerzen, Magenschmerzen, Rückenschmerzen, Muskelverspannungen in Schultern und Nacken, große Gewichtsverluste oder große Gewichtszunahmen.
○ Destruktives Verhalten außerhalb von zu Hause: zum Beispiel Verhaltensprobleme, «schlechtes Benehmen» in der Schule, Aggressivität gegenüber anderen Kindern im Kindergarten, Hyperaktivität, Konzentrationsprobleme, Mobben oder Gemobbtwerden, Schuleschwänzen, Kriminalität, Mißbrauch von Alkohol, Drogen, Feuerzeuggas, Arzneimitteln, Chemikalien.
○ Selbstmordversuch, Verstummen und Isolation, Gewalt.

Ich erinnere noch einmal daran, daß es keine Liste der richtigen Antworten darauf gibt, sondern nur generelle Prinzipien und Richtlinien, die uns oftmals helfen können, in die richtige Richtung zu schauen. Zum Beispiel:

Einige Signale und Symptome werden traditionell als «psychosomatisch» bezeichnet, weil die Signale sich als etwas Körperliches (= Somatisches) zeigen und vermutet wird, daß sie hauptsächlich einen seelischen (psychischen) Hintergrund haben. Etwas so zu definieren ist vor allem auf die ursprüngliche Fixierung der Medizin allein auf den Körper zurückzuführen. Erst langsam beginnt man, den Menschen als Ganzheit, bestehend aus Körper, Seele und Geist zu betrachten, drei Elemente, die sich andauernd gegenseitig beeinflussen, wo wir aber nur wenig über das Wie und Warum wissen.

Wenn ich das in diesem Zusammenhang anführe, so deshalb, weil diese Entwicklung dazu beigetragen hat, die Haltung vieler Menschen psychosomatischen Signalen und Symptomen gegenüber negativ zu beeinflussen. Eine klare somatische Diagnose zu bekommen scheint mit weniger Verantwortung behaftet zu sein als eine psychosomatische, die ein breites Spektrum an Reaktionen, von Verlegenheit bis hin zur Angst, «geisteskrank» zu sein, mit sich bringt. Das zeigt sich oft auch in den Reaktionen der Eltern. Wenn die Signale ihres Kinder für psychosomatisch erklärt werden, wird das beinahe als Anklage erlebt. Das ist schade, weil es die Möglichkeiten der Eltern blockiert, zu verstehen, was sich da im Leben ihres Kindes rührt.

Ungeachtet dessen, wie sehr wir uns anstrengen, um für unsere Kinder alles gut zu machen, ist das Leben nicht immer leicht – auch nicht für Kinder. Wir können unsere Kinder lieben und ihnen, so gut wir es vermögen, beibringen, dem Leben zu begegnen. Aber wir können sie nicht vor dem Dasein beschützen. Schmerz ist Teil eines jeden Menschenlebens, und das gilt auch für die Schmerzen, die auf ungelöste Konflikte zwischen Integrität und Kooperation folgen.

Genau das bedeuten psychosomatische Symptome: «Mein Leben tut mir zur Zeit weh, und mir ist immer noch nichts Konstruktives eingefallen, das hinzubekommen. Im Augenblick weiß ich nicht, wie ich mit jemandem darüber reden soll, weil ich die Wörter, die zu dem Schmerz gehören, nicht kenne. Ich stecke fest in einem Konflikt, den ich nicht lösen kann.»

Allmählich wissen wir etwas darüber, daß sowohl Übergewicht wie Untergewicht davon handeln, daß die Kinder in ihrer Familie nicht die psychologische Nahrung bekommen, die für sie richtig ist. Gut bekannt ist, daß Muskelverspannungen und Kopfschmerzen oft darauf zurückzuführen sind, daß Kinder zuviel Verantwortung allein tragen, so wie wir auch wissen, daß Magenschmerzen meistens von Angst oder anderen festgefahrenen gefühlsmäßigen Konflikten handeln. Aber in gewisser Hinsicht wäre es manchmal besser, wenn wir das nicht wüßten. Manches Mal verhindert unser Wissen, daß wir offen genug dafür sind, zu «sehen», daß vielleicht ebendieses Kind anders ist. Mühsam erworbene Erfahrungen haben es an sich, daß sie zu Vorurteilen werden können.

Damit habe ich auch gesagt, was nach meiner Erfahrung das Beste ist, was Eltern tun können, wenn ihr Kind ein psychosomatisches Symptom zeigt: hinschauen und lernen! Versuchen, das Leben des Kindes mit den Augen des Kindes zu sehen, und die Gelegenheit nutzen, das Kind auf neue Weise kennenzulernen. Das ist wichtiger, als die «Ursache» zu finden. Allmählich wird man die Art dieses einen Kindes kennenlernen, in Phasen, wo sein Leben zu kompliziert wird, psychosomatisch zu reagieren. Manche Kinder bekommen als Kleinkinder Mittelohrentzündung und haben dann vielleicht über Jahre hin Ohrenschmerzen, wenn sie unter Streß stehen. Manche bekommen Durchfall oder Verstopfung. Manche erkälten sich und haben Schnupfen, andere Halsweh. Manche schlafen die ganze Zeit, und andere werden physisch hyperaktiv. Manche essen viel, andere verlieren den Appetit. Manche bekommen Kopfweh, andere bekommen Magenschmerzen.

Das Kind auszufragen hilft nicht. Wenn es wüßte, was im Wege steht, und die richtigen Worte hätte, um darüber zu sprechen, würden die Symptome überflüssig sein. So ist es im allgemeinen. Aber es gibt auch Kinder, die psychosomatische Signale und Symptome entwickeln, weil sie erleben, daß es nicht möglich ist, mit den Eltern über das zu reden, was sie quält. Vielleicht einfach, weil man in der Familie mittels psychosomatischer Beschwerden von Schmerzen «spricht» und Fürsorge erreicht. Vielleicht weil die Eltern untereinander so große Schwierigkeiten haben, die immer in Streitereien verbalisiert werden, daß das Kind mit seinen Problemen nicht «stören» will. Vielleicht weil die Eltern einfach nicht zuhören, wenn das Kind versucht, sich auszudrücken. Und so könnte ich jetzt noch ein paar Seiten lang fortfahren. Ich wollte aber nur andeuten, daß psychosomatische Signale und Symptome ganz einfach codierte Signale sind. An den Erwachsenen aus der Umgebung des Kindes ist es nun, diese ernst zu nehmen und mit dem Kind zusammen zu versuchen, sie in direkte, klare Rede umzusetzen.

Kinder werden destruktiv, wenn einer oder mehrere Erwachsene ihrer Umgebung ihre Integrität verletzen – verbal oder physisch oder beides. Auf die eine oder andere Weise verlieren sie im Zusammenleben mit ihren Eltern (oder anderen Erwachsenen, die die tägliche Verantwortung für sie haben) zu einem Zeitpunkt in ihrem Leben mehr und mehr an Selbstwertgefühl, wo sie dringend das Gegenteil bräuchten.

Das gleiche ist der Fall, wenn Kinder und Jugendliche selbstzerstörerisch werden, ob sich das als langsamer Selbstmordprozeß ausdrückt – etwa Drogen-, Alkoholmißbrauch – oder als akuter Suizidversuch. Wie schon früher gesagt, sind destruktives und selbstzerstörerisches Verhalten nur zwei unterschiedliche Arten zu kooperieren, und zwar gar nicht selten mit dem, was ich oben als «akzeptierte Kränkungen» beschrieben habe. Besonders an das letzte sollte man denken, wenn man einem Kind oder Jugendlichen in dieser Situation gegenübersteht, denn er oder sie selbst hat häufig die Kränkungen mit dem Bewußtsein akzeptiert. Kinder kooperieren! Die Aufgabe der Erwachsenen ist es, zu klären, womit sie kooperieren.

Kinder kooperieren

Beispiel:

Ein neunjähriger Junge kam eines Morgens mit einer riesigen Schwellung auf der einen Gesichtshälfte in die Schule. Es war eindeutig, daß er sehr hart geschlagen worden war. Seine Mutter wurde bestellt, und sie räumte ein, daß sie ihn geschlagen hatte. Sie erklärte das damit, daß er seine kleine dreijährige Schwester gehauen hätte. «So was darf er nicht tun», sagte sie. «Die Kleinen schlägt man nicht!»

Die Mutter war die meiste Zeit mit drei Kindern allein, weil der Mann auf einer Ölbohrplattform arbeitete und über lange Zeiträume weg war. Es war schwer für sie, in ihrer Rolle als de facto alleinerziehende Mutter den Überblick zu behalten, und oft mußte deshalb der Älteste auf die Kleinen aufpassen. Seit mehreren Jahren hatte sie ihn in ihrer Hilflosigkeit gehauen, wenn er sich ihrer Ansicht nach nicht ordentlich betrug, und jetzt, wo er in die Rolle einer Art von Ersatzvater für seine kleineren Geschwister gedrängt worden war, ja, da kopierte er die Art seiner Mutter, «erwachsen» zu sein.

Es ist gewiß leicht, diese Mutter zu kritisieren, weil sie selbst etwas tut, wovon sie ihrem Sohn erklärt, daß es verkehrt sei. Aber die Pointe ist: ihre Moralbegriffe waren anders! Kinder dürfen danach kleinere Kinder nicht schlagen, aber Erwachsene dürfen Kinder schlagen, wenn es einem guten Zweck dient. Sie ist nur eine der vielen Erwachsenen, die gelernt haben – auch körperlich –, daß Kinder bei der Geburt noch keine richtigen Menschen sind, sondern daß man sie, wenn nötig, verhauen darf, um solche zu werden.

Die Zusammenhänge herauszufinden war in diesem Beispiel einfach und unkompliziert, aber in den meisten Fällen fordert das mehr Geduld.

Beispiel:

Der dreieinhalbjährige Peter war für die Erzieher und die anderen Kinder im Kindergarten zu einem Problem geworden: Er hatte angefangen, seine Spielkameraden zu beißen, wenn er frustriert war oder seinen Willen nicht bekam.

Peters Eltern waren sowohl willens als auch interessiert, an drei Gesprächen mit einem Familienberater teilzunehmen. Von Anfang an legten sie die Karten offen auf den Tisch und berichteten unter anderem, daß sie beide bei Gelegenheit Peter den Hosenboden versohlt hatten, wenn sie nicht mehr wußten, was sie sonst noch tun sollten. Aber teils, weil das lange her war, und teils, weil Peter im Umgang für gewöhnlich nett und friedlich war, zweifelte auch der Familientherapeut daran, daß zwei- bis dreimal Den-Hosenboden-stramm-Ziehen die Ursache für das aktuelle Problem sein könnte.

Peter war bei den drei Gesprächen dabei, und im Laufe des Monats, während sie stattfanden, wurde sein Umgang mit den anderen Kindern weniger destruktiv, auch wenn er sie weiterhin ab und zu biß. Die Gespräche endeten im übrigen insofern ohne Resultat, als keiner der Erwachsenen sich einen konkreten Grund für Peters Beißen vorstellen konnte.

Nach einigen Monaten begann Peter wieder in einem Ausmaß zu beißen, daß es die Erwachsenen beunruhigte und neue Gespräche vereinbart wurden. Dieses Mal kam Peter ganz offensichtlich schlecht mit der Situation zurecht. Fast von Anfang an war er «schwierig» – fragte, wann sie wieder nach Hause gehen würden, wollte gern malen, aber nicht mit «den doofen Farben», wollte gern auf dem Schoß sitzen, aber nur wenn die Erwachsenen gleichzeitig versprachen, nichts zu sagen, und dergleichen mehr.

Der Vater unternahm bei dem Versuch, Peter in der Situation zur Zusammenarbeit zu bewegen, die Führung. Das tat er in jeder einzelnen Episode, am Anfang ruhig und flexibel, aber jedesmal erhob er plötzlich die Stimme mit «Jetzt reicht's!», «Schluß jetzt!», «Nun gehorchst du, Peter!» und ähnlichen Befehlen. Der Familienberater machte ihn auf das Phänomen aufmerksam, und der Vater antwortete ganz spontan und mit schuldbewußter Miene: «Ja, das ist bestimmt richtig. Lise (meine Frau) sagt auch immer, daß ich ihn wegbeiße!»

In derselben Sekunde lachten alle – auch Peter –, und Peters frustriertes Verhalten im Kindergarten war aufgeklärt. Der Vater erklärte, daß in seiner eigenen Erziehung immer «in bar abgerechnet» wurde, daß er aber durch seine Frau eine andere Sicht auf Kindererziehung bekommen habe. Doch er war, wie er selber es ausdrückte, ein «Anfänger», und griff, wenn er selber frustriert war, zur gleichen Methode, die sein eigener Vater gebraucht hatte. Der Mitarbeiter im Kindergarten, der Peter am besten kannte, konnte die Erklärung ergänzen, indem er berichtete, daß das bei Peter genauso sei. Wenn er ein Spielzeug haben wolle, einen bestimmten Platz am Tisch oder ähnliches, dann versuche er das mit einer kurzen verbalen Verhandlung, und wenn das mißlinge, dann beiße er. Auf die Frage, warum sie zu dem Verhalten ihres Mannes bei den früheren Gesprächen nichts gesagt habe, antwortete Peters Mutter: «Weil es schon viel besser ist als am Anfang, und ich wollte nicht, daß es so aussieht, als kritisiere ich ihn, wo er sich doch schon so sehr verändert hat.»

Peters Mutter schlug vor, daß ihr Mann, statt nach Peter zu «beißen», vielleicht sagen könnte: «Jetzt weiß ich nicht, was ich sagen soll. Ich brauche erst mal eine Denkpause.» Die nächsten Wochen zeigten, daß das für den Vater eine gute Möglichkeit war, mit seinen Problemen umzugehen. Teils fand er meist während seiner Denkpause einen guten Ausweg, und teils hatte das abgefärbt auf Peters Art, mit seiner

Frustration umzugehen. Er biß die anderen nicht mehr, sondern zog sich in den Schmollwinkel zurück, bis er etwas anderes zu tun fand. So wie die Kompetenz des Vaters für Verhandlungen wachsen wird, wird auch Peters wachsen.

Oft, wenn ich Familien wie die von Peter treffe, erschreckt mich der Gedanke, über wie viele Jahre hin sich Erwachsene darüber einig waren, von Kindern wie Peter zu sagen, daß sie «soziale Probleme» haben, «Probleme haben, mit anderen Kindern umzugehen» und dergleichen mehr. Nicht, weil das die falsche Beschreibung ist, sondern weil sie so oberflächlich ist. Der soziale Umgang mit anderen war nicht eigentlich Peters Problem, der war ein Rauchsignal, das er aussandte, um auf seinen Schmerz aufmerksam zu machen. Seit Generationen haben wir auf diese Art Signale damit reagiert, daß wir die Kinder und Jugendlichen darüber belehrt haben, «wie man sich benimmt», mit dem Ergebnis, daß diejenigen von ihnen, die am meisten zur Kooperation bereit waren, den Schmerz geschluckt und an einer Stelle versteckt haben, wo er ihre Existenz verzerrt und ihnen ein falsches Selbstbild verschafft hat. Die weniger zur Kooperation Geeigneten haben unserer Belehrung und Pädagogik getrotzt und ihr «asoziales» Verhalten eskalieren lassen, bis dies das einzige war, was ihre Umgebung sehen konnte.

Ein Signal wie das von Peter ist nicht nur nicht asozial – es ist vielmehr im wahrsten Sinne des Wortes sozial. Was kann wohl sozialer sein, als seiner Umgebung mitzuteilen, daß das Zusammensein mit ihr weh tut und deshalb so umgestellt werden muß, daß alle sich wohl fühlen? Das ist – ironischerweise – auch stets zentraler Bestandteil der Belehrung durch die Erwachsenen gewesen: «Jeder muß seinen Platz haben. Das verstehst du doch, oder, Peter?!»

Es liegt eine gewisse Logik darin, daß wir das gleiche mit den Signalen der Kinder gemacht haben, wenn sie nicht, wie in Peters Fall, Beunruhigung und Ärger verursacht haben, sondern Sympathie und Mitgefühl. Das gilt zum Beispiel für stark übergewichtige Kinder. Wir leiden mit ihnen, wenn wir erleben, wie ihre sozialen Kontakte zu anderen Kindern oft davon geprägt werden, daß sie aufgezogen oder gedemütigt werden. Sportliche Trainingsprogramme werden eingerichtet, Diäten und besondere Kochkurse durchgeführt, alles, damit sie abnehmen können und das Gehänseltwerden vermieden wird. Das ist zwar sympathisch, aber oberflächlich gedacht, und was das schlimmste ist: Es hilft nur den wenigsten, um auf lange Sicht zu erlangen und zu bewahren, was wir als normales Gewicht ansehen. Für die Kinder und Jugendlichen, die es nicht schaffen abzunehmen, fügen unsere Bemühungen zum Schaden nur noch Spott hinzu, denn sie erzählen den Kindern nichts anderes als die Foppereien und Demütigungen der Gleichaltrigen, nämlich daß mit ihnen etwas nicht stimmt, daß sie verkehrt sind.

Ich kann mich an niemanden erinnern, der das deutlicher gesagt hat als ein dreizehnjähriges Mädchen, dessen Eltern gekommen waren, weil sie sich über das Gewicht der Tochter, das im Laufe eines Jahres dramatisch gestiegen war, Sorgen machten. Nachdem die Eltern einige Minuten ihrer Besorgnis Ausdruck verliehen hatten, sprang das Mädchen von seinem Stuhl auf, warf die Arme in die Luft und rief, während ihr die Tränen über die Wangen liefen: «Verdammt noch mal! Das einzige, was ihr seht, ist mein Fleisch!»

Ich räume gern ein, daß dieses Mädchen eine Ausnahme war, weil sie ihr existentielles Dilemma in Worte fassen konnte. Das können die meisten Kinder nicht, sie sind leichter mit sozialen Argumenten zu motivieren.

Die soziale Anpassung stimmte mit der alten Wertgrundlage für Kindererziehung vollkommen überein, und sowohl in den alten Feudalgesellschaften wie den neueren Diktaturen war für das physische Überleben des Individuums oft Bedingung, daß es seine Integrität aufgab und mit den

Machthabern kooperierte. Auf diese Weise war die Kindererziehung in den Familien ein notwendiger Vorgeschmack auf das, was sie draußen in der Erwachsenengesellschaft erwartete. Das hat sich geändert – und wo es dennoch so ist, darin sind wir uns in der Mehrzahl einig, ist die Gesellschaft nicht menschenwürdig.

Aber auch wenn sich die gesellschaftlichen und sozialen Realitäten in diesem Jahrhundert in hohem Maße geändert haben, sind die Grundeinstellungen zur Kindererziehung noch immer die gleichen geblieben, auch wenn sie heute in den meisten Gesellschaften schon fast mythologischen Charakter angenommen haben. Dieser Mythos besagt, daß es zwischen dem Bedarf des Individuums, seine Integrität zu wahren und zu entwickeln, und dem gemeinschaftlichen / gesellschaftlichen Bedürfnis nach Organisation und Entwicklung einen fast unüberwindlichen Gegensatz gibt.

Meine Erfahrung aus der Arbeit mit Familien, Gruppen und Gemeinschaften vieler unterschiedlicher Typen zeigt, daß diese Grundannahme nicht länger stimmt. Vieles deutet darauf, daß das Gegenteil der Fall ist: Die Fürsorge für die Integrität des Kindes / Individuums ist eine Bedingung für die gesunde Entwicklung von Gemeinschaften. Es gibt kein kollektives Wohlbefinden, wenn es sich nicht auf ein individuelles Wohlbefinden gründen kann. Es gibt nur kollektive Resignation (in Diktaturen) oder Sozial- und Gesundheitsausgaben in einer Größenordnung, die auf einer materiellen Ebene die Entwicklung der demokratischen Gesellschaft bedrohen. (Sicherheitshalber möchte ich unterstreichen, daß dies eine fachliche Schlußfolgerung ist, die auf Beobachtungen und Erfahrungen existentiellen und psychologischen Charakters fußt und nicht verwechselt werden darf mit politischem Liberalismus, der primär auf materiellen Werten basiert.)

Unser neugewonnenes Wissen über die psychische Entwicklung der Kinder (und damit der Menschen) versetzt uns in die Lage, einige neue Werte für die Interaktion von Kindern und Erwachsenen – primär in der Familie, aber auch in anderen Zusammenhängen, in denen Kinder und Erwachsene zielgerichtet Gemeinschaften miteinander eingehen (Schulen, Tagesstätten, Pflegefamilien, therapeutischen Institutionen und dergleichen) – zu formulieren.

Zu diesen neuen Paradigmen gehört, daß *das Verhalten der Kinder, sei es harmonisch oder disharmonisch, genauso wichtig für die menschliche Entwicklung und Gesundheit der Eltern ist wie das Verhalten der Eltern für die der Kinder. Die Interaktion zwischen Erwachsenen und Kindern ist ein gegenseitiger Lernprozeß, wobei der Grad der gleichen Würde direkt proportional zu dem Gewinn beider Partner ist.*

3 Selbstgefühl und Selbstvertrauen

Begriffe wie *Selbstgefühl, Selbstwert, Selbstvertrauen* und ähnliche werden oft abwechselnd gebraucht, so als ob sie dasselbe bedeuteten. Das ist nicht der Fall. Wenn ich im folgenden zwischen Selbst*gefühl* und Selbst*vertrauen* unterscheide, so nicht, um zu zeigen, wie die zwei Begriffe richtig gebraucht werden, sondern um deutlich zu machen, wie wichtig es nach meiner Erfahrung ist, sich des Unterschiedes zwischen diesen beiden bewußt zu sein.

Besonders in den letzten fünfundzwanzig Jahren haben sowohl Eltern wie Pädagogen auf das Selbstwertgefühl der Kinder geachtet und sich Tag für Tag darum bemüht, dieses zu stärken. Das geschah natürlich in besonderem Maße in Zusammenhängen, in denen Therapeuten, Pflegefamilien, Lehrer und Eltern versuchen, Kindern und Jugendlichen mit sogenannten psychischen und sozialen Problemen zu helfen.

Problematisch ist hierbei häufig, daß sehr zielgerichtet versucht wird, das Selbst*bewußtsein* der Kinder in Fällen zu stärken, wo ein mangelndes oder ungenügendes Selbst*gefühl* das wirkliche Problem ist. Dieser Einsatz mißglückt oft, wobei das Kind dann mit einem noch geringeren Selbstgefühl zurückbleibt. Manchmal gelingt es kurzfristig. Die Konsequenz dieses kurzfristigen Erfolges ist, daß das Kind später mit seinem geringen Selbstgefühl unter dramatischen und oft selbstzerstörerischen Umständen konfrontiert wird. Das gleiche gilt, wenn auch in geringerem Umfang, vielfach in psychologischer, therapeutischer oder milieutherapeutischer Behandlung von Kindern und Jugendlichen und spielt auch in Liebesbeziehungen und Freundschaften eine Rolle.

Definitionen

Selbst*gefühl* ist unser Wissen und Erleben davon, wer wir sind. Selbstgefühl handelt davon, wie gut wir uns selbst kennen und wie wir uns zu dem verhalten, was wir wissen. Bildlich gesprochen läßt sich Selbstgefühl als eine Art innerer Säule, als Zentrum oder Kern beschreiben.

Selbstgefühl  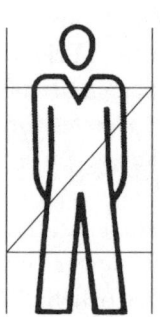 Selbstvertrauen

Wir kennen das gesunde, gut ausgeprägte Selbstgefühl als ein Gefühl des In-sich-Ruhens, Sich-Wohlfühlens. Geringes Selbstgefühl wird als konstantes Gefühl von Unsicherheit, Selbstkritik und Schuld erlebt.

Das Fundament des Selbstgefühls läßt sich vielleicht am besten kurz mit dem Erleben beschreiben, das die meisten frischgebackenen Eltern hatten, wenn sie zum ersten Mal ihr schlafendes Baby betrachteten: das Gefühl, daß dieser neue Mensch etwas Wunderbares und Wertvolles ist, und zwar ganz allein deshalb, weil er ist! Die meisten Eltern bewahren dieses Gefühl zunächst einige Wochen lang, bevor sie dann anfangen, an dem Schöpferwerk herumzubessern, und sie begegnen diesem Gefühl erst wieder Hand in Hand mit der Angst vor Verlust.

Von innen heraus beschrieben spricht das gesunde Selbstgefühl: «Ich bin in Ordnung und wertvoll, ganz allein deshalb, weil ich bin!»

Selbst*gefühl* ist, ob ausgeprägt oder gering, eine existentielle Qualität. Es ist der Grundton in unserer psychischen Existenz, und es kann quantitativ und qualitativ das ganze Leben hindurch entwickelt werden.

Selbst*vertrauen* handelt von dem, was wir können, worin wir gut und tüchtig sind oder dumm und schlecht – das, was wir leisten können.

Selbstvertrauen ist, wie die Illustration zeigt, eine eher äußere, angelernte Qualität, jedoch nicht äußerlich im Sinne von überflüssig.

Zusammenhang und Ausdruck

Selbstvertrauen und Selbstgefühl sind von ganz unterschiedlicher Natur. Sie lassen sich nicht unmittelbar miteinander vergleichen, und sie können nicht eines an die Stelle des anderen treten. Aber auf eine Weise hängen sie zusammen: Wenn man ein gesundes Selbstgefühl hat, ist das Selbstvertrauen selten ein Problem. (Das gilt nicht für das Gegenteil!)

Wenn sich zum Beispiel ein Mädchen oder eine erwachsene Frau mit einem gesunden und gut entwickelten Selbstgefühl hinsetzt, um Klavierspielen zu lernen, wird sie nüchtern reagieren, wenn sie entdeckt, daß ihre Musikalität nicht ausreicht. Sie wird vielleicht traurig darüber sein, Abschied von einem Traum oder einer Ambition nehmen zu müssen, aber sie wird es nüchtern kommentieren: «Das war wohl nichts für mich», oder unumwunden sachlich: «Ich bin nicht musikalisch genug, um das zu lernen.»

Wenn ihr Selbstgefühl gering ist, wird sie es dramatischer ausdrücken: «Ich tauge einfach zu gar nichts!» Es ist dann nicht nur ihre Musikalität, die begrenzt ist. Sie erlebt ihr ganzes Selbst als Fiasko. Es ist ein himmelweiter Unterschied, ob man von sich weiß, daß es da etwas gibt, worin man nicht gut ist, oder ob man von sich den Eindruck hat, ganz und gar dumm, mißglückt und verkehrt zu sein. Nicht zuletzt ist es dann ausgesprochen schwer, etwas zu lernen.

Es ist deshalb nicht falsch, sein Selbstvertrauen zu stärken, wenn man ein Mensch mit geringem Selbstgefühl ist. Es steht dem auch nichts im Wege, daß Eltern und andere Erwachsene mit dem Selbstvertrauen der Kinder und Jugendlichen arbeiten, wenn diese ein geringes Selbstgefühl haben. Hauptsache, man weiß, was man tut und redet sich oder anderen nicht ein, die Menschen hätten es leichter mit sich selbst, weil sie tüchtig werden. Die Leistungsfähigkeit der Menschen zu trainieren, zu entwickeln, zu loben, zu kritisieren, zu ermuntern und zu stützen ist eine feine Sache, wenn man gleichzeitig Sorge für ihr Wohlbefinden trägt.

Beispiel:

John ist achtunddreißig Jahre alt, früherer Landesmeister in einer populären Sportart und Alkoholiker. Er ist jetzt wegen des Mißbrauchs in Behandlung, aber er gerät mit seinen Behandlern in Konflikt. Sie haben vorgeschlagen, daß er im Rahmen seiner Resozialisierung und um sein Selbstvertrauen wiederaufzubauen, damit anfängt, die Jugendlichen des Ortes in seiner alten Sportart zu trainieren. Er kann seinen Widerwillen nicht besser formulieren als so: «Nein, dazu habe ich keine Lust. Mit dem Sport bin ich fertig.»

Seine Therapeuten deuten dies als ein weiteres Zeichen seines mangelnden Selbstvertrauens und verstärken ihre Bemühungen, ihn zu motivieren. Mit Hilfe eines Dritten gelingt es John, sich deutlicher auszudrücken. Er sagt: «Als ich aufhörte, ein aktiver Sportler zu sein, wurde ich sehr enttäuscht. Ich entdeckte, daß alle diejenigen, die ich zu meinen Freunden gerechnet hatte, sich jetzt abwandten. Das war einer der Gründe, warum ich zu trinken anfing.» Übersetzt in die beiden Titelbegriffe dieses Kapitels, sagt er: «Als ich aufhörte, ein aktiver Sportler zu sein, entdeckte ich, daß die Leute nur mit mir zusammen waren, weil ich das konnte, was ich konnte. Nicht weil ich der bin, der ich bin.»

Johns Geschichte ist nicht atypisch. Sowohl seine Eltern wie seine Lehrer hatten gesehen, daß es dem Jungen an Selbstvertrauen fehlte, und es gelang ihnen, ihn zu motivieren, Sport zu treiben. Schnell erwies sich, daß er ein besonderes Talent hatte, und seine Eltern taten alles, um das zu unterstützen und zu entwickeln. Sie kamen zum Training, engagierten sich im Sportclub und verbrachten die meisten Wochenenden auf den Zuschauerplätzen. Sie freuten sich über ihn und mit ihm und waren für ihn glücklich, als er einen Profivertrag im Ausland erhielt.

John geriet mit seinen Therapeuten in Konflikt, weil sie das gleiche übersahen, das schon seine Eltern, Lehrer und Trainer übersehen hatten: sein geringes Selbstgefühl. Wie die meisten anderen Kinder (und Erwachsenen) konnte John sein geringes Selbstgefühl nur als Unsicherheit im Verhältnis zu Handlungen ausdrücken. Als Kind hatte er oft Sachen gesagt wie: «Das kann ich nicht», «Dazu bin ich nicht fähig», «Das kann ich nicht herausfinden», «Das ist zu schwer». Er konnte nicht sagen: «Hört her, es kommt mir so vor, als sei ich nichts wert!»

Als Sportler war John einzigartig, aber als Mensch hat er viele Leidensgenossen: Kinder und Jugendliche, die im Vertrauen auf die Weisheit der Erwachsenen glauben, daß sie erst dann jemand sind, wenn sie etwas vorzuweisen haben.

Geringes Selbstgefühl manifestiert sich auf vielfältige Weise: als Leistungsangst, Prahlerei, Lebensangst, Selbstlosigkeit, Grenzenlosigkeit, Unterordnung, Aufgeblasenheit, Schuldgefühl, als Drogen-, Medikamenten- oder Alkoholmißbrauch, Gewaltbereitschaft, Eßstörung und so weiter. Der Katalog der Erscheinungsformen ist noch länger, und einige von ihnen werden später in diesem Buch behandelt werden.

Mangelndes Selbstvertrauen, das nicht mit geringem Selbstgefühl zusammenhängt, sehe ich nicht als besonderes Problem. Oder um es anders zu sagen: Mangelndes oder geringes Selbstbewußtsein ist kein psychologisches, sondern ein praktisch-pädagogisches Problem, das durch sachliches Feedback gelöst werden kann, von einem Trainer, wenn man Sportler, von einem Verleger, wenn man Schriftsteller, von einem Kollegen, wenn man Pädagoge, von einem Lehrer, wenn man Schüler ist – und so weiter. Selbstvertrauen wächst mit der Qualität der Leistung.

Schau mich an, Mutter!

Unser Selbstgefühl entwickelt sich hauptsächlich mit Hilfe von zwei Nährstoffen: Wenn mindestens eine der Personen, die in unserem Leben bedeutungsvoll sind, uns «sieht» und anerkennt, wie wir sind, und wenn wir erleben, daß wir für andere Menschen so, wie wir sind, wertvoll sind. Wenn sich diese beiden Grundelemente in einer persönlichen Sprache ausdrücken, haben wir maximale Voraussetzungen, ein fruchtbares Leben zu führen, allein oder zusammen mit anderen.

Warum nenne ich nicht Liebe? Aus zwei Gründen. Zum ersten empfinden, wie schon gesagt, alle Eltern ursprünglich Liebe zu ihren Kindern. Die Fähigkeit der Eltern, ihre Liebe zu erleben und auszudrücken, ist sehr unterschiedlich – abhängig von ihrem eigenen familiären Hintergrund. Aber ungeachtet dessen, wie schwach oder verzerrt sie ausgedrückt wird, ist sie nach meiner Erfahrung als ein kraftvolles Potential immer vorhanden. Zusätzlich muß betont werden, daß es für die Entwicklung des kindlichen Selbstgefühls entscheidend ist, wie sich die Liebe ausdrückt. Es hilft nicht so sehr, daß den Eltern vor Liebe das Herz aufgeht, wenn ihre Taten nicht liebevoll sind – nicht in ihrer Intention, aber in dem Erleben des Kindes.

Kleine Kinder wissen, daß sie es brauchen, gesehen zu werden. Wenn die anderthalbjährige Kathrine mit ihrer Mutter auf dem Spielplatz ist und sie das erste Mal die Rutschbahn runterrutschen soll, blickt sie zu ihrer Mutter hin und ruft: «Schau her zu mir, Mama!» Die meisten Eltern schauen mehr als wohlwollend hin und geben dem Kind etwas ganz anderes als das, worum sie gebeten worden sind. Manche Eltern loben ihre Kinder: «Nein, wie bist du tüchtig! Ist das toll!»

Das ist lieb gemeint, aber ungeschickt, und zwar weil sie Dasein und Leistung vermischen. Wenn Erwachsene so miteinander reden, sagen wir, sie «reden aneinander vorbei». Wenn ich einen guten Freund zum Essen eingeladen habe und beim Kaffee zu ihm sage: «Es ist so schön, mal wieder mit dir zusammenzusein!» und er antwortet: «Ja, du hast ja ganz toll kochen gelernt», so sind wir nicht zusammengekommen. Das gleiche erleben Kinder.

Kathrine ist nie auf die Idee gekommen, daß man gut oder schlecht darin sein könnte, eine Rutschbahn runterzurutschen. Sie ist mitten in ihrem Erleben, und wenn sie sagt: «Sieh mich!» bittet sie um eine Bekräftigung ihres Erlebens und ihrer Existenz. Nicht mehr und nicht weniger.

Alles was ihre Mutter tun muß, ist, mit kurzem Blickkontakt, mit einem «Hallo, Kathrine» zu reagieren oder ihr zuzuwinken. Damit ist sie Zeuge des Erlebens ihrer Tochter geworden. Wenn sie ihrer Tochter gern etwas mehr sagen will, muß sie etwas genauer hinschauen.

Spiegelt das Gesicht des Mädchens reine Freude, kann sie sagen: «Hallo, Kathrine. Das sieht ja toll aus!» Wenn das Gesicht Freude gemischt mit Schrecken zeigt, kann sie sagen: «Das sieht ja toll aus... ist aber auch ein bißchen gefährlich, oder?» Kathrine hat so zwei wichtige Sachen bekommen: Sie ist «gesehen» worden, und sie hat für ihr inneres Erleben einen sprachlichen Ausdruck bekommen, eine persönliche Sprache.

Andere Eltern drücken ihre Liebe auf andere Weise aus, mehr von sich aus, egozentrisch, und sagen: «Paß nur auf, daß du nicht fällst und dir weh tust!» Das trägt nicht zum Selbstgefühl des Kindes bei. Im Gegenteil wird so die Aufmerksamkeit vom eigenen Erleben entfernt, und die Gefühle der Mutter werden ins Zentrum gerückt. Wenn die Mutter generell eher besorgt ist, wird ihre Tochter mit großer Sicherheit kooperieren, indem sie entweder zurückhaltend und ängstlich wird (direkt kooperieren) oder motorisch ungeschickt und die negativen Erwartungen der Mutter, andauernd Pech zu haben, antizipierend (spiegelverkehrte Kooperation). Die Situation enthält nichts von dem, was das Selbstgefühl des Kindes wachsen ließe. Besorgnis ist mit das Schlimmste fürs Selbstgefühl, denn Besorgnis sagt die ganze Zeit: «Ich rechne nicht damit, daß du zurechtkommst.»

Kinder brauchen es auch, «gesehen» zu werden, bevor sie darum bitten können. Säuglinge, die sich nur mit Hilfe von Lauten und den großen Muskeln ausdrücken können, sind davon abhängig, daß wir «hinter» ihren Ausdruck blicken können. Wann bedeutet das Weinen, daß das Kind frustriert ist, unglücklich, hungrig, kalt, warm, krank? Schon da ist das Sprachliche wichtig: Man sieht dem Kind in die Augen und sagt: «Na, dir ist wohl kalt, mein Kleines» oder «Na, du bist nur hungrig».

Wenn wir für einen Augenblick zu Sarah und ihrer Mutter zurückkehren (S. 77), so könnte die Mutter konstatiert haben, daß Sarah nicht mehr essen will. Sie könnte daraufhin zu ihr gesagt haben: «Du hast keinen Hunger mehr.»

Weshalb ist es denn nun so wichtig, Kindern eine persönliche Sprache zu geben, die sie verstehen und durch die sie ihre Gefühle und Erlebnisse ausdrücken können?

Primär ist das wichtig, weil Konflikte zwischen Menschen, die etwas füreinander bedeuten, immer nur mit Hilfe der persönlichen Sprache bearbeitet und gelöst werden können. Wenn wir uns nicht persönlich ausdrücken können, bleiben wir im unklaren darüber, wer wir sind, und für andere wird es schwer sein zu wissen, woran sie mit uns sind.

Allgemeiner gesagt könnten sich so Unterschiede in Sarahs Reaktionen ausdrücken, wenn sie als Vierjährige aufgefordert wird, ihr Abendbrot zu essen. Wenn sie eine persönliche Sprache bekommen hat, kann sie sagen: «Nein, danke, ich bin nicht mehr hungrig.» Wenn sie nur Druck und Manipulation erlebt hat, wird ihre Reaktion unartikulierter: Sie schiebt den Teller von sich weg mit einem: «Ich mag nicht mehr!» oder «Das mag ich nicht!» – um nur zwei der diplomatischeren Versionen zu nennen. Sie hat nur gelernt, sich entweder mit den Gefühlen und Bedürfnissen ihrer Mutter zu identifizieren oder sich von ihnen zu distanzieren, und mittlerweile hat sie nicht nur den Kontakt zu ihren eigenen Gefühlen und Bedürfnissen verloren, sondern auch die Fähigkeit, sie zum Ausdruck zu bringen. Abgesehen davon, daß dies natürlich in zunehmendem Maße Konflikte zwischen Sarah und ihrer Mutter schaffen wird, wird es mit großer Sicherheit Probleme in ihren sozialen Beziehungen zu Freunden, zu den Männern, in die sie sich verlieben wird, und in dem Verhältnis zu den Kindern, die sie eventuell selbst bekommen wird, mit sich bringen. Das klingt gewaltig? Das ist es auch! Das ist eines der ernsten Probleme, die entstehen, wenn man in einer Familie aufwächst, die äußeren Werten huldigt. In diesen Familien ist die persönliche Sprache verboten und wird so schnell wie möglich ersetzt durch eine «nette» soziale Sprache, die vollständig ungeeignet ist, um mit ihr persönliche oder zwischenmenschliche Probleme zu bearbeiten.

Beispiel:

Marko geht in die sechste Klasse. In den letzten Wochen wurden seine gute Laune und seine Lust, Hausarbeiten zu machen, immer geringer. Seinen Eltern bleiben jetzt zwei Möglichkeiten. Sie können, wie die Tradition das gebietet, versuchen, ihn zu «erziehen», oder sie können versuchen, ihn zu «sehen».

Wenn sie sich für die erste Möglichkeit entscheiden, kann das entweder so klingen: «Marko, warum müssen wir dich die ganze Zeit an deine Hausaufgaben erinnern? Du weißt doch, daß die gemacht werden müssen! Man bekommt keine guten Zensuren, wenn man seine Hausaufgaben nicht erledigt.»

Das ist die gute altmodische Art, wo der Junge als menschliches Wesen total ignoriert wird.

Oder es klingt so: «Was hast du, Marko? Du hast dich doch früher immer um deine Sachen gekümmert, ohne daß wir die ganze Zeit hinter dir her sein mußten. Gibt es Probleme in der Schule? Ärgert dich einer von den anderen? Marko, sieh mich an! Was hast du?»

Diese Variante drückt so etwas wie Interesse an dem Jungen aus, ruft aber in der Regel nur Antworten hervor wie: «Nein, nichts», «Nein, das sind bloß die blöden Hausaufgaben» oder ähnliches. Das hat zwei Gründe. Erstens ist es für einen Elfjährigen schwer, seinem inneren Erleben Ausdruck zu verleihen, wenn er zur gleichen Zeit zu einer Reihe von konkreten Fragen Stellung beziehen soll. Und zweitens: Wenn im Bewußtsein des Kindes die Eltern mit ihrer Wortwahl ausdrücken: «Du bist ein Problem für uns. Du gefällst uns besser, wenn du froh bist», bedeutet das für Markos Selbstgefühl einen Verlust: Anstatt etwas über sich selber und sein Leben zu erfahren, wird er meinen, seine Gefühle seien nicht richtig, und er wird keine Gelegenheit erhalten, die Gefühle in einer persönlichen Sprache auszudrücken, was sowohl ihn aus seiner Stimmung erlösen wie auch seinen Eltern etwas über ihren Sohn mitteilen könnte.

Wenn Eltern ihren Sohn «sehen» wollen, brauchen sie nichts anderes zu tun, als das auszudrücken, was sie tatsächlich sehen, und ihre Aufmerksamkeit anzubieten: «Ich kann sehen, daß du dich zur Zeit mit deinen Schularbeiten nicht wohl fühlst, Marko. Hast du eine Idee, woran das liegen kann...?» Vielleicht wird die Antwort stets ein «Nein» sein, worauf man folgen lassen könnte: «Wenn du etwas herausgefunden hast, sag mir doch bitte Bescheid... Kannst du Hilfe bei den Hausaufgaben brauchen?» Das Problem wurde weder definiert noch gelöst, aber das ist zu diesem Zeitpunkt auch überhaupt nicht wichtig. Das Entscheidende ist, daß Marko sich als wahrgenommen erlebt und daß seine Aufmerksamkeit einen Schub in die richtige Richtung bekommen hat: in ihn selbst hinein. Vielleicht findet er seine Sprache später am Tag, vielleicht einige Tage später. Pausen sind wichtig – lebenswichtig!

Beispiel:

Die fünfjährige Sophie hat von dem Wochenendbesuch der Familie eine große Tüte mit Naschkram mitgebracht bekommen. Sehr vergnügt spaziert sie durch die Wohnung und stopft einen Leckerbissen nach dem anderen in sich hinein. Ihre Eltern stehen nun vor der gleichen Alternative wie Markos: Sollen sie sie «sehen» oder «erziehen»? Sollen sie sie nur lieb anschauen und sagen: «Du kannst aber *viel* Süßkram auf einmal wegnaschen, was, Sophie?!» oder: «Sophie!! Nun darfst du noch *ein* Stück nehmen, und dann gibst du mir die Tüte, damit du morgen auch noch etwas hast!»

Oder die pädagogischere Variante: «Sophie... findest du nicht, daß du etwas für morgen aufheben solltest, Schatz?»

Glauben Sie mir, das ist nicht nur überflüssig, das macht außerdem Sophies sinnliches Wohlbefinden ebenso zunichte wie ihr Erleben, Teil der Gemeinschaft zu sein. Sie wird schon noch lernen, Süßigkeiten in passenden Mengen zu essen, auch ohne aktive Belehrung und Erziehung. Dieser erzieherische Einsatz richtet nur eines aus: Im günstigsten Fall werden sich die Eltern nützlich fühlen und allenfalls in den Augen der Gäste ihr Renommee als verantwortliche Erzieher sichern.

Die vorangegangenen Beispiele sind insoweit einfach, als die Erwachsenen nur zu «sehen» brauchten, was sie tatsächlich sehen. Es wird schwerer, wenn unsere eigene Geschichte, unsere Vorurteile, Ideologien und Egozentrik als Filter zwischen Netzhaut und Stimmband ins Spiel kommen. Wenn unsere Haltungen und Vorstellungen unsere Liebe und Offenheit blockieren. Das geschieht besonders leicht, wenn das Verhalten der Kinder und Jugendlichen durch Frustration und Schmerz verzerrt ist, wenn sie es am nötigsten hätten, gesehen zu werden, wie sie sind, und dann, weil sie bewertet werden, am tiefsten verletzt werden.

Anerkennung und Wertschätzung

In den dreißiger Jahren begannen Pädagogen und Psychologen sich für Kinder zu interessieren, denen es an Selbst*vertrauen* fehlte. Sie kamen zu dem Schluß, daß die Ursache permanentes Kritisieren und Korrigieren durch die Eltern bildete.

Mit unserem heutigen Wissen können wir sehen, daß die Diagnose nur zum Teil stimmte und die Schlußfolgerung unvollständig war. Es stimmt, daß es den untersuchten Kindern an Selbstbewußtsein mangelte, aber ihr wirkliches Problem war ein geringes Selbst*gefühl*. Es stimmt auch, daß Kritik sowohl das Selbstgefühl der Kinder als auch ihr Selbstvertrauen zerstören kann, aber wenn wir von Selbstgefühl reden, ist Lob genauso destruktiv wie Kritik.

Ich erinnere daran, daß das Ziel der Kindererziehung damals zuallererst darin bestand, daß Kinder zu gehorchen, sich anzupassen und sich anständig zu benehmen hatten. Man hatte ja kaum erst begonnen, von Selbstgefühl zu sprechen, und wenn man sich um das mangelnde Selbstvertrauen der Kinder Sorgen machte, so primär deshalb, weil das ihnen erschwerte, etwas in der Schule zu lernen.

Wie früher angesprochen, sind Lob und Kritik unter gewissen Umständen relevant für die Entwicklung des Selbstvertrauens von Kindern und Erwachsenen, aber ein Mißverständnis ist es, wie viele Erwachsene zu glauben gelernt haben, daß sie auch für die Entwicklung eines gesunden Selbstgefühls nützlich sind.

Das heißt nicht, daß es nun plötzlich verboten wäre, seine Kinder zu loben – und damit auf verschiedenen Gebieten Sorge für ihr Selbstvertrauen zu tragen. Das heißt einfach nur, daß wir lernen sollen, auf welche Weise wir ihnen anfangs die notwendige Nahrung für ihr Selbstgefühl zukommen lassen, und eines der Schlüsselworte in diesem Zusammenhang ist: Anerkennung.

Beispiel:

Der dreieinhalbjährige Lars sitzt am Küchentisch und wartet auf seine Mutter, die noch immer nicht von der Arbeit nach Hause gekommen ist. Sein Vater schlägt vor, daß er ein bißchen malen solle, damit die Zeit vergeht. Eine Stunde und sechs Bilder später kommt die Mutter nach Hause, und Lars läuft auf den Flur und gibt ihr das letzte Bild mit den Worten: «Schau, Mama, das ist für dich!»

Seine Mutter nimmt das Bild, schaut es an und sagt: «Das ist ja toll. Wie schön du malen kannst!»

Ganz genau wie in dem Beispiel mit Kathrine und ihrer Mutter (S. 101) mißlingt der Kontakt, auch wenn das Lob lieb gemeint ist. Lars kommt nicht mit einem Bild angelaufen, um es bewertet zu bekommen. Es ist eine Liebesgabe, die er seiner Mutter schenkt, weil er sie liebt und vermißt hat. Wenn er statt dessen mit seinem Vater zusammengesessen und ein Bilderbuch angeschaut hätte, würde er ihr das Bild gezeigt haben, das ihn gerade beschäftigte. Hätte er ferngesehen, würde er gesagt haben: «Mama, komm und guck!»

Er schenkt ihr *sich selbst*, das ist der Punkt. Er schenkt ihr in einem unmittelbaren, persönlichen Ausdruck sein augenblickliches Sein, und erhält dafür eine Be*wertung* zurück. In diesem Zusammenhang spielt es keine Rolle, ob die Wertung positiv oder negativ ist, ob er gute oder schlechte Noten für seine Zeichnung bekommt.

Wenn Lars' Mutter das gewußt hätte, hätte sie sein Geschenk anerkennen können und gesagt: «Vielen Dank, Lars. Da freue ich mich drüber.» Oder: «Vielen Dank, Lars ... Ich kann nicht richtig erkennen, was du gemalt hast, kannst du mir das mal zeigen?» Oder: «Hallo, mein Schatz. Ich habe dich vermißt.» Es ist nicht wirklich wichtig, was sie sagt, wenn sie ihm nur eine spontane persönliche Reaktion gibt.

Nun hält Lars' Mutter ihre persönliche Reaktion ja nicht zurück, um ihren Sohn zu betrügen. Im Gegenteil. Sie macht das unter anderem deshalb, weil sie gelernt hat, daß man so mit Kindern spricht, wenn man liebevoll sein und ihnen Selbstvertrauen vermitteln will. Wenn ihr Mann mit ihr in der gleichen Weise gesprochen hätte, würde sie sich einsam und patronisiert gefühlt haben. Ihr Maßstab für die Art, wie man mit Kindern spricht, stammt aus der Zeit, als wir noch nicht wußten, daß Kinder genauso sind wie Erwachsene – nur kleiner.

Lars ist bei ihrem Dialog auch unwohl, aber er ist ein kleines Kind, das seine Mutter liebt und merkt, daß sie ihn liebt, also kooperiert er! Im Laufe kurzer Zeit kommt er nicht mehr mit Zeichnungen und Sachen aus dem Kindergarten und sagt: «Das ist für dich» oder «Das sollst du haben». Nun hat er die Spielregeln gelernt und sagt: «Schau, Mama, ist das nicht schön?», oder: «Schau, Mama, bin ich nicht tüchtig?» Seine Lebensperspektive hat sich geändert von Sein zu Können, von Existenz zu Leistung.

Weil wir ja fürsorglich sind und liebevoll und ab und an ein klein wenig sentimental, können wir das Problem sehr viel besser erkennen, wenn Lars' Mutter, statt es zu loben, sein Bild kritisiert hätte. Wenn sie gesagt hätte: «Ja aber, Lars, du weißt doch schon, wie man ein Haus richtig malt!» Oder: «Was ist denn das, Lars? Das kannst du viel schöner!» Lob wärmt, und Kritik tut weh. Das wissen wir'gut.

Aber Freude und Schmerz sind bloß die gefühlsmäßigen Reaktionen des Augenblicks. Sie hinterlassen nur dann in der Persönlichkeit der Kinder Spuren, wenn die Kritik zum Beispiel täglich und massiv kommt.

Das, was in der Persönlichkeitsentwicklung der Kinder auf lange Sicht passiert, ist das Gefährliche daran, seine Kinder mit Hilfe von Lob und Tadel zu lieben. Auf diese Weise erziehen wir nämlich unselbständige, *fremd*bestimmte Persönlichkeiten. Menschen, die ein geringes Selbstgefühl haben und denen ein innerer Maßstab, nach dem sie handeln, fehlt und die deshalb große Teile ihrer Lebensenergie vergeuden in manchmal lebenslänglichen Versuchen, so zu sein und zu handeln, wie die Umgebung es erwartet, oder die in ihrer ewigen Jagd nach Bestätigung extrem selbstbezogen werden.

Etwa seit 1700 bis in die fünfziger Jahre unseres Jahrhunderts war Kritik das wichtigste Machtinstrument der Erwachsenen. In etlichen Familien ist das noch immer so, und es gibt weiterhin Gesellschaften, die der Theorie anhängen,

Kinder würden nur dann richtige Menschen, wenn sie die ganze Zeit zu wissen bekommen, wie «verkehrt» sie sind. In den skandinavischen Ländern kam nach dem Zweiten Weltkrieg eine Pädagogik zur Blüte, die sich vermehrt um Kleinkinder kümmerte. Man nahm Abstand von Kritik und führte als Steuerungsmechanismus das Lob ein.

In manchen Familien will man fremdbestimmte Kinder haben, genauso wie man in manchen Gesellschaften fremdbestimmte Bürger bevorzugt. Aber vom Standpunkt der Gesundheit aus betrachtet – so wie ich es sehe –, ist das eindeutig eine schlechte Idee. Zur Illustration könnte man unser Selbstgefühl mit einem seelischen Immunsystem vergleichen: Je besser entwickelt das Selbstgefühl ist, um so weniger verletzbar werden wir und desto größer wird unsere Lebensfreude und Lebensqualität sein.

Vielen Eltern leuchtet das von der Vernunft her ein, sie haben aber Angst, daß sie so die Macht in der Familie verlieren werden und damit auch die Möglichkeiten, Rahmen und Normen zu definieren, die ja ebenfalls wichtig sind, damit sich Kinder gesund entwickeln können. Wie ich später noch darlegen werde, muß das nicht so sein. Die einzige Macht, von der die Eltern sich notwendigerweise werden verabschieden müssen, ist die diktatorische Macht.

Im Beispiel von Lars und seiner Mutter beschrieb ich nur eine Form der Anerkennung: die spontane, persönliche Reaktion. Eine andere Form ist die gut überlegte, persönliche Rückmeldung.

Übereinstimmend mit der Tradition denken und handeln wir oft so, als ob unser Verhältnis zu Kindern eine Einbahnstraße wäre, wo der Verkehr von uns ausgeht, hin zu ihnen. Auch moderne Eltern sind sehr davon besetzt, ob sie ihren Kindern auch genug *geben*. Unser Wissen über die Entwicklung der Kinder ist gewachsen, und gleichzeitig spekulieren wir darüber, ob wir ihnen auch genug Aufmerksamkeit,

Anerkennung und Wertschätzung 111

Liebe, Nähe, Anregung, Fürsorge und Herausforderungen bieten.

Das ist in Ordnung, solange wir nicht vergessen, daß das Selbstgefühl der Kinder in hohem Grade auch davon abhängt, in welchem Ausmaß sie erleben können, wie wertvoll sie *für unser Leben* sind. Je mehr sie uns geben dürfen, um so gesünder entwickelt sich ihr Selbstgefühl.

Viele Gratisfreuden sind mit dem Kinderhaben verbunden: ihr Lächeln, ihre Hingabe, ihr Interesse, ihre Fürsorge und die witzigen Einfälle. Wenn sie uns das Frühstück ans Bett bringen, in der Schule oder auf dem Sportplatz gut zurechtkommen, eine Familie gründen, uns Enkel schenken, Lust haben, zu Besuch zu kommen. Das alles anzunehmen und anzuerkennen ist natürlich wichtig, aber es ist nicht das, woran ich in erster Linie in diesem Zusammenhang denke.

Ich denke an die regulären existentiellen Herausforderungen, die alle Kinder für ihre Eltern sind, einfach weil sie *sind*, wie sie sind. Wenn sie uns zwingen, unsere eigenen destruktiven Muster wahrzunehmen. Wenn sie uns an unsere Grenzen bringen und zu der Überlegung, ob wir überhaupt geeignet sind, Kinder zu haben. Wenn sie unsere oberflächlichen, pädagogischen Versuche des Manipulierens entlarven und auf unserer persönlichen Gegenwart insistieren. Wenn sie gekränkt unseren guten Rat und unsere Anleitung zurückweisen und mit stolzem Selbstverständnis ihr Recht geltend machen, anders zu sein. Wenn sie uns mit ihrem symptomatischen und destruktiven Benehmen damit konfrontieren, daß wir unterwegs Fehler gemacht haben. Oder kurz gefaßt: Wenn ihre einzigartige Kompetenz so großen Eindruck auf uns macht, daß wir entweder dazu stehen oder uns selber belügen müssen.

Wie so viele von denen, die mit sehr geringem Selbstgefühl aufgewachsen sind, habe ich häufig Probleme, mich richtig einzuschätzen. Ich schwanke zwischen den Extremen, mich entweder ganz klein zu machen oder aufgeblasen zu sein – natürlich inklusive allen Stufen, die dazwischen liegen. Mein Sohn hat sich – was an sich wenig überraschen kann – immer am meisten verletzt gefühlt, wenn ich aufgeblasen war. Wenn man ein geringes Selbstgefühl hat, ist es oft schwer, sich selbst ernst zu nehmen, und man wird am Ende leicht zu einer etwas billigen Kopie, die entsteht, wenn man sich furchtbar wichtig nimmt. Das ist ganz und gar unproduktiv für einen selbst und sehr peinlich für die Umgebung.

Ich erinnere mich besonders an drei Episoden, wo mein Sohn liebevoll und unbarmherzig in den Ballon gepikst hat.

In den ersten zwei bis drei Jahren seines Lebens fühlte ich mich oft sehr unsicher, was ich mit ihm (und mir) anstellen sollte. Das, zusammen mit einem heftigen Temperament, führte dazu, daß ich ihm in Abständen meine Frustration an den Kopf warf und ihn anschrie. Selbstverständlich wurde er davon schier erdrückt und reagierte ängstlich, aber ich wußte ganz einfach nicht, was ich tun sollte.

Erst als er etwa zwei Jahre alt war und auch schon allein herumlaufen konnte, gelang es ihm, mein ganz und gar unangemessenes Verhalten zu stoppen. Mitten in einer meiner Auslassungen rannte er aus dem Zimmer auf den Flur. Ich ging ihm selbstverständlich hinterher und fand ihn, wie er vier Stufen hoch oben auf der Treppe (in meiner Augenhöhe!) stand, die Hände auf die Ohren gepreßt und mir wütend in die Augen sah. Erst da begriff ich, daß ich vielleicht selbst die Verantwortung für meine Inkompetenz übernehmen sollte, statt ihm die Schuld zu geben.

Als er ungefähr zwölf Jahre alt war, interessierte er sich brennend für Schlangen und Reptilien. Eines Tages kam er nach Hause – freudestrahlend – und erzählte, daß der Vater eines Freundes ihm eine junge Python für seine Sammlung angeboten habe. «Die hätte ich schrecklich gern... Darf ich?»

Seine Mutter war in einem Zuhause aufgewachsen, wo es viele Reptilien gab, so daß klar war, daß die Frage sich ausschließlich an mich richtete, von dessen mittelschwerer Schlangenphobie er natürlich wußte. Es war schwer, ja zu sagen und noch schwerer, nein zu sagen, deshalb bat ich mir eine Bedenkzeit aus, bis ich einen bevorstehenden Wochenendkurs überstanden hätte.

Am Sonnabend kam ich in der Mittagspause nach Hause und fand den Jungen in der Garage emsig mit Hämmern und Sägen beschäftigt. «Was machst du?» – «Ein Terrarium!» – «Wofür?» – «Für die Schlange natürlich!»

Neurotisch oder nicht – hier schien es mir am Platz, etwas väterliche Entschlossenheit zu zeigen: «Ja, aber wir haben doch darüber noch nicht zu Ende geredet, Nicolai!»

«Nein, das weiß ich doch. Ich rechne auch damit, daß du sagst, wie du dich entschieden hast, wenn du es herausgefunden hast.» Liebevoll und rücksichtsvoll bekam ich noch eine (verdiente) Lektion in Gleichwürdigkeit.

Die (vorläufig) letzte Episode ereignete sich ein halbes Jahr nachdem er von zu Hause ausgezogen war. Meine Frau und ich wollten ein großes Gartenfest für Freunde und Familie veranstalten, und ich fragte ihn, ob er nach Hause kommen und das Servieren übernehmen würde.

«Ich will darüber nachdenken», antwortete er. Zwei Tage später rief er an und sagte: «In Ordnung, mache ich gern. Wann soll ich kommen?»

Zu der Geschichte gehört noch, daß ich ein passionierter Koch bin und daß ich, wenn ich große und wichtige Essen zubereite, hin und wieder ernsthafte Anfälle von Allüren einer Primadonna an den Tag lege. So auch da.

In der Zwischenzeit hatte er den Tisch schön gedeckt und die beiden ersten Gänge serviert. Er hatte für sich selbst einen Platz neben mir reserviert, und als ich endlich Zeit zum Verpusten hatte und mit der übrigen Gesellschaft zusammensitzen konnte, kam er auch und setzte sich. Statt mich über seine Gesellschaft zu freuen und über seinen intensiven Einsatz, blickte ich hastig über die Tische hin und sagte: «Die Teller müssen gewechselt werden, und zwar SOFORT, Nicolai!!» Er erstarrte, die Augen wurden rabenschwarz, und nach einem kurzen Zögern sah er mich an, genauso wie damals auf der Treppe, und sagte: «Was bekomme ich dafür?»

Dieses Mal dauerte es bis zum nächsten Tag, bis ich merkte, daß ich mich danebenbenommen hatte, aber als es mir klar wurde, schämte ich mich zum ersten Mal seit vielen Jahren. Ich hatte ihn um einen Freundschaftsdienst gebeten, und er hatte wie ein Freund seine Hilfe angeboten. In der gleichen Sekunde, als ich ihn in meiner kolossalen Selbstbezogenheit wie einen billigen Mietkellner angesprochen hatte, verlangte er Bezahlung.

Aber es dauerte vierundzwanzig Stunden, bis es durch alle Filter zu mir durchgedrungen war. Meine ersten moralischen Reaktionen lassen sich in die Worte fassen: «Man hilft doch seinen Eltern. Dafür kann man doch kein Geld verlangen! Denk mal daran, was sie dir gegeben haben...» Und dann der «Zeitgeist», mit dem sich immer alles gut wegerklären läßt: «Also, das geht nun doch ein bißchen zu weit, heutzutage wollen diese jungen Leute mit uns von gleich zu gleich reden!» Und natürlich das Gekränktsein, die Apotheose der Selbstbeweihräucherung: «Er mußte wissen, wie wichtig das Fest für mich war!»

Im Zusammenleben mit unseren Kindern erhalten wir alle im Alltag hundertfach solche Art Goldklumpen, und es ist für das Selbstgefühl der Kinder und unser eigenes wichtig, daß wir den Empfang bestätigen. Entweder in Form einer verbalen Rückmeldung – auf der Stelle, am Tag danach oder nach zehn Jahren – oder durch eine Änderung unseres Verhaltens, oder durch beides.

In Familien mit besonderen Verhältnissen ist es besonders

Anerkennung und Wertschätzung 115

wichtig, darauf zu achten, daß das Herzblut, die Inspiration und die Erziehung in beide Richtungen fließen. Wenn man Adoptivkind, Pflegekind, physisch oder psychisch behindertes Kind ist, wird die Entwicklung des eigenen Selbstgefühls ganz leicht dadurch blockiert, daß man sich als «Pflicht», «Last» oder «Aufgabe» der Eltern erlebt. Dafür gibt es verschiedene Gründe.

Für Behinderte ist das, was sie intellektuell oder physisch leisten können, mehr oder weniger eng begrenzt; sie bleiben deshalb von der Hilfe der Eltern abhängig. Es gibt im Leben nicht viel, was so bedrückend ist, wie von der Hilfe anderer abhängig zu sein. Das gilt, ob man behindert oder alt und schwach ist, Flüchtling oder Sozialhilfeempfänger.

Wie auf Seite 100–106 ausgeführt, bedarf es zweier Grundnahrungsmittel, damit sich das Selbstgefühl entwickeln kann: daß wir so, wie wir sind, *gesehen* und *anerkannt* werden und daß wir erleben, daß wir für andere wertvoll sind, so wie wir sind. Wenn man behindert ist, riskiert man, daß man nicht «gesehen» wird, sondern nur «angeschaut», und wenn die eigenen Handlungsmöglichkeiten begrenzt sind, ist es ungeheuer schwer, sich als wertvoll für seine Eltern zu erleben, weil sie wegen der Behinderung ihres Kindes immerzu aktiv sein müssen.

Für Eltern eines behinderten Kindes ist es deshalb besonders wichtig, in ihren spontanen Reaktionen auf das Kind ehrlich und persönlich zu sein, auch wenn sie irritiert sind, mutlos und erschöpft. Gleichzeitig ist es wichtig, seinem behinderten Kind Rückmeldungen von mehr existentiellem Charakter zu geben. Viele Eltern sind damit zurückhaltend und kanalisieren ihre eigene und die Energie des Kindes in ein leistungsbezogenes Umfeld. Das kann für das Selbstvertrauen des Kindes gut sein und seine physische Abhängigkeit verringern, aber für das Selbstgefühl des Kindes wird damit nichts erreicht. Den weitaus größten Teil der Signale und

Selbstgefühl und Selbstvertrauen

Rückmeldungen, die das Selbstgefühl der Kinder auf- und abbauen, nehmen sie völlig unabhängig von Alter und Behinderung auf.

Für Kleinkinder ist es nicht unwürdig, von anderen abhängig zu sein, und sie nehmen mit großem Selbstverständnis Liebe, Fürsorge und Nahrung entgegen. Aber schon für etwas ältere Kinder, denen der tägliche Kontakt mit ihren biologischen Eltern fehlt oder die adoptiert werden oder in Pflege kommen, hört das auf, etwas Selbstverständliches zu sein. Sie sind sich vollkommen darüber im klaren, daß jemand «Fremdes» etwas ganz Bestimmtes für sie tut, und sie fühlen sich sehr schnell in der Schuld der Erwachsenen, die für immer oder vorübergehend an die Stelle der biologischen Eltern getreten sind. Das Gefühl, in der Schuld der neuen Eltern zu stehen, können sie, bevor sie erwachsen sind, nur sehr selten verbalisieren. Bei Kindern und Jugendlichen kommt das als Aggression, Verschlossenheit oder übertriebener Anpassungs- oder Kooperationswunsch zum Ausdruck. Das ist eine Erinnerungsstütze für Eltern, daß sie zu sehr mit dem Geben beschäftigt waren und daß es an der Zeit ist, sich zurückzunehmen und nun selber zu nehmen. Es kann schwer genug sein, ein akzeptables Selbstgefühl aufzubauen, wenn man den Kontakt zu seinem biologischen Ursprung und vielleicht auch zu seiner kulturellen Zugehörigkeit verloren hat.

«Unsichtbare» Kinder

Manche Kinder wachsen in Familien auf, wo sie «unsichtbar» sind, was heißen soll, daß sie ganz konsequent so, wie sie sind, und so, wie es ihnen geht, nicht «gesehen» werden. Das kann sich über die gesamte Kindheit erstrecken oder auch über besondere Perioden, zum Beispiel die Pubertät.

«Unsichtbare» Kinder 117

Beispiel:

Ich habe schon (auf S. 92) von Alecia gesprochen, die ich kennenlernte, weil ihre Eltern um eine Konsultation baten. Alecia war damals dreizehn Jahre und stark übergewichtig, und ebendeshalb hatten mich die Eltern um Hilfe gebeten, nachdem diverse Diäten fehlgeschlagen waren.

Als das Gespräch ungefähr zehn Minuten gedauert hatte und während ihre Eltern noch dabei waren, die Situation zu beschreiben, erhob sich Alecia, ging rastlos einige Schritte auf und ab, und dann brach es mit tränenerstickter Wut aus ihr heraus: «Verdammt noch mal! Das einzige, was ihr seht, ist mein Fleisch!»

Mit dieser nachdrücklichen Zurechtweisung erinnerte sie ihre Eltern daran, wie wichtig es ist, daß die, die uns lieben, uns auch «sehen». Alecia ist eine der glücklichen Jugendlichen, die einen gesunden Kampfgeist entwickelt haben und einen Mund haben, um zu reden. Viele Gleichaltrige hätten nicht so vehement in genau dieser Situation protestieren können. Sie hätten passiv und verlegen auf dem Stuhl gesessen, während die Erwachsenen ihr Symptom diskutierten.

Alecia gehörte zu einer Gruppe von Kindern (und Erwachsenen), die nicht «gesehen», sondern nur angeblickt werden. In diesem Fall, weil sie übergewichtig war, aber es hätte genausogut sein können, wenn sie untergewichtig gewesen wäre, behindert, bildschön oder auf andere Weise durch ihr Äußeres auffallend. Besonders einen von zwei Fehlern machen Erwachsene in der Beziehung zu diesen Kindern und Jugendlichen häufig. Entweder starren wir deshalb so viel auf die «Oberfläche», weil wir Angst haben, daß zum Beispiel andere Kinder es tun werden. Wir machen uns Sorgen, daß der dicke Junge oder das dicke Mädchen gehänselt und Probleme mit dem Selbstvertrauen bekommen wird, und deshalb konzentrieren wir unsere liebevolle und engagierte Energie auf immer neue Versuche, ihnen beim Abnehmen zu helfen. Damit tun wir dasselbe, wovor wir sie beschützen wollen. Wir hänseln/mobben sie mit umgekehrten Vorzeichen! Nicht spitz und verletzend, sondern insistierend und fürsorglich.

Vom Gefühl her ist eine fürsorgliche Atmosphäre selbstverständlich angenehmer. Man findet seine beschützenden Eltern natürlich viel angenehmer als seine ätzenden Altersgenossen, aber froh macht einen das nicht. Das Selbstgefühl wächst nicht.

Der zweite Fehler, der häufig gemacht wird, ist der, daß wir auf vereinfachende psychologische Erklärungen verfallen: Welche Probleme liegen zugrunde? Das ist gut zu verstehen, denn Logik ist bestechend: Er ißt zum Trost, also gibt es etwas, worüber er traurig ist. Wenn wir herausfinden können, worüber er traurig ist, und ihm helfen, dann hört er auf, sich zum Trost vollzustopfen. – So einfach ist das Leben aber nur selten.

Die Gründe, warum Kinder und Jugendliche sich vollstopfen oder hungern, sind vielfältig, und darunter finden sich natürlich auch einige spezifische, umschriebene Probleme, die sie nicht allein lösen konnten. Aber ihr größter Schmerz ist es, daß sie sich nicht «gesehen» fühlen. Diesen Schmerz gab es lange bevor sie anfingen, Symptome zu entwickeln, die so deutlich waren, daß ihre Umgebung reagierte.

Statt die Symptome zu behandeln und/oder sich als Problemdetektiv zu betätigen, kann es sehr viel fruchtbarer sein (aber auch fordernder), von folgendem Bild auszugehen: Wenn Kinder, Jugendliche oder Erwachsene sich autodestruktiv verhalten, wissen wir, daß dieses ungesunde Benehmen nur einen Teil von ihnen repräsentiert. Es gibt noch den anderen Teil, der gesund und lebenskräftig ist. Gesund und lebenskräftig heißt auch: unvernünftig, irrational, überschäumend, wütend, unglücklich, kindisch, irritierend, herausfordernd und bewegend. Im Konflikt zwischen dem gesunden und dem ungesunden Teil hat der gesunde und lebenskräftige vorläufig verloren.

Deshalb haben alle die gleiche Aufgabe: den gesunden und lebenskräftigen Teil wiederzufinden, offen für ihn zu sein und neugierig auf ihn und ihn in die Gemeinschaft einladen, in der er sich lange nicht willkommen gefühlt hat. Das ist das einzige, das auf lange Sicht das Selbstgefühl dazu auffordern kann, sich aufs neue zu entwickeln. Wenn man sich statt dessen dafür entscheidet, den ungesunden Teil durch Motivation, Zwang und Kritik zu bekämpfen, erreicht man nur, die Macht, die er sich genommen hat, zu begrenzen. An und für sich kann das wie ein Erfolg aussehen, aber es ist ein Erfolg mit hohen Kosten. Ein Mensch, der sich selbstzerstörerisch entwickelt hat, kennt sich nur so. Er hat den Kontakt mit seinem gesunden, ursprünglichen Selbst verloren, aber das geschah ganz allmählich. Es fing an mit einem Erlebnis, bei dem sich der gesunde Teil in der Familie nicht willkommen fühlte, und kulminierte in einem Zustand, der auch von der Umgebung als Problem erlitten wird.

«Unsichtbare» Kinder beginnen oft an einem bestimmten Punkt, etwas an ihrem Körper, ihrer Kleidung, ihrem Verhalten oder ihren Einstellungen zu ändern, das sie sehr auffallend werden läßt. Es ist naheliegend, sich nun an dieser Oberfläche zu reiben, bleibt aber für alle Seiten vollkommen unproduktiv. «Sie wollen nur Aufmerksamkeit erregen», sagen wir über ihr Verhalten. Das ist schon richtig, aber sie tun es nicht, weil sie die Allüren einer Primadonna haben. Sie tun es, weil sie «unsichtbar» sind.

Kinder und Jugendliche können in ihrer Familie auch auf andere Weise «unsichtbar» sein. Das gilt beispielsweise für Kinder, denen schon früh in ihrem Leben eine bestimmte Rolle zugeteilt wurde oder denen eine bestimmte Eigenschaft als «typisch» angeheftet worden ist. Das kann zum Beispiel sein: «Vaters kleine Prinzessin», «unser Nesthäkchen», «kluges Köpfchen», «Sonnenschein», «Nervensäge», «Mauerblümchen», «Clown» und so weiter.

Beispiel:

Lisa ist vierzehn Jahre alt und lebt mit Mutter, Stiefvater und zwei jüngeren Geschwistern zusammen. Sie ist ein hübsches, begabtes Mädchen, das in der Schule gut zurechtkommt. Sie hat keine nahen Freundinnen und hat auch nie welche gehabt – eine Tatsache, die sie bedauert, über die sie aber nicht besonders unglücklich ist.

Lisa ist der direkte Anlaß dafür, daß die Eltern um ein Gespräch gebeten haben. Sie hat innerhalb der Familie den Status, daß sie «anders» ist, «besonders», «ein komischer Vogel». In der Familie, wo alle gern und viel reden, schließt sie sich aus und frustriert die anderen damit, daß sie oft stumm ist. Von sich aus sagt sie wenig, und auf Anfrage antwortet sie meistens nur einsilbig.

Vor kurzem fragte Lisa ihre Eltern, ob sie wegziehen dürfe von zu Hause – «auf ein Internat oder so». Dagegen haben ihre Eltern nichts, aber sie wollen gern, daß das in gutem Einvernehmen geschieht, und sie wollen verstehen, warum. Damit landeten sie wieder bei ihrem Dauerproblem: Lisa kann auf solche persönlichen Fragen nicht antworten.

Es zeigt sich, daß die Eltern seit langem ein unglückliches Ritual entwickelt haben, wenn sie versuchen, ein persönliches Gespräch mit Lisa zu führen: Sie stellen ihr eine Frage, zum Beispiel: «Gibt es einen Grund, weshalb du unzufrieden bist?» Lisa denkt gründlich nach und bemüht sich, die richtigen Worte zu finden – die sowohl das ausdrücken, was sie fühlt, als auch von ihren Eltern verstanden werden –, aber ehe ihr das gelingt, haben die Erwachsenen die Geduld verloren und weiter gefragt: «Hast du den Eindruck, wir verlangen von dir hier zu Hause zuviel...? Gibt es irgendwelche Probleme in der Schule? Lisa, gibt es etwas Bestimmtes, das dir Kummer bereitet?»

Lisa merkt ihre ungeduldige Hilflosigkeit, und sie fühlt sich verkehrt, weil ihr das Reden so schwer fällt. Um also nicht länger im Mittelpunkt zu stehen, rettet sie sich in die Antwort «Nein». Diese Antwort frustriert natürlich die Eltern, die das Beste tun, was sie gelernt haben, nämlich sich für ihre Tochter zu interessieren, aber nur abweisende und bedeutungslose, einsilbige Antworten erhalten. Für Lisa ist die Situation mindestens ebenso unbehaglich. Wie alle anderen Kinder und Jugendlichen in dieser Situation hat sie längst für sich den Schluß gezogen, daß mit ihr etwas nicht stimmt.

Etwas später gelingt es Lisa, die Frage ihrer Eltern zu beantworten. Sie sagt: «Ich glaube, daß ich am besten zu mir selbst finden kann, wenn ich nicht zu Hause wohne.» Das ist eine Antwort, die von unglaublich viel Einsicht und Wahrheit zeugt. Lisa ist nämlich in ihrer Familie fast ihr ganzes Leben hindurch «unsichtbar» gewesen, aber da sie gleichzeitig auf so vielen anderen Ebenen liebevolle und engagierte Eltern hatte, litt ihre Integrität eigentlich nie Schaden. Sie konnte «sie selbst» bleiben, konnte intakt bleiben. Irgendwo tief in ihrem Inneren gibt es die wirkliche Lisa, die mit dem Wunsch, «gesehen» zu werden. Sie hat die Hoffnung aufgegeben, daß ihre Eltern sie jemals «sehen», und setzt deshalb darauf, «sich selbst finden» zu können.

Lisas Schwierigkeit, sich persönlich auszudrücken, hängt eng mit ihrer «Unsichtbarkeit» zusammen. Wenn man sie dazu einlädt und wenn die Umgebung geduldig ist, kann sie durchaus mehr als gewöhnlich sagen, aber nur mit großen Mühen und mit großer Unsicherheit. In ihrem ganzen Leben sind ihr Verhalten und ihre Gemütslage falsch interpretiert worden, und da sie, wie alle Kinder, der Überzeugung war, daß ihre geliebten Eltern vollkommen sind, mußte sie zu dem Schluß kommen, daß mit ihr etwas verkehrt ist. Sie war davon überzeugt, so zu sein, wie die anderen es sagten, und nicht, wie sie sich selbst in ihrem Innern erlebte. Im Laufe der Zeit zögerte sie natürlich immer mehr, ihrem inneren (verkehrten) «Ich» Stimme zu verleihen.

Nicht nur für Lisa war es schmerzhaft, wie sich die Dinge entwickelt hatten. Ihre Mutter hatte wegen der fehlenden Nähe und wegen des mangelnden Kontakts ständig Schuldgefühle, und ihr Stiefvater war ernstlich frustriert, weil all sein Wohlwollen und Interesse abgewiesen wurden. Lisas Gedanke war realistisch: Der Kontakt zwischen ihr und der übrigen Familie würde nur gelingen können, wenn sie auf eigene Faust sich selbst finden und üben würde, sich im Zusammensein mit Menschen, die nicht die alten Erwartungen an sie haben, auszudrücken.

Für Lisas Dilemma gibt es unzählige Varianten. Viele Menschen entdecken das erst, wenn sie längst erwachsen sind, manche finden wie Lisa eine Lösung des Problems in der Pubertät; und schließlich gibt es eine besondere Gruppe von Kindern, die sehr früh in ihrem Leben die Hoffnung aufgeben, gesehen zu werden, und die sich in der Konsequenz von ihren Eltern zurückziehen und isolieren und die existentielle Verantwortung für sich selber übernehmen. Diese Gruppe wird im folgenden Abschnitt beschrieben (siehe S. 123 f.).

Daß Kinder in ihren Familien «unsichtbar» werden, hat viele verschiedene Gründe. In manchen Familien versuchen die Eltern aktiv, ihre Kinder nach einem bestimmten Bild zu formen. Das können Eltern sein, die nach alter Art großen Wert darauf legen, daß Kinder lernen, sich zu «benehmen», und die es nicht wichtig finden, daß Kinder auch sie selbst «sein» können. Etwas Ähnliches geschieht in modernen Familien, die zwar flexibler sind, wo aber die Forderungen nach «angemessenem und vernünftigem» Verhalten so vorherrschend sind, daß die Kinder schnell lernen, von den eher unangemessenen und irrationalen Seiten ihres Selbst Abstand zu nehmen.

Es geschieht auch in Familien, in denen das Zusammenleben der Erwachsenen so problematisch und dramatisch ist, daß die Kinder von ganz allein zu dem Schluß kommen, für sie sei kein Platz. Es geschieht, wenn ein Kind so ganz anders als seine älteren Geschwister ist und die Eltern die Verschiedenheit nicht «sehen», sondern nur problematisieren. Es geschieht gar nicht so selten bei Kindern mit behinderten Geschwistern oder bei jenen, die mit einem Elternteil, der genug mit seinem eigenen Leben zu tun hat, allein leben.

Von unsichtbar zu sichtbar

Was tun Eltern, die entdecken oder darauf aufmerksam gemacht werden, daß sie ein «unsichtbares» Kind haben – ein Kind, dessen individuelles, persönliches Wesen sie aus verschiedenen Gründen nicht haben «sehen» können?

Das Erste und Wichtigste, was man tun kann, ist, sich selbst und einander zu verzeihen! Und ich meine Verzeihen in der guten altmodischen Art, wo man sich Zeit nimmt, seiner Verantwortung, seiner Schuld und einander zuerst einmal in die Augen zu sehen. Nicht die schnelle Discount-Verzeihung, wo das, was war, nur vergessen und etwas Neues angefangen wird. Hätte man sein Kind «sehen» können, dann hätte man das ja getan. Wenn man es nicht konnte, dann gibt es da etwas, das man dringend lernen muß – auch über sich selbst lernen muß.

Dieser Prozeß braucht Zeit, aber er ist auch entscheidend für die Möglichkeiten des Kindes, sein Selbstgefühl zu entwickeln. Wenn das Schuldgefühl entweder niederdrückend ist oder verdrängt wird, ergeben sich daraus starke Signale, die von den Kindern aufgefaßt werden als: «Meine Eltern finden, daß sie schlechte Eltern waren. Das könnte bedeuten, daß sie mit mir, so wie ich bin, nicht zufrieden sind. Sonst hätten sie ja kein Schuldgefühl.» Das heißt, elterliche Schuldgefühle untergraben noch mehr das Selbstgefühl ihres Kindes und führen womöglich dazu, daß all die positiven Seiten ihres elterlichen Tuns auch noch zum Teufel gehen.

Aber welche Art von Gemeinschaft soll man in der Familie schaffen? Wie soll eine Gemeinschaft aussehen, an der ein Kind Anteil haben soll, das bislang nur Mitglied der Familie war, ohne ein Teil der Gemeinschaft zu sein?

Am wichtigsten ist es, wie üblich fortzufahren. Wenn die Familie traditionell viele Dinge gemeinsam tut, soll das so bleiben. Wenn umgekehrt traditionell eher jeder seine Sache für sich macht, so soll auch das so bleiben. Wenn man die Gelegenheit nutzen will, die ganze Lebensweise der Familie zu verändern, dann soll man das machen, und zwar weil die Eltern selbst sich in dem bisherigen Zustand nicht wohl fühlen – und nicht etwa «zum Wohle des Kindes».

Das Neue und Schwierige, was Eltern lernen müssen, ist, sich vorzustellen, daß sie ein ganz fremdes Kind zu Hause haben, ein Kind, das die Realität ganz anders als alle übrigen erlebt und auf mancherlei Weise dem Kind ähnelt, das man seit fünf, zehn oder fünfzehn Jahren kennt. Die Eltern sollen mit ihren gewohnten Vorstellungen arbeiten und gleichwohl dem Kind so offen und flexibel wie nur möglich begegnen. Nicht alles aufopfernd, aber darauf eingestellt sein, die bisherigen Konturen ein bißchen zu verändern.

Zuallererst einmal braucht es, um wieder sichtbar zu werden, Zeit. Es kann ein Jahr dauern, bis man so viel Selbstgefühl und Vertrauen zu anderen Menschen gewonnen hat, daß man sich getraut, seine innersten Gedanken und Gefühle auszudrücken. Das «Ich», das so lange versteckt gelebt hat, wird verletzbar sein und ohne Schutzhaut. Das heißt nicht, daß die Eltern sich wie mit «rohen» Eiern» verhalten sollen, aber daß Kritik, Zurechtweisungen und besserwisserisches

Verhalten verboten sein müssen. Ein Verbot, von dem die ganze Familie unausweichlich profitieren wird!

Gewalt ist Gewalt

Integrität und Selbstgefühl hängen zusammen. Je besser es den Eltern geglückt ist, für die Integrität des Kindes Sorge zu tragen, um so größer sind die Möglichkeiten des Kindes, ein gesundes Selbstgefühl zu entwickeln. Gewalt ist, wie oben (S. 60f.) gesagt, ein Angriff auf die Integrität der Kinder und damit schädlich für ihr Selbstgefühl.

Die Tatsache, daß nur grobe körperliche Gewalt, die wir Kindesmißhandlung nennen, gesetzlich belangt wird, heißt nicht, daß andere Formen von Gewalt nicht schädlich sind. Wir haben nur beschlossen, sie nicht als kriminell anzusehen.

Im Laufe der Zeit haben wir viele Synonyme für körperliche Gewalt gebildet. Wir nennen es «Körperstrafe», «Schlag», «Klaps», «Haue», «Dresche», «Abreibung», «Disziplinierung» und so weiter. Die meisten Kulturen haben eigene, rechtfertigende Kosenamen für das Phänomen. Aber das kann nicht länger die Tatsache verdecken, daß Gewaltanwendung Gewalt ist und daß Gewalt für Selbstgefühl und Menschlichkeit beider Partner zerstörend wirkt, egal, wie viele Euphemismen wir benutzen, und egal, wie wir sie begründen.

Nach meiner Erfahrung verteilen sich Eltern, die ihren Kindern gegenüber Gewalt anwenden, auf zwei Gruppen. In der einen Gruppe ist Gewaltanwendung eine Haltung oder schlicht eine Ideologie. Die, zu deren Haltung Gewalt gehört, sagen: «Na ja, ich glaube aber nun nicht, daß dieser Klaps auf den Po Kindern schadet, wenn sie ihn verdient haben.» Wenn man bei dieser Gruppe etwas näher hinschaut, zeigt sich häufig, daß diese Menschen, bevor sie Kinder bekamen, eigentlich eine andere Haltung vertraten und ihre jetzige Haltung meist ein Ausdruck dafür ist, etwas zur Tugend erklärt zu haben aus Not.

Die Eltern, für die Gewaltanwendung Ideologie ist und die meinen, Gewalt sei ganz einfach ein notwendiges Mittel einer verantwortlichen Kindererziehung, kommen oft aus einem Milieu oder einer Gesellschaft, die von totalitären religiösen oder politischen Ideologien beherrscht wird. In diesen Gruppen spielen das Leben und die Lebensqualität eines einzelnen Individuums nur eine untergeordnete Rolle, und die Tatsache, daß Gewalt zerstörerisch für das Individuum ist, macht deshalb keinen Eindruck.

Eine zweite Gruppe von Eltern, in vielem typisch für die skandinavischen Gesellschaften, schlägt ihre Kinder ab und zu, die Eltern haben aber jedesmal, wenn sie es tun, ein schlechtes Gewissen.

Unabhängig von der Einstellung der Eltern hat eine jede Form der Gewaltanwendung Kindern gegenüber genau die gleiche Konsequenz wie die Gewaltanwendung gegenüber Erwachsenen: Sie schafft kurzfristig Angst, Mißtrauen und Schuldgefühl, und langfristig sorgt sie für ein geringes Selbstgefühl, für Zorn und Gewalt. Diese Folgeerscheinungen der Gewalt stehen nicht notwendigerweise im Verhältnis dazu, wie häufig ein Kind geschlagen wird. Mir sind Menschen begegnet, die von ihren Eltern ein einziges Mal im Laufe ihres Aufwachsens gewaltsam behandelt wurden und die den Schmerz niemals verwunden haben. Mir sind auch andere Menschen begegnet, die zehn- bis zwanzigmal geschlagen wurden, ohne daß das nachhaltige Spuren hinterlassen hätte. Vieles deutet darauf, wie bedeutsam es ist, ob die Eltern die Verantwortung für die Gewaltanwendung übernehmen oder den Kindern die Schuld geben.

Beispiel:

Eine junge Mutter verläßt zusammen mit ihrer Freundin und dem anderthalbjährigen Sohn gerade die Wohnung. Da sie die Treppe hinuntergehen müssen, nimmt sie den Jungen auf den Arm, setzt ihn eine Sekunde später ab und schlägt ihm mit der flachen Hand fest auf den Hinterkopf. Danach packt sie ihn am Oberarm und schleppt ihn zurück in die Wohnung. Als die Freundin verwundert und schockiert fragt, warum sie ihren Sohn schlägt, antwortet sie mit ruhigem Selbstverständnis: «Ich hatte ihn gerade vor einer halben Stunde gewindelt. Mir tanzt er nicht auf der Nase herum – das soll er von vornherein lernen!» Worauf die Freundin einwendet: «Ja, aber er ist noch nicht einmal zwei Jahre alt! Da kannst du doch nicht verlangen, daß er schon sagen kann, wenn er mal muß.» Die Mutter wiederholt nur ihre erste Antwort.

Abgesehen von der regelrechten Kindesmißhandlung ist diese Form von Gewalt gegenüber Kindern die destruktivste, denn sie schiebt dem Kind die Verantwortung für die Gewalt zu. «Daß ich dich schlage, ist deine eigene Schuld!» Diese Mutter lebt in einem kulturellen Umfeld, wo Gewalt ein häufig vorkommendes und allgemein akzeptiertes Element der Kindererziehung ist. Aber die Tatsache, daß die Gewalt ein Teil der Kultur ist, läßt sie nicht unpersönlich sein. Jedesmal wenn er geschlagen wird, erlebt ihr Sohn die Gewalt als eine sehr persönliche Botschaft darüber, wie verkehrt und wertlos er ist.

Der Junge weinte natürlich heftig, als er geschlagen wurde – erst panisch und laut wegen des Schocks und wegen des physischen Schmerzes und später, während er eine reine Windel bekam, tief und leise wegen des seelischen Schmerzes. Aber wenn auch seine gefühlsmäßige Reaktion heftig war, so ist nicht sie es, die die Situation gefährlich sein läßt, unter anderem für sein Selbstgefühl. Richtig gefährlich wird es erst zwei bis drei Jahre später, wenn er aufgehört hat, sein Gefühl zum Ausdruck zu bringen.

Die Mutter reagierte auf die Tränen ihres Sohnes genau so, wie sie in der Minute zuvor auf die nasse Windelhose reagiert hatte. Sie kritisierte, verdammte und drohte, und damit gab es für den Jungen keinen Zweifel: Nicht nur war sein Verhalten falsch und eine persönliche Kränkung seiner Mutter, seine Traurigkeit war das ebenfalls.

Diese Form der Gewalt wird mehrere Male in der Woche ein fester Bestandteil des Verhältnisses zwischen dem Jungen und seinen Eltern sein, bis er ungefähr zehn bis elf Jahre alt ist. In der Kultur, in der er lebt, wird er genausooft das scheinbare Gegenteil der Gewalt erleben: Als männliches Kind wird er stolz vorgezeigt, gelobt und vergöttert und geküßt und umarmt werden. Weil sein Selbstgefühl durch die Gewalt einen Knacks bekommt, wird er dem Lob und der Vergötterung dankbar sein, und er wird auf ewig seine Mutter verehren und vergöttern. Er wird sich zu einem draufgängerischen und charmanten jungen Mann entwickeln, der in Gesellschaft mit anderen vor Selbstvertrauen strotzt. Als Ehemann und Vater wird er die Gewalt seiner eigenen Erziehung in dem Moment zu kopieren beginnen, wenn das Zusammenleben mit Ehefrau und Kindern Forderungen stellt, die er nicht erfüllen kann.

Die Gewalt, der er selbst als Kind ausgesetzt war, wird vier Resultate zeitigen:

○ Gefühlsmäßig wird er die Angst, den Schmerz und die Demütigung aus seinem Bewußtsein verdrängen und seine Kindheit als eine glückliche erinnern.
○ Mental wird er zu dem Schluß kommen, daß Gewalt gegenüber Kindern eine berechtigte Erziehungsmethode ist, wenn sie selbst schuld haben.

○ Existentiell und von seiner Persönlichkeit her wird er von geringem Selbstgefühl und mangelndem Sinn für seine eigenen Grenzen und diejenigen anderer Menschen geprägt sein, und sein Lebensstil wird auf einigen Gebieten selbstzerstörerisch sein.

○ Körperlich wird er von spezifischen Verspannungen und Blockierungen im Bereich von Rücken, Magen und Brust geprägt sein – Spannungen, die als generelle, unbewußte Vorbehalte im Kontakt mit seinen Nächsten fungieren werden.

Diese Konsequenzen sind das mildeste Ergebnis, und die Prognose setzt einige Punkte voraus: das seine Eltern sozial gut dastehen; daß sie gefühlsmäßig leidlich stabil und keine Mißbraucher sind; daß der Junge durchschnittlich oder besser in der Schule mitkommt; daß die Ehe der Eltern nicht von physischer oder psychischer Gewalt dominiert wird.

Wenn einer oder mehrere dieser Faktoren fehlen, wird das geringe Selbstgefühl des Jungen sehr viel früher zum Durchbruch kommen. Das kann in Form von Lernschwierigkeiten sein oder Verhaltensproblemen, Kriminalität, Bandenaktivität, Drogen- oder Alkoholmißbrauch, Vandalismus, Selbstmordversuchen oder ähnlichem. Alle zusammen sind das direkte Ergebnis davon, daß seine Eltern mit ihren gewalttätigen Handlungen ihn gelehrt haben, weder seine eigene noch die physische Integrität aller anderen Menschen sei etwas, um das man sich mit Respekt und Fürsorge kümmern müsse. Daß die Eltern unter Umständen dabei treue Kirchgänger sind und am Sonntag Nächstenliebe predigen, dient nur dazu, sein Selbstgefühl noch weiter abzubauen.

Aber was, wenn man nicht für Gewalt ist, sondern nur hin und wieder einmal am Ende ist und sich selbst vergißt? Kann man etwas tun, damit die Kinder von unseren Ohrfeigen oder der «Haue hintendrauf» keinen Schaden nehmen?

Selbstgefühl und Selbstvertrauen

Ja, etwas kann man in jedem Fall tun: Man kann die Verantwortung übernehmen – gefühlsmäßig und verbal. Wenn man selbst abgekühlt ist und das Kind für seine Reaktionen Zeit und Ruhe hatte, kann man den Kontakt wiederherstellen und sagen: «Es tut mir leid, daß ich dich gehauen habe. Als ich es tat, glaubte ich, daß es deine Schuld war. Das war es aber nicht. Es war meine Schuld, und ich möchte mich gern dafür entschuldigen.»

Lesen Sie diese Aussage noch einmal und denken Sie darüber nach. Wenn Sie älter als fünfunddreißig sind, werden Sie wahrscheinlich finden, daß das ein bißchen zu weit geht: «Selbstverständlich bin ich es, die die Verantwortung trägt... ich bin es ja, die erwachsen ist und die hätte Ruhe bewahren müssen, aber es muß nun auch berücksichtigt werden, was vorausging.»

Dieser Gedankengang ist bestimmt nicht ungewöhnlich. Er ist das Echo einer gar nicht so fernen Vorzeit, wo die Kinder automatisch die Schuld an jedem Konflikt in der Beziehung zu den Eltern erhielten. Durch dieses Echo setzen sich viele Eltern in Situationen wie dieser zwischen zwei Stühle. Das kann in einer eher sentimentalen Form sein: «Komm her, mein Schatz... komm her zu Vater/Mutter. Vater/Mutter tut es so leid, daß er/sie dich gehauen hat. Das war nicht wirklich so gemeint. Komm her, mein Schatz, dann wird Vater/Mutter dir die Nase putzen, und dann vergessen wir das... Nicht wahr, Schatz! Vater/Mutter wird das nie wieder tun.»

Diese Version nimmt zunächst die Schuld nicht vom Kind, weil die Eltern nicht die Verantwortung übernehmen: «Das war nicht so gemeint.» Zum anderen laden sie dem Kind noch eine weitere Bürde auf, nämlich die, zu verzeihen. Außerdem wird die Auseinandersetzung mit einem Versprechen beendet, das durch seinen Mangel an eigener Einsicht ein Garant dafür ist, daß es doch wieder geschehen wird.

Gewalt ist Gewalt 131

Möglich ist auch eine eher «pädagogische» Version: «Es tut mir schrecklich leid... Du mußt das wirklich entschuldigen. Ich weiß überhaupt nicht, was mit mir los war... Aber kannst du nicht auch gut verstehen, daß es wirklich ziemlich unangemessen ist, wenn du... Komm, jetzt gehen wir wieder in die Küche, und dann hoffen wir, daß es nicht wieder passiert, ja?»

Diese Version versucht, Sonne und Wind gleichmäßig zu verteilen mit dem Ergebnis, daß das Schuldgefühl auf der Seele von beiden Parteien sitzenbleibt. Das ist ein ganz allgemein menschliches Phänomen: Jedesmal wenn wir nicht die Verantwortung für uns selbst übernehmen können oder wollen, lassen wir uns selbst im Stich, belasten die Menschen um uns und unsere Beziehung zu ihnen.

Das ist der Grund, warum es so wichtig ist, darauf aufmerksam zu machen, daß in einer gewalttätigen Episode beide Parteien Schaden davontragen. Das ist nicht nur im Verhältnis zwischen Eltern und Kindern so, sondern auch zwischen Erwachsenen, ob sie nun zu einer Familie gehören oder nicht.

Demjenigen, der Gewalt ausübt, geschieht folgendes:

○ Seine *Gefühle* werden ihm am Anfang immer erzählen, daß mit dem, was er gerade getan hat, etwas nicht in Ordnung ist. Um weiterzumachen, muß er deshalb von seinen Gefühlen absehen, und damit reduziert sich seine Sensitivität und Menschlichkeit. Wahrscheinlich entwickelte sich diese amputierte Menschlichkeit schon viele Jahre früher, als er selbst es war, dem Gewalt angetan wurde, aber der Prozeß der Verhärtung geht weiter, jedesmal wenn er Gewalt ausübt, und resultiert unausweichlich darin, daß seine Entwicklung als Mensch ins Stocken gerät oder enger wird. Das gleiche geschieht mit seinem Gefühlsleben, das auf Sentimentalität reduziert werden wird.

- *Mental* kann die Reaktion zwei Hauptthemen variieren: Er hat entweder eine Moral, oder er nimmt eine Moral an, die Gewalt rechtfertigt, so daß Haltung und Handlung übereinstimmen. Er wird auch die Verantwortung für sein Tun leugnen. Wie gesagt kann er das tun, indem er immer der anderen Seite die Schuld gibt oder indem er ein «Wesen» in sich erfindet, mit dem er keinen Kontakt und über das er keine Kontrolle hat.
- *Existentiell* wird er unausweichlich dahin kommen, sein eigenes Leben mit derselben Verachtung zu betrachten, mit der er das Leben anderer behandelt. Möglicherweise wird er das kompensieren, indem er großen Wert auf sein eigenes physisches Wohl legt, auf sein soziales Leben und seine materiellen Privilegien, aber unter diesem scheinbaren Selbstrespekt wird die Selbstzerstörung blühen.

Diese Darstellung ist kein Schreckensbild. Für Menschen, die nur ausnahmsweise Gewalt ausüben, sind die Konsequenzen natürlich weniger markant und sie blockieren vielleicht nur Teile ihrer Existenz, mit denen sie sowieso nie in Kontakt kommen werden. Aber die Konsequenzen sind nicht abstrakt, die sind ganz real und – proportional zum Ausmaß der Gewalt – einengend.

Im Verhältnis zwischen Erwachsenen und Kindern sind für Gewalt immer die Erwachsenen verantwortlich. Das gilt nicht nur, wenn es Erwachsene sind, die die Gewalt ausüben, sondern auch, wenn Kinder oder Jugendliche gewalttätig auftreten – gegenüber ihren Eltern, Geschwistern, Kameraden, Fremden und dem Eigentum anderer oder dem der Gemeinschaft.

In der ganzen Welt stehen in diesen Jahren die Politiker auf und verurteilen die Gewalt der Kinder und Jugendlichen, und zusammen mit den verletzten und empörten Eltern plädieren sie für strengere Strafen. Das ist nicht nur absurd – das ist irgendwie genauso verantwortungsvoll und genial, als wenn sie vorschlagen würden, die Haushaltsdefizite der Staaten durch das Monopolygeld der Kinder auszugleichen.

Bedingt unter anderem durch die größer gewordene Liberalisierung in den Gesellschaften und das gestiegene Selbstbewußtsein der Kinder und Jugendlichen bringen erschreckend viele von ihnen ihren Schmerz öffentlich und destruktiv zum Ausdruck. Diese Entwicklung wird sich so lange fortsetzen, bis wir anfangen, die Verantwortung für die massive physische und psychische Gewalt zu übernehmen, die Erwachsene ständig an Kindern verüben.

Das Selbstgefühl der Erwachsenen

Viele Eltern stellen natürlich die Frage, ob man seine Kinder überhaupt darin unterstützen kann, ein gesundes Selbstgefühl zu entwickeln, wenn man selbst nur ein geringes Selbstgefühl hat. Die Antwort ist, man kann das so lange gut tun, wie man bereit und darauf eingestellt ist, gleichzeitig einen aktiven, bewußten Einsatz dafür zu leisten, sein eigenes Selbstgefühl zu entwickeln.

Nun ist es ja so, daß sich unser Selbstgefühl während des ganzen Lebens weiterentwickelt, je besser wir uns mit den Jahren selber kennenlernen. Es entwickelt sich also quantitativ, aber nicht unbedingt qualitativ. Wir wissen mehr über uns, aber wir verhalten uns nicht unbedingt anders uns gegenüber. Es erfordert einen bewußten Einsatz, die qualitative Dimension zu verändern, unabhängig davon, ob das anfangs von Unsicherheit, Selbstkritik, Oberflächlichkeit, Pessimismus oder dem Glauben an eine bessere Zukunft geprägt ist.

Wenn wir nicht darauf aufmerksam sind, wird ein geringes Selbstgefühl zu dem, was wir «das soziale Erbe» zu nennen pflegen und was wir vielleicht anfangen sollten, «das sozialpsychologische Erbe» zu nennen. Das geschieht sehr leicht, wenn Eltern sich in einer sozialen Situation befinden, die über längere Zeit ihr Selbstgefühl untergräbt oder das Selbstvertrauen, das sie sich mühsam aufgebaut haben, um ein geringes Selbstgefühl zu kompensieren. Das kann Arbeitslosigkeit sein oder Exil, Verlust von prestigeträchtigen Stellungen und Statussymbolen, Invalidität oder entsprechende dramatische Verluste der Möglichkeit, um auf den Ebenen des Lebens zu handeln und etwas zu leisten, auf denen man früher erlebte, daß man selber für seine Nächsten und für die Gesellschaft wertvoll war.

Wie schon mehrfach in unterschiedlichen Zusammenhängen ausgeführt, gehört es innerhalb des familiären Rahmens zum Wichtigsten, daß Eltern aufmerksam auf das achten, was als Reaktion oder Feedback von ihren Kindern kommt, und auf den Eindruck, den das auf sie macht. Für viele Eltern heißt das, sich gleichzeitig von etlichen Konventionen befreien zu müssen und eine Kritik von der übrigen Familie zurückzuweisen.

In unserer Kultur hängt man dem Wahn an, wir würden erwachsen, wenn wir achtzehn werden oder einundzwanzig – oder allerspätestens, wenn wir selber Kinder bekommen. Wie die meisten wissen, stimmt das nicht. Viele von uns haben es nicht geschafft, erwachsen zu werden, wenn sie sterben. Das heißt nicht, wir verhalten uns immer kindisch, sondern nur, daß wir uns häufig unreif benehmen, besonders in der Beziehung zu unseren Nächsten. Das ist nichts Unnatürliches oder Verkehrtes, und unsere Kinder nehmen davon keinen Schaden. Die Bedingung, damit Kinder ein gesundes Selbstgefühl entwickeln können, ist nicht, daß ihre Eltern eines haben, bevor sie Kinder in die Welt setzen. Es verlangt nur genügend Offenheit von den Eltern, um ihr Selbstgefühl zusammen mit den Kindern weiterzuentwickeln, und zwar gleichzeitig damit, wie die Kinder ihres entwickeln. Sicherheitshalber unterstreiche ich, Kinder werden trotzdem ihre Eltern bedingungslos lieben! Bei der Entwicklung ihres Selbstgefühls geht es letzten Endes nur darum, wie gut sie von sich selber denken.

4 Verantwortung, Verantwortlichkeit und Macht

Verantwortlich und unverantwortlich sind zentrale Begriffe, wenn Eltern Kindererziehung diskutieren oder wenn Fachleute über Mittel und Wege in Kindergärten und Schulen, in kommunalen Beratungsstellen und Pflegefamilien sprechen. Es herrscht hierbei nicht die gleiche Begriffsverwirrung wie bei Selbstvertrauen, Selbstwert und Selbstgefühl, aber im Gegenzug werden die Wörter Verantwortung und Verantwortlichkeit auf mehr Phänomene angewendet, als ein Wort decken kann. Ich werde deshalb im folgenden eine Unterscheidung zwischen der «sozialen Verantwortung» und der «persönlichen (existentiellen) Verantwortung» vorschlagen.

Mir scheint es wichtig, zwischen den beiden Formen von Verantwortung zu unterscheiden, weil jede für sich eigene Werte repräsentiert, die an zentrale Aspekte unserer Existenz anknüpfen. Dieser Zusammenhang zwischen ihnen beiden zeigt, wie wichtig sie sind für das Verständnis, gleichwürdige Beziehungen in der Familie auf Wegen schaffen zu müssen, die sowohl Sorge für die Integrität der Mitglieder tragen und die Entwicklung des Selbstgefühls des einzelnen stützen und inspirieren als auch die Gemeinschaft stärken. Zur gleichen Zeit sind sie für mich zu einem wichtigen Schlüssel im Verständnis dafür geworden, warum unsere professionelle Behandlung von Kindern und Jugendlichen so häufig mißlingt, wie es der Fall ist.

Definitionen

Die soziale Verantwortung ist diejenige, die wir füreinander in der Familie, der Gruppe, der Gesellschaft und in der Welt haben.

Es ist diese Form von Verantwortlichkeit, zu der die meisten unserer Eltern und Lehrer versucht haben uns zu erziehen. Es ist die soziale Verantwortung, die nötig ist, damit die Gruppen und die Gesellschaft, der wir angehören, für so viele wie möglich funktionsfähig werden können.

Die persönliche Verantwortung ist die Verantwortung, die wir für unser eigenes Leben haben – unsere physische, psychische, geistige und spirituelle Gesundheit und Entwicklung. Es ist die Verantwortung, zu der die wenigsten von uns erzogen worden sind, aber sie ist die kraftvollste und potenteste, die wir kennen, wenn es darum geht, dem Elend vorzubeugen und den Gemeinschaften, die wir eingehen, kreative Energie zuzuführen.

Traditionell haben Erziehung und Pädagogik das Gewicht hauptsächlich auf die soziale Verantwortung gelegt, aber im Laufe der letzten Generation haben wir entdeckt (oder vielleicht wiederentdeckt), daß die beiden Formen der Verantwortlichkeit zusammenhängen.

DIE SOZIALE VERANTWORTUNG
Verantwortung gegenüber...
↑ ↓
DIE PERSÖNLICHE VERANTWORTUNG
Verantwortung für das eigene Leben

Wenn Kinder mit Schwergewicht auf der sozialen Verantwortung erzogen werden, gelingt das oft, und sie werden sozial verantwortlich. Darüber hinaus werden viele Menschen sogar das, was wir heute im täglichen Sprachgebrauch überverantwortlich nennen. Der Preis ist Frustration im Verhältnis anderen Menschen gegenüber und das vollständige oder teilweise Fehlen persönlicher Verantwortung.

Wenn Kinder andererseits mit Hauptgewicht darauf erzogen werden, die Entwicklung ihrer angeborenen persönlichen Verantwortung zu stützen, gelingt das ebenfalls, aber sie werden außerdem im gleichen Prozeß einen hohen Grad an sozialer Verantwortung entwickeln.

Dies nun ist die komplette Unterminierung eines der dominierendsten Mythen in öffentlicher und privater Erziehung, die immer unterstrichen hat, die «egozentrische Natur» der Kinder müsse mit Rücksicht auf die Gemeinschaft niedergehalten werden. Sie hatte auch dazu beigetragen, die Erwachsenen in der Idee zu bekräftigen, man müsse notwendigerweise seine eigene Integrität hintanstellen, um für die Gemeinschaft von Wert zu sein.

Jetzt, wo wir das erkannt haben, ist es ganz logisch:

Wenn ein Kind zwischen Erwachsenen aufwächst, die für seine persönliche Integrität sorgen, die eingreifen, sobald ihnen auffällt, daß das Kind überkooperiert, und dadurch daran mitwirken, die Entwicklung des gesunden Selbstgefühls und eines hohen Grades an Eigenverantwortlichkeit zu sichern, so ist, auf dem Hintergrund alles dessen, was wir von dem Drang der Kinder zu Zusammenarbeit wissen, nichts Mystisches darin, daß dieses Kind als Zugabe sich zu einem sensitiven, rücksichtsvollen und sozialen Erwachsenen entwickeln wird.

Heutzutage sind vielleicht zwei oder drei von hundert Erwachsenen in der Lage, die meiste Zeit die Verantwortung für ihr eigenes Leben und ihre Integrität zu übernehmen. Ein überwältigender Teil der Konflikte zwischen Kindern und Erwachsenen und der Erwachsenen untereinander verläuft destruktiv, gerade weil die Partner die Verantwortung für sich selbst nicht übernehmen können (oder nicht wollen) und statt dessen die Energie (miß)brauchen, um anderen die Schuld zu geben.

Vermutlich nicht ganz zufällig gehören anscheinend tödliche oder lebensbedrohliche Erkrankungen zu den machtvollsten Inspiratoren, die uns dazu bringen können, alle gute Erziehung in den Wind zu schreiben und buchstäblich von einer Sekunde zur anderen die grundlegenden Prioritäten unseres Daseins vom Fremdbestimmten hin zum Selbstbestimmten zu ändern. Das relative soziale Wohlergehen im industrialisierten Teil der Welt hat anscheinend eine gewisse Nonchalance im Verhältnis zur existentiellen Dimension des Daseins mit sich gebracht, die erst die Aussicht auf den Tod wieder in den Fokus zu rücken vermag.

Gerade in unserer Zeit sind viele Menschen darüber in Sorge, was sie als einen um sich greifenden Individualismus erleben, und ich weiß, viele Eltern teilen diese Sorge, auch wenn sie auf der anderen Seite ihren Kindern gern bessere Möglichkeiten bieten wollen, als sie selber hatten und gern eine Dimension in der Entwicklung der Kinder unterstützen wollen, mit der sie selber erst durch einschneidende persönliche Konsequenzen in Kontakt gekommen sind.

Wenn man große Teile des politischen Lebens betrachtet, die internationale Valutaspekulation, die schnell wechselnden Trends der Metropolen, den Neonazismus und die dominierenden Medienbilder, ist es nicht schwer, die Sorge zu verstehen. Das gleiche könnte im Hinblick auf die vielen Scheidungen, die bewaffneten Schulkinder, Vergewaltigungs- und Selbstmordstatistiken gesagt werden.

Es ist sehr verständlich, daß viele Menschen sich fragen, ob es nun für die Kinder «mit all diesen Freiheiten» so gut ist und daß die Wirklichkeit um der Diskussion willen auf die zwei Pole Fundamentalismus und moralische Anarchie reduziert wird.

Anders formuliert: Die Betonung der persönlichen, existentiellen Verantwortung als etwas fundamental Gesundes hat in der Interaktion der Menschen nichts mit den gerade beschriebenen Phänomenen zu tun. Manche von ihnen – zum Beispiel die Anzahl der Scheidungen – können höchstens als Übergangsphänomen charakterisiert werden – vielleicht als eine Art kollektive Wachstumsschmerzen?

Wenn wir uns einen Augenblick lang zurückerinnern an die Entwicklung der Wertgrundlagen in den Familien und besonders an die Werte denken, die in der Kindererziehung vor einem Menschenalter dominierten, werden wir dies als ein äußeres Ideal erkennen.

«Jetzt denk dran, dich zu benehmen, damit andere Menschen sehen können, daß du eine gute Kinderstube hast!»

Mit diesem Bescheid wurden meine Kameraden und ich in die Welt hinaus entlassen, als wir Kinder und Jugendliche waren. Es galt nichts, man selbst zu sein oder sich selbst zu kennen, jedoch sich ordentlich «aufzuführen», wie Schauspieler einen Monolog aufführen, das bedeutete alles. Und wie Schauspieler hatten wir unter kundiger Instruktion die richtigen Dialoge auswendig gelernt. Wer wir selber waren und wie es uns mit uns ging, war ganz einfach nicht wichtig. Wenn man ein Weihnachtsgeschenk bekam, sagte man «artig danke», und wenn man enttäuscht war oder traurig, hatte man das zu verbergen. Erst wenn Kinder gelernt hatten, «sich selbst» zu verbergen und daraufhin den Kontakt zu sich selbst verloren hatten, konnten die Eltern in dem Bewußtsein, eine gelungene Erziehung vollbracht zu haben, lockerlassen.

Diese Wertgrundlage in der Kindererziehung begann sich in den fünfziger Jahren zu verändern. Man lernte langsam, Kinder als Menschen gleicher Würde mit einem Recht auf persönliches Wachsen und Sich-Entfalten anzuerkennen.

Das heißt, der Status der Kinder hat im Lauf von gut hundert Jahren eine radikale Veränderung durchlaufen. Erst gab es eine soziale Notwendigkeit – als Mitarbeiter in der Familie und später als Versorger der Eltern. Danach wurde ihr Status unter anderem zur sozialen Manifestation der elterlichen Moral, ihrer Ambitionen und ihres sozialen Status, und jetzt sollen wir uns plötzlich daran gewöhnen, daß die Existenz unserer Kinder nicht nur von unserer getrennt ist, sondern daß sie auch Wert an sich haben – daß Kinder einzigartige und wertvolle Existenzen sind, einfach weil sie existieren!

Die Wertgrundlage hat sich von bestimmten äußeren, sozialen Werten hin zu bestimmten inneren, existentiellen Werten verschoben. Ein Teil der Versuche, die Kinder und Erwachsene beim Umsetzen dieser neuen Wertgrundlagen im täglichen Zusammensein machen, muß notwendigerweise unglücklich ausfallen. Vor dreißig Jahren konnte ein Vater mit öffentlichem Segen verleugnen, wenn sein Sohn es ablehnte, in seine Fußstapfen zu treten. Heute gibt es Eltern, die so sehr darauf aufpassen, ja nicht das Recht ihrer Kinder auf Entfaltung zu verletzen, daß die Kinder nahezu in einem elternlosen Leerraum aufwachsen. Gleichermaßen verwechseln einige Menschen – aus unterschiedlichen Gründen in unterschiedlichen Kulturen – die Entwicklung ihres Selbst mit der Aufblähung ihres Egos.

Ich glaube also nicht, daß unsere gewachsene Einsicht in die Faktoren, die die gesündesten Möglichkeiten der Entwicklung für Menschen schaffen, zu den Ursachen der sozialpolitischen Entwicklung gehört, die in jüngster Zeit das Verhältnis der Menschen untereinander polarisiert. Tatsächlich ist es schwer, sich vorzustellen, wie ein Verhältnis zwischen Kindern und Erwachsenen, das mehr auf der Ebene gleicher Würde fußt, diesen Problemtypus hervorbringen soll. Unverantwortlichkeit und Selbstbezogenheit scheinen eher Charakteristika des multilateralen politischen Kampfes um die Macht zu sein.

Aller Anfang ist schwer

Mehr denn je müssen Eltern, die ihren Kindern gern einen gedeihlicheren Start ins Leben ermöglichen wollen, in unterschiedlichem Grade experimentieren. Die persönlichen Erfahrungen und kulturellen Voraussetzungen variieren sehr von Land zu Land, zwischen Land und Stadt und zwischen Nord und Süd. Massenkommunikation via Satelliten-TV und Filme verbreiten neues Wissen und neue Ideen schnell und effektiv, aber die Erde, auf der sie gedeihen sollen, ist von sehr unterschiedlicher Beschaffenheit.

Im früheren Ostblock, wo sich die Bevölkerung extrem totalitären Regimes hatte unterwerfen müssen, hat die Vorstellung von einer individuellen persönlichen Verantwortung nahezu aufgehört zu existieren. Dort hat man sich in mehr als einem halben Jahrhundert daran gewöhnt, daß das Individuum bedeutungslos und daß die persönliche Initiative ein politisches Verbrechen gegen den Staat ist. Selbst die Vorstellung, als Mensch Verantwortung für die Qualität des eigenen Lebens übernehmen zu können, kommt den meisten sehr abstrakt vor. Diese Erfahrungen von einem Leben in einem totalitären Staat sind gut vergleichbar denen, die Kinder und Jugendliche in dänischen Familien vor nicht mehr als ein oder zwei Generationen machen konnten: «Es nützt ja nichts, etwas zu sagen» – «Was hätte ich tun sollen? Man konnte ja nichts machen!» – «Wer hätte ein Kind ernst genommen?»

Am anderen Ende der Skala finden wir die Vereinigten Staaten, wo die individuelle Initiative schon immer als Ausgangspunkt und treibende Kraft galt. Die Tendenzen in amerikanischen Familien (wenn man überhaupt von einer Tendenz in einer so multikulturellen Gesellschaft sprechen kann) sind ausgesprochen gegensätzlich. Auf der einen Seite wird um den Erhalt einiger veralteter Familienwerte und

Symbole gekämpft, auf der anderen Seite steht ein Lebensstil, in dem Individualität zu Einsamkeit geworden ist und verpflichtende gefühlsmäßige Beziehungen als Einschränkung der individuellen Freiheit betrachtet werden.

Mitten dazwischen finden wir in Europa große Unterschiede zwischen Nord und Süd. In Nordeuropa ist die patriarchalische Familienstruktur schon seit langem einer Umwandlung unterworfen, und die gleiche Entwicklung vollzieht sich nun in Südeuropa, auch wenn besonders die katholische Kirche um den Erhalt der maskulinen Oberherrschaft kämpft und um die Pflicht von Kindern und Frauen, zu gehorchen. Vom familientherapeutischen Standpunkt aus gesehen ist die patriarchalische Familienstruktur im Süden oft nur eine soziale und ökonomische Realität. Psychologisch und existentiell erweisen sich die durch Männer dominierten Familien als oft verhüllte Matriarchate.

Dieses Kaleidoskop von wechselnden Werten und periodischer Abwesenheit von Werten stellt moderne Eltern vor eine lange Reihe schwerer (und eben sehr persönlicher) Auswahlmöglichkeiten, die für ihre eigenen Großeltern noch nicht einmal eine theoretische Möglichkeit gewesen sind. Wie soll man alle die vielen kleinen täglichen Entscheidungen treffen, wenn das, was «man macht», so vieldeutig geworden ist? Soll man sich neuen Autoritäten anschließen oder sich auf die eigene Intuition und Erfahrung verlassen? Soll man auf die humanistischen Werte setzen, die der Welt so deutlich fehlen, oder soll man versuchen, so reich wie möglich zu werden?

Selbst wenn die Wahl schwer ist und für viele Eltern so schwer, daß sie es nur schaffen, mit dem nächstbesten Strom mitzuschwimmen, ist es im Prinzip doch ganz einfach: Wollen wir unsere Kinder so erziehen, daß sie eine solide innere Autorität als Ausgangspunkt aufbauen, von dem aus sie ihre eigene soziale und existentielle Wahl treffen können, oder wollen wir ihnen beibringen, ihr ganzes Vertrauen auf eine äußere Autorität politischen, religiösen oder philosophischen Charakters zu setzen? In Skandinavien sind wir überwiegend auf die erste Möglichkeit eingestellt und vertrauen darauf, daß unsere Kinder als Erwachsene sich selbst die politischen und geistigen Werte suchen werden, die auch eine wichtige Rolle für die individuelle und gesellschaftliche Gesundheit spielen. In anderen Teilen der Welt sieht die Mehrzahl der Menschen die Dinge anders an.

Elterliche Verantwortung und Macht

Beispiel:

Der dreijährige Jacob ist mit seinem Vater zum Einkaufen im Einkaufszentrum der Stadt. Er läuft mit dem Vater an der Hand herum, aber langweilt sich ein bißchen. Er läßt deshalb die Hand des Vaters los und beginnt, allein auf Entdeckungstour zu gehen. Der Vater läuft hinter ihm her, nimmt ihn wieder an der Hand und sagt: «Jacob, du sollst bei mir bleiben und meine Hand halten. Denk dran!»

Jacob protestiert und versucht, seine Hand aus der des Vaters zu winden, aber der hält fest und geht mit Jacob an der Hand weiter.

Jacobs Vater hat seine Macht gebraucht und seine elterliche Verantwortung übernommen, und die meisten Eltern werden finden, er habe das Richtige getan.

Auf dem Weg aus dem Einkaufszentrum hinaus kommen sie am Kiosk vorbei, und Jacob fragt: «Papa, kann ich ein Eis haben?» Der Vater sagt: «Nein, Jacob. Heute bekommst du keines.» – «Aber Papa! Ich will *so* gern ein Eis! Warum krieg ich keins?» – «Weil ich es sage, Jacob... und weil ich es bin, der entscheidet!» Jacob versucht es wieder, mit dem gleichen Ergebnis, gibt dann auf und läßt, als sie zum Parkplatz gehen, ein bißchen den Kopf hängen.

Jacobs Vater hat seine Macht benutzt, und die meisten Eltern werden das so in Ordnung finden.

Als sie von ihrer Einkaufsrunde nach Hause kommen, sagt der Vater: «So, Jacob, jetzt gehst du rein und machst deinen Mittagsschlaf!»

Jacob protestiert – er will lieber spielen –, aber der Vater insistiert und erklärt Jacob, er werde später am Tag zu müde sein, wenn er jetzt nicht schlafe. Jacob wird ins Bett gepackt, und nachdem er sich eine Viertelstunde hin und her gewälzt hat, schläft er schließlich ein.

Jacobs Vater hat seine Macht benutzt und seine elterliche Verantwortung übernommen, und die allermeisten Eltern werden finden, daß er das Richtige getan hat.

Ich bin mit der Mehrzahl bei den beiden ersten Episoden einer Meinung, aber nicht bei der letzten. Die erste dreht sich darum, daß Jacob, objektiv gesehen, älter und erfahrener sein muß, ehe er sich in einem großen Einkaufszentrum mit Hunderten von Menschen zurechtfinden kann und anschließend auch den Weg zu einem Treffpunkt zu einem abgesprochenen Zeitpunkt finden kann. Es geht nicht um Jacobs biologische oder intellektuelle Grenzen. Wenn er in Rio de Janeiro auf der Straße leben würde, wäre es für ihn eine Kleinigkeit, sich allein zurechtzufinden. Es geht um unsere Werte, die besagen, ein Dreijähriger darf nicht so lange sich selbst überlassen sein, und es liegt in der Verantwortung der Eltern, dies nicht geschehen zu lassen.

Um dieser Verantwortung gerecht zu werden, muß Jacobs Vater ein Minimum an physischer Macht anwenden. Auch seine mündliche Aussage an Jacob ist in Ordnung. Das kränkt ihn nicht.

In der zweiten Episode übt der Vater seine ökonomische Macht aus, wiederum ohne Jacob verbal zu kränken.

Die dritte Episode ist komplexer. Wo es in der ersten darum ging, daß Jacob in der äußeren Welt eine Führung braucht, dreht es sich hier um ein sehr persönliches, biologisches Bedürfnis, von dem sein Vater nur die Ansicht eines Außenstehenden haben kann (wenn er nicht ganz unglaubwürdig ist und Jacob nur aus dem Weg haben will, um selbst Ruhe zu bekommen). Selbst wenn seine Ansicht zufällig an diesem Sonnabend nachmittag die richtige ist, erreicht er so nur eines: daß Jacob eine Stunde schläft. Ein sehr kurzlebiges Ergebnis.

Aber vielleicht faßt Jacobs Vater seine elterliche Verantwortung so auf, er müsse seinem Sohn erzählen, welche Bedürfnisse er habe, und dafür sorgen, daß diese erfüllt werden, damit Jacob auf diese Weise lernt, was für ihn das Beste ist. In dem Fall würde seine Verantwortlichkeit auch noch eine Reihe anderer Bedürfnisse von Jacob umfassen, auf die ich später zurückkommen werde. Aber lassen Sie uns anschauen, welche Konsequenzen es hat, daß der Vater die Verantwortung für den Schlafbedarf seines Sohnes übernimmt.

Als erstes wird Jacobs Schlafbedarf von außen gesteuert. Das kann für die Eltern recht angenehm sein, solange er klein ist. Aber ungefähr zu Beginn der Pubertät werden sie zwangsläufig von ihm irritiert sein und ihm sagen, er sei wahrhaftig bald alt genug, um das selbst herauszufinden. Jacob wird wütend und verwirrt reagieren: Nun hat er dreizehn Jahre gebraucht, um schlafen zu lernen, wenn seine Eltern fanden, er brauche es, das heißt, er hat sich angestrengt, zu kooperieren und «richtig» zu werden. Jetzt, wo es endlich klappt, erzählen sie ihm, er sei «falsch».

Zweitens werden die Eltern in zunehmendem Maße Konflikte mit ihrem Sohn erleben, wenn er allmählich größer wird. Im glücklichsten Fall wird er «nerven», um die Erlaubnis zu bekommen, spät auf sein zu dürfen, und die Eltern werden entweder insistieren oder nachgeben, wie es gerade kommt, oder auch feste Regeln aufstellen: «Da gibt es nichts zu diskutieren!» In vielen Familien wird es schlimmer. Es entwickelt sich um die Bettgehzeit ein täglicher Kampf – ein Kampf, der nicht weniger energieraubend wird, wenn Jacob eine kleine Schwester bekommt, die darauf besteht, zur gleichen Zeit wie er ins Bett zu gehen.

Die Konflikte sind nicht nur für beide Parteien anstrengend. Sie vermitteln Jacob, er sei für seine Eltern eine Last, wenn er versucht, sich selbst treu zu sein. Gleichzeitig lehren sie Jacob damit ein Prinzip, das sich für ihn in jeder späteren Liebesbeziehung destruktiv auswirken wird: *Um geliebt zu werden, muß man sich selbst aufgeben, muß man selbst-los sein!*

Bei manchen Kindern führt dieses Prinzip dazu, daß sie trotzig werden, und wenn sich das zu einem Wesenszug entwickelt, endet das damit, daß sie von den Forderungen der anderen abrücken, aber auch von ihren eigenen Bedürfnissen. Überleben heißt dann, auf keinen Fall das tun, was andere finden, daß man tun soll. Trotz ist kein angeborenes Verhaltensmuster, sondern eine Überlebensstrategie, die Kinder nur entwickeln, wenn ihr Selbstgefühl in der Familie in Gefahr ist.

Was ist die Alternative? Was kann Jacobs Vater tun, wenn er wirklich glaubt, Jacob brauche einen Mittagsschlaf?

Er kann ganz einfach zu Jacob sagen: «Hör mal, Jacob. Ich glaube, du brauchst eine Stunde Schlaf. Was glaubst du?» Jacob wird wahrscheinlich im Sinne einer der folgenden Möglichkeiten antworten:

○ «Ja, aber noch nicht gleich. Ich will erst spielen.»
○ «Ich bin heute nicht müde.»
○ «Nein! Ich will mit meinen Autos spielen!»

Wozu der Vater sagen kann:

- «In Ordnung, dann spiel du, bis du müde wirst.»
- «*Ich* glaube ja, du *bist* müde. Aber du sollst selbstverständlich nur schlafen, wenn du selbst findest, daß du müde bist.»
- «Ja, ich sehe ja, du hast die Autos schon hingestellt zum Spielen. Ich weiß, was ich im Augenblick brauche – ich muß jetzt eine halbe Stunde still im Sessel sitzen und meine Zeitung lesen.»

Was aber nun, wenn Jacob später am Nachmittag quengelig und anstrengend wird? Dann könnte sein Vater folgenden Vorstoß unternehmen: «Es macht langsam keinen Spaß mehr mit dir, wenn du *so* bist, Jacob. Vielleicht hättest du doch schlafen sollen.» Für eine kurze Periode müssen die Eltern es aushalten, ein anstrengendes Kind um sich zu haben. Diese Anstrengung ist wesentlich geringer und weniger destruktiv für beide Parteien, als die Anstrengung durch ewige Konflikte. Wenn sie so angefangen haben, als Jacob ein Baby war, werden sie schon, wenn er anderthalb bis zwei Jahre alt ist, das Privileg erleben, daß Jacob ganz aus eigener Initiative mitteilt, er wolle jetzt schlafen. An den meisten Tagen wird sein Schlafbedarf erfüllt sein, an anderen Tagen wird er zuwenig schlafen, genau wie seine Eltern.

Aber noch wichtiger: Er wird dabei sein Selbstgefühl und seine Eigenverantwortlichkeit entwickeln, und als Erwachsener wird er mit einer wertvollen Erfahrung eine Familie gründen können: *Die persönlichen Bedürfnisse anderer Menschen sind nichts, um mich zu belästigen, und ich bin nicht verkehrt, wenn meine Bedürfnisse anders sind, als die anderen sie sich vorstellen. Es ist deshalb in Ordnung, seine Bedürfnisse zum Ausdruck zu bringen, und es ist in Ordnung, ab und an nicht recht zu haben.*

Das ist wahrlich nicht wenig, was man damit seinen Kindern fürs Leben mitgibt!

Der oben skizzierte Austausch zwischen Jacob und seinem Vater ist auch auf anderer Ebene mehr als nur eine akute Konfliktlösung. Er ist ein kleines praktisches Beispiel für einen gegenseitigen Lernprozeß, wo Jacobs Vater die Möglichkeit hat, seine eigenen Grenzen zu entdecken und zu setzen und damit persönliche Verantwortung zu praktizieren. Dieser Möglichkeit geht er verlustig, wenn er nur seine Macht ausübt, indem er entweder in der Situation entscheidet: «Du sollst am Nachmittag schlafen, weil du müde bist – und damit basta!», oder Regeln aufstellt: «Du weißt ganz genau, daß du jeden Tag Mittagsschlaf halten sollst!»

Wenn die Macht in Anspruch genommen wird, lernt Jacob nur, sich vor der Macht zu beugen oder sie zu bekämpfen. Und was noch wichtiger ist: Er erhält kein erwachsenes Rollenvorbild, wie man seine Bedürfnisse in einer Familie formuliert und verhandelt und für sich selber Verantwortung übernimmt, genausowenig wie er seine persönliche Sprache entwickeln lernt. Anstatt einander für das Leben wertvolle und entwickelnde Hilfe zu sein, müssen Jacob und sein Vater – genau wie bei Monopoly – zurück an den Start.

Die persönliche Verantwortung der Kinder

Aber was soll das heißen: Kinder sollen die Möglichkeit erhalten, die persönliche Verantwortung für sich selbst zu übernehmen, und welche Bereiche ihres Lebens umfaßt diese Verantwortung?

Die Lebensbereiche der Kinder, die von Anfang von ihrer persönlichen Verantwortung umfaßt werden, sind:

Verantwortung, Verantwortlichkeit und Macht

Die Sinne:

○ was gut schmeckt und was nicht gut schmeckt
○ was gut duftet, was schlecht riecht
○ was sich kalt anfühlt, was warm und so weiter

Die Gefühle:

○ Freude, Liebe, Freundschaft, Zorn, Frustration, Trauer, Schmerz, Lust und so weiter und in Beziehung zu wem oder was?

Die Bedürfnisse:

○ Hunger, Durst, Schlaf, Nähe, Distanz und so weiter

Und später:

○ Freizeitinteressen
○ Bildung
○ Kleidung und Aussehen
○ Religion

Aber was soll damit gesagt werden, daß Kinder die Möglichkeit erhalten sollen, für diese Bereiche ihrer physischen, emotionalen und intellektuellen Existenz die Verantwortung zu übernehmen? Heißt das, daß sie immer selbst entscheiden sollen? Daß sie immer ihren Willen haben sollen? Daß sie nur das zu machen brauchen, wozu sie Lust haben?

Diese Fragen tauchen natürlich auf, solange die meisten Erwachsenen immer noch aus Familien kommen, deren Kindererziehung auf den alten Werten basierte. Solange das der Fall ist, wird gleiche Würde unmittelbar als «Freiheit» im Gegensatz zu der «Unfreiheit» verstanden werden, die die Eltern in ihrem Aufwachsen selbst erlebt haben. Es ist deshalb naheliegend, die Eltern-Kind-Beziehung als Machtkampf zu sehen, eben als einen Kampf darüber, wer entscheidet und wer seinen Willen haben soll. Ob der Machtkampf ausschließlich unter den Bedingungen der Erwachsenen geführt wird oder in demokratischer Regie, ist insofern gleichgültig, als er stets ein Kampf um die Macht ist und es nicht unbedingt um Jacobs Lust zu spielen geht oder um das Bedürfnis seines Vaters, sich auszuruhen. Der Machtkampf zwischen Eltern und Kindern ist eine Sackgasse, in der keiner der Partner das bekommt, was er braucht.

Wenn man sich um seine eigene und um die Integrität des Kindes kümmern will, wenn man die Entwicklung ihres Selbstgefühls stützen und sichergehen will, daß sie ein hohes Maß an persönlicher und sozialer Verantwortung entwickeln werden (und die drei Begriffe *Integrität*, *Selbstgefühl* und *Verantwortlichkeit* hängen unauflöslich zusammen), muß ein neuer Begriff eingeführt werden: *ernst nehmen*, das heißt: sowohl sich selber als auch sein Kind ernst nehmen.

Selbst wenn dieser Begriff aus zwei ganz gewöhnlichen Wörtern besteht, so ist er dennoch nicht so einfach zu definieren wie zum Beispiel die Vorstellung vom «Akzeptieren» dessen, was jemand tut. Wenn Jacob mit Autos spielen will und sein Vater sagt ja, dann hat Jacobs Vater akzeptiert, daß er mit seinen Autos spielt. Das kann man dem vorhergehenden Satz ablesen, weil wir nur die Wörter brauchen, um zu erkennen, wer hier was akzeptiert hat. Wenn wir aber davon sprechen, einen Menschen ernst zu nehmen, reichen die Wörter allein nicht aus. Oft müssen wir den Ton hören, in dem da etwas gesagt wird, um entscheiden zu können, ob der andere nun auch ernst genommen worden ist oder ob ihm etwa nur nach dem Mund geredet wurde.

Einen anderen Menschen ernst nehmen umgreift verschiedene Qualitäten:

○ das Recht des anderen anzuerkennen, das Bedürfnis, die Lust, das Erleben, die Gefühle und den Ausdruck zu haben, den er oder sie jetzt hat;
○ das Bedürfnis des anderen aus seiner Sicht, so wie er ist und denkt, sehen zu können;
○ sich auf seinen Ausdruck zu konzentrieren mit dem Ziel, seine Wirklichkeit kennenzulernen, und nicht, um Beweise gegen ihn und seine Wünsche zu sammeln;
○ auf das, was von ihm kommt, mit Verständnis zu antworten und damit seine eigene Position ernst zu nehmen.

Beispiel:

Ort der Handlung: die Spielwarenabteilung in einem großen Kaufhaus. Viele Menschen bilden eine lange Schlange vor der Kasse – darunter zwei Mütter mit Kinderkarren.

Ein kleines Mädchen von etwa vier Jahren kommt zu der Mutter, die vorn in der Schlange steht (Mutter «A»), aber noch sechs andere Kunden zwischen sich und der Kassiererin hat.

Das Mädchen stellt sich neben die Mutter, zieht sie kräftig am Arm und sagt verzweifelt mit tränenerstickter Stimme: «Mama! Ich kann hier nicht länger bleiben! Warum gehen wir nicht nach Hause? Ich mag nicht mehr hier sein!»

Die Mutter windet sich los, nimmt sie mit festem Griff am Oberarm und sagt aggressiv: «Nun hör aber auf! Du bleibst hier, bis wir dran sind! Ist das klar!»

Kaum macht die Tochter Miene zu antworten, versucht die Mutter, sie hochzuheben und in die Karre zu setzen, aber das Mädchen läßt sich auf den Fußboden fallen, macht sich stocksteif und protestiert laut. Mit Mühe und unterdrückter Wut gelingt es der Mutter, das Mädchen aufzuheben, aber es hat sich so steif gemacht, daß sie es unmöglich in den Wagen hineinbekommt. Die Mutter ist verzweifelt und sagt leise und zischend: «Jetzt reicht es aber, du dummes Ding! Setz dich hin, sonst...»

Im selben Augenblick ändert sich das Weinen des Mädchens: aus frustriertem, von Tränen ersticktem Protest wird tiefes Schluchzen, und ihr Körper wird ganz schlapp, so daß die Mutter sie ohne weiteres hinsetzen kann. Das Mädchen weint weiter leise vor sich hin, während die Mutter zahlt und die Abteilung verläßt.

Fünf Minuten später kommt ein Mädchen von etwa vier Jahren zur Mutter hin, die weiter hinten in der Schlange steht (Mutter «B»), und sagt: «Mama, es ist hier gar nicht mehr schön... können wir nicht gleich nach Hause gehen?»

Die Mutter antwortet freundlich: «Du hast recht. Es ist wirklich schrecklich hier, so warm und all die vielen Menschen. Ich muß nur noch gleich bezahlen, und dann gehen wir endlich. Könntest du wohl inzwischen zusammen mit Trine die Socken wieder aufhängen?» (Sie deutet dabei auf einen Haufen Kindersöckchen, die von einem Ständer heruntergefallen sind, und auf die kleine Schwester.)

Das Mädchen und seine kleine Schwester hängen zusammen die Socken an ihren Platz. Als sie fertig sind, kommen sie zurück zur Mutter. Die Kleine setzt sich in die Karre, und die Große bittet um ihren Schnuller.

Der Unterschied zwischen den beiden Episoden kann einerseits auf übergeordneter Ebene beschrieben werden und andererseits detailliert. Auf übergeordneter Ebene gesehen, nimmt Mutter «B» ihre Tochter ernst, und das tut Mutter «A» nicht. Damit jedoch niemand sich versucht fühlt, dies als eine neue «Methode» zu betrachten, will ich im folgenden die zwei Episoden im Verhältnis zu den Begriffen, die ich bis jetzt vorgestellt habe, detailliert durchgehen.

Mutter «A»:

Das Mädchen wendet sich an seine Mutter mit einer Sprache und in einem Ton, die verraten, daß sie nicht gewohnt ist, ernst genommen zu werden. Sie ist defensiv und klagend, wodurch sie bei oberflächlicher Betrachtung egozentrisch und irritierend klingen könnte, während sie in Wirklichkeit nur kundtut, daß sie schon als Vierjährige gelernt hat, ihre Wünsche und Bedürfnisse seien unwesentlich und/oder störend für ihre Mutter. Sie kämpft noch darum, sich wertvoll zu fühlen, verliert aber öfter als sie gewinnt. Die Antwort der Mutter bekräftigt noch ein weiteres Mal dieses Verlieren. Sie ist ebenfalls nicht gewohnt, ernst genommen zu werden und nicht imstande, das Bedürfnis ihrer Tochter anders als störend für sich selbst zu sehen. Das Ergebnis ist ein Machtkampf, wobei die Integrität des Mädchens in physischer und psychischer Hinsicht verletzt wird. Ein Machtkampf, den die Mutter ganz gewiß gewinnen wird, den aber beide verlieren werden insoweit, als keine von beiden bekommt, was sie gern haben will. Das Mädchen verliert noch ein bißchen mehr an Selbstgefühl und ein Stück seines Vertrauens in andere Menschen; die Mutter bemerkt wieder einmal ihr geringes Selbstgefühl und verliert noch ein bißchen Zutrauen zu sich selbst als Mutter, und ihr gegenseitiges Verhältnis wird noch ein wenig schlechter.

Nur die Zukunft wird weisen, ob das Mädchen dermaßen gebrochen sein wird, daß sie in einigen Jahren süß und folgsam sein wird, oder ob sie beginnen wird, ihre Mutter mit der gleichen verzweifelten Brutalität zu kränken. Wenn diese Episode vor dreißig bis vierzig Jahren stattgefunden hätte, wäre sie gezwungen gewesen, sich anzupassen. Erst als Erwachsene würde sich das Destruktive aus der Zeit ihres Heranwachsens in ihrem Verhalten und psychischen Befinden zeigen. Heute wird sie mit großer Sicherheit spätestens mit der Pubertät anfangen, sich gewaltsam selbstzerstörerisch zu benehmen.

Mutter «B»:

Die Art, wie ihre Tochter die Bitte vorträgt, verrät, daß sie aus einer Familie kommt, wo es gestattet ist, seine Wünsche und Bedürfnisse auszudrücken und wo sie damit rechnen kann, ernst genommen zu werden. Die Antwort der Mutter bekräftigt das. Sie weiß, Kinder kooperieren am liebsten und fühlen sich gern wichtig und gebraucht. Sie löst deshalb das Dilemma, indem sie das Mädchen darum bittet, in der Wartezeit etwas Nützliches zu tun. Die Tochter bekommt nicht, was sie am liebsten will, aber ihr wird bestätigt, daß sie in Ordnung ist – auch wenn ihr Bedürfnis für die Mutter ungelegen kommt –, und ihr Vertrauen in andere Menschen wächst wieder ein wenig. Am Ende setzt sie dem Werk die Krone auf, indem sie in der notwendigen Wartezeit selbst Verantwortung für ihr Wohlbefinden übernimmt.

Die Frage, ob Mutter «B» eine bessere Mutter ist als Mutter «A», ist meiner Meinung nach uninteressant. Beide Mütter tun in der Situation das Beste, was sie gelernt haben, und es ist sinnlos, ihnen Noten zu geben. Das Wesentliche an dieser Geschichte ist: Das Verhältnis zwischen Mutter «A» und ihrer Tochter ist für beide schmerzhaft, aber es gibt doch einen Ausweg aus diesem Schmerz, den man lernen kann.

Keines der beiden Kinder in dem oben angeführten Beispiel bekam, was es haben wollte. Keines durfte tun, «was es wollte» oder bekam seinen «Willen», sondern das eine Kind wurde ernst genommen und das andere nicht. Mutter «B» nahm sowohl das Bedürfnis der Tochter wie ihr eigenes ernst, erkannte sie als gleichwertig an und übernahm die übergeordnete elterliche Verantwortung dafür, den Konflikt so zu lösen, daß niemand gekränkt wurde.

Das, worin sich Mutter «B» von früheren Eltern unterscheidet, ist, daß sie sowohl persönliche wie soziale Verantwortlichkeit *ausübt*, statt ihre Tochter darüber zu *belehren*. Sie wird zum Modell, mit dem die Tochter kooperieren kann, statt zu einer Autorität, die in etwas unterweist, das sie selbst nicht praktiziert.

Vor ein paar Generationen würde die Belehrung etwa so gelautet haben:

○ «Nein, mein Mädchen. Jetzt sei mal still! Wenn man in einen Laden geht, muß man artig warten, bis man an der Reihe ist.» (Soziale Belehrung, wie man sich benimmt.)

In der demokratischen Familie etwa so:

○ «Nein, das geht nicht. Ich verstehe ja, wenn du müde bist, aber du kannst doch sehen, wie viele Leute hier noch vor mir in der Schlange warten. Hast du die hübschen Kleidchen gesehen, die da hinten hängen?» (Verständnis, die sachliche Erklärung und das pädagogische Ablenkungsmanöver.)

Keiner der beiden hier zitierten Eltern sagt etwas Falsches oder kränkt die Kinder direkt. Indirekt bekommen beide Kinder jedoch die Botschaft, die besagt, ihre Gefühle und Bedürfnisse seien untergeordnet und ohne große Bedeutung für ihre Eltern. Im ersten Fall werden sie ignoriert, im zweiten wird Unterhaltung als Kompensation angeboten. In beiden Fällen werden die Kinder dazu angehalten, die Realität der Eltern ernst zu nehmen, ohne daß die Eltern die Realität ihrer Kinder ernst nähmen.

Wenn wir einen Augenblick zu der Art und Weise zurückkehren, wie Mutter «B» ihre Tochter ernst nimmt, haben wir eine Situation, die keine Entweder-oder-Situation ist (das heißt: entweder richte ich mich nach dir, oder du richtest dich nach mir). Hier lernt das Mädchen, ohne belehrt zu werden, daß sie ernst genommen wird und daß man warten muß, wenn man in der Schlange steht. «Erziehung» ist in den oben angeführten Beispielen ganz einfach überflüssig.

Diese Erfahrung, ernst genommen zu werden, ist, wie gesagt, keine konkrete Erfahrung, sondern ein «musikalisches» Erlebnis, und deshalb fällt es Kindern schwer, sich zu erklären, was in ihrer Familie fehlt.

Wenn wortgewandte Kinder mit flexiblen Eltern das zu erklären versuchen, werden sie es oft so formulieren:

○ «Mein Vater und meine Mutter entscheiden alles.»
○ «Ich darf nie etwas selbst entscheiden.»

Beide Aussagen sind oft objektiv falsch, aber wenige Kinder können ihr Erlebnis der «Musik» (also des Prozesses) in ihrer Familie formulieren. Sie können besser das Ergebnis in Worte fassen.

Kinder aus weniger flexiblen Familien, die sich weniger gut ausdrücken können, sind auf symptomatisches Benehmen angewiesen: Sie werden rechthaberisch, ewig quälend und fordernd, pingelig oder machthungrig und dominant. Sie machen es der Umgebung damit noch schwerer, ihr Dilemma zu verstehen, weil ihr Verhalten und ihre Sprache in ausgeprägtem Maß von konkreten Sachen handeln.

Eine persönliche Sprache

Um die Verantwortung für uns selbst in Beziehung zu anderen Menschen übernehmen zu können oder den Kontakt mit ihnen abzuschneiden oder zu komplizieren, brauchen wir eine persönliche Sprache. Eine Sprache, die unsere Gefühle,

Reaktionen und Bedürfnisse ausdrücken und Grenzen formulieren kann. Die persönliche Sprache ist die erste Sprache, die Kinder zu sprechen beginnen, unabhängig davon, ob ihre Eltern eine persönliche Sprache haben; aber Eltern und andere Erwachsene sind notwendig, damit sich die persönliche Sprache des Kindes entwickeln kann.

Der Grundstock der persönlichen Sprache ist folgender:

○ Ich will; ich will nicht.
○ Ich mag, ich mag nicht.
○ Ich will haben; ich will nicht haben.

In der alten autokratischen Familie war die persönliche Sprache verboten, und die Eltern unternahmen große Anstrengungen, die Kinder statt dessen zu lehren, «anständig zu sprechen».

Außer Fremdsprachen gibt es etliche, sehr unterschiedliche Sprachen, die wir sprechen lernen können während unseres Heranwachsens, unserer Schulzeit und Ausbildung, zum Beispiel:

○ Die soziale Sprache, die sich sehr gut eignet für den allgemeinen sozialen Umgang, wo es wichtig ist, höflich zu sein, nicht zu direkt, und dabei möglichst viel Freiraum läßt für persönliches Engagement.
○ Die akademische Sprache, die geeignet ist, fachliche und wissenschaftliche Problemstellungen zu beschreiben und zu analysieren.
○ Die literarische Sprache, die für die Schriftstellerei wichtig ist.

Gemeinsam ist diesen Sprachen, daß keine von ihnen ausreicht, wenn es darum geht, persönliche und zwischenmenschliche Konflikte auszudrücken, zu bearbeiten oder zu lösen. In der sozialen Sprache können wir über sie «plaudern» oder «klatschen», was eine gewisse Erleichterung mit sich bringen kann, aber niemals eine Lösung. Die Psychologie kann mit ihrer akademischen Fachsprache unsere Konflikte und Probleme analysieren und beschreiben, aber nicht lösen. Einige Autoren können sich nach eigener Aussage «die Probleme von der Seele schreiben». Aber nicht Wörter und Sätze, die in ihren Büchern stehen, haben sie befreit. Das ist lediglich das literarische Dokument des Heilungsprozesses.

In den letzten fünfundzwanzig Jahren ist in Anknüpfung an die Psychologie und die Psychotherapien eine Art quasipersönliche Sprache entstanden, die dadurch charakterisiert ist, daß man «über seine Gefühle spricht». Man kann in gewissem Umfang mit Hilfe dieser Sprache sich selbst für andere beschreiben, aber es fehlt doch die befreiende und kontaktvertiefende Kraft der persönlichen Sprache. Die Aussage wird nur äußerst selten dadurch persönlich, daß man einen Satz zum Beispiel mit «Ich fühle...» beginnt.

Ich werde später auf die Bedeutung der persönlichen Sprache für Konflikte zwischen Erwachsenen und für das, was wir Kindern «Grenzen setzen» nennen, zurückkommen. Die persönliche Sprache der Kinder ist zu Anfang unmittelbarer und «roher» als die der Erwachsenen. Sie gibt ein exaktes Bild des augenblicklichen Seins der Kinder, ohne die Umgebung miteinzubeziehen. Die kommt erst dann hinzu, wenn die Kinder im Laufe einiger Jahre von den Eltern ausreichend viele persönliche Rückmeldungen bekommen haben und genügend oft erlebt haben, daß ihre persönlichen Aussagen ernst genommen worden sind.

Die kürzeste mögliche persönliche Aussage lautet folgendermaßen:

Verantwortung, Verantwortlichkeit und Macht

- «Ich will jetzt nicht ins Bett.»
- «Ich will, daß du jetzt ins Bett gehst.»

Statt:

- «Nun sei lieb und tu, was Papa sagt!»
- «Jetzt reicht's aber! Du gehst ins Bett, wenn man es dir sagt. Basta!»

Oder:

- «Ich mag keine Zwiebeln.»
- «Ah! Zwiebeln mag ich gern! Ich finde, du mußt sie mal probieren!»

Statt:

- «So ein Unsinn! Du magst doch sonst Zwiebeln!»
- «Nun sei mal nicht so wählerisch, mein Kleines. Du ißt das, was auf dem Teller ist, genauso wie wir anderen.»

Wenn die persönliche Sprache die Möglichkeit hatte, sich in einer solchen Atmosphäre zu entwickeln, werden die Kinder nicht gekränkt, und sie lernen, eigene Grenzen zu setzen, ohne andere zu kränken.

- «Ich will nicht, daß du mit meinem Computer spielst!»

Im Gegensatz zu:

- «Warum mußt du immer so dummdreist sein, du Lausejunge!»

Der persönliche Ausdruck der Kinder hilft sowohl ihnen selbst wie auch ihrer Umgebung, herauszufinden, wer sie sind. Das klassische pädagogische Feedback der Eltern sagt den Kindern nur, wer sie sein sollen, und erhöht die Unwissenheit der Eltern, wer ihre Kinder sind.

Verantwortlich, aber nicht allein

Kinder sind von Geburt an in der Lage, ihren persönlichen Verantwortungsbereich und ihre Integrität zu erkennen zu geben.

○ Säuglinge, die nicht hungrig sind, drehen den Kopf weg von der Brust, oder sie «spucken».
○ Säuglinge, denen zu kalt oder zu warm ist oder die naß liegen, bringen das ihrer Umgebung zu Gehör.
○ Kleine Kinder können die Nähe von Menschen, zu denen sie sich hingezogen fühlen, suchen und die Menschen, von denen sie sich abgestoßen fühlen, zurückweisen.
○ Kleine Kinder können die Kleidung auswählen, die ihrer Stimmung entspricht, nicht aber immer der Witterung.

Die Liste der Kompetenzen von Kindern auf diesem Gebiet ist sehr lang, aber in diesem Zusammenhang muß ich ganz besonders auf zwei Dinge aufmerksam machen:

1. Kinder können mit Hilfe von Lauten, Bewegungen und Sprache ihre Grenzen kenntlich machen, aber sie können sie nicht gegen Manipulation durch größere Kinder oder Erwachsene verteidigen. Sie sind deshalb abhängig von der Fähigkeit und dem Willen der Umgebung, ihre Kompetenz und ihr Recht, persönliche Verantwortung auszuüben, anzuerkennen.

2. Kinder wissen – populär ausgedrückt –, wozu sie Lust haben, aber nicht immer, was sie brauchen. Die Art, wie sie Lust und Unlust zum Ausdruck bringen, ist so gesehen, als wenn sie etwas ausspielen, das zum Dialog mit ihrer Umgebung führt. Mit anderen Worten: Kinder können ihre Eigenverantwortlichkeit kenntlich machen, aber sie können das nur ausnahmsweise allein und dann sehr beschwerlich (siehe S. 194).

Beides zeigt, daß Kinder und Jugendliche Erwachsene als Sparringspartner brauchen, aber wohlgemerkt als Sparringspartner, die vertrauenswürdig sind – das heißt: sich selbst treu und offen, und das bedeutet: bereit, anzuerkennen, daß Menschen die Wirklichkeit unterschiedlich erleben.

○ «Vati, mir ist kalt!»
○ «So, du frierst? Ich fühle mich ganz wohl. Sag mir, wenn du mehr anhaben willst!»

Und nicht:
○ «Sei nicht albern. Es ist überhaupt nicht kalt. Schau mich an, ich habe auch nur ein T-Shirt an wie du.»

○ «Mama, also ich finde unsere neue Lehrerin nicht gut.»
○ «Aha... das wundert mich. Auf mich wirkt sie ganz nett... Was magst du nicht an ihr?»

Und nicht:
○ «Was hast du gegen sie? Ich nehme an, weil sie einfach streng ist und alles ordentlich haben will!»

○ «Mutter, du weißt doch, daß ich am Sonnabend zu der Party gehe. Ich habe mir überlegt, daß ich das Grüne anziehen will... Findest du, daß ich das tragen kann?»
○ «Du siehst gut aus in dem Grünen, aber ich mag das Weiße lieber.»

Und nicht:
○ «Nun mach doch nicht so ein Gewese um deine Anzieherei! Du hast so viele schöne Sachen, daß es ganz egal ist, was du anziehst.»

Was spricht gegen die Antworten der Erwachsenen, die ich als unzweckmäßig abgestempelt habe?
Sie disqualifizieren das Erleben der Kinder oder Jugendlichen, und sie sind darauf aus zu «erziehen». Sie sagen: «Du darfst nicht fühlen und erleben, wie du es tust. Du solltest lieber fühlen und erleben, wie ich es tue.»
Aber was ist mit dem erzieherischen Teil? Vielleicht kommt es der ersten Mutter tatsächlich sehr darauf an, daß ihr Sohn jetzt auch kompetente Lehrkräfte wertschätzen kann, wenn er ihnen begegnet, oder vielleicht findet sie, daß er seine Schularbeiten zu leicht nimmt? Ist das etwa nicht legitim? Etwa nicht wichtig? Vielleicht ist die zweite Mutter besorgt, daß ihre Tochter sich zu einer regelrechten Anziehpuppe entwickelt. Das ist doch auch wohl wichtig, oder?
Ja, wenn es für die Eltern wichtig ist, dann ist es per definitionem auch für die Gemeinschaft mit ihren Kindern wichtig. Das Problem liegt im Timing und in der angewendeten Form. Wenn Eltern wichtige Sachen mit ihren Kindern durchzusprechen haben, ist es entscheidend, daß sie selbst Zeit und Ort für genau dieses Gespräch wählen und sich genügend Zeit nehmen, damit alles gesagt werden kann, was sie auf dem Herzen haben und sich damit selbst ernst nehmen. Im gegenteiligen Fall macht das Gesagte weder Eindruck noch wird es ernst genommen. Es hat mit anderen Worten nicht den erzieherischen Effekt, den die Eltern sich wünschen.
Die hier zitierten Eltern wählen eine Form, die, wie gesagt, das Erleben der Kinder disqualifiziert, so daß sie sich verkehrt oder dumm fühlen. Dies führt dann dazu, daß das, was die Eltern gern erreichen wollen, verlorengeht. Alle pädago-

gischen Erfahrungen zeigen, daß nichts lernen kann, wer sich dumm oder verkehrt fühlt.

Beispiel:

Lily ist sechzehn, ihr Freund ist achtzehn Jahre alt. Sie kennen sich seit einigen Monaten, als Lily eines Tages von der Schule nach Hause kommt und sagt: «Mutter, Frank und ich haben darüber gesprochen, ob ich, wenn ihr einverstanden seid, am Wochenende drüben bei ihm schlafe?»

Wenn wir von den Kulturen absehen, wo nicht einmal diese Frage möglich wäre, was soll diese Mutter da antworten? Wir wissen, wozu ihre Tochter Lust hat, aber weiß sie auch, was sie braucht? Sie fragt nicht nur, weil sie Lust hat, mit ihrem Freund zusammenzusein. Das kann sie überall und immerzu tun, ohne die Erlaubnis ihrer Eltern einzuholen. Sie fragt aus zwei Gründen: weil sie Lust hat, mit ihrem Freund zu schlafen und gern will, daß ihre Eltern das wissen – und weil sie das Wissen darüber braucht, was ihre Mutter in dieser Hinsicht denkt und fühlt. Anders ausgedrückt: Sie will ihrer Mutter gern berichten, wer sie jetzt ist – und sie will gern wissen, wie ihre Mutter sich der gegenüber verhält, die sie jetzt ist.

Sie braucht jetzt also keine Erziehung – das heißt: sie will nicht belehrt werden über Sexualität, Verhütung, Aids oder kirchliche Moral. Sie braucht eine Rückmeldung, die genauso offen und persönlich ist, wie das, was sie «ausgespielt» hat. (Das Ziel ist, wohlgemerkt, die Entwicklung ihres Selbstgefühls und ihre persönliche Verantwortlichkeit zu stärken und den Kontakt zwischen Mutter und Tochter zu bewahren und zu vertiefen.)

○ «Puh! Ich weiß jetzt nicht so genau, was ich dir sagen soll. Am meisten hätte ich Lust, einfach NEIN NEIN NEIN zu sagen. Mir ist ja klar, daß du sechzehn Jahre alt bist, aber in meinem Herzen bist du doch nur zehn... Kannst du nicht noch fünfzehn bis zwanzig Jahre warten, nur um meinetwillen? Das meine ich selbstverständlich nicht so, aber wenn du mich jetzt fragst, so weiß ich ganz einfach nicht richtig, was ich antworten soll... Kann ich nicht noch ein bißchen darüber nachdenken und erst mit deinem Vater sprechen? Dann sage ich dir, wie ich das finde.»

In dieser Version hat Lily keine direkte Antwort auf ihre Frage erhalten, aber sie hat etwas viel Besseres bekommen: eine offene und ehrliche und sehr persönliche Reaktion von ihrer Mutter. Und das ist es, was sie in erster Linie braucht. Auf diese Weise ist der Kontakt etabliert, und wenn sich zeigen sollte, daß sie Aufklärung und Anleitung braucht oder in einem moralischen Dilemma steckt, so ist die Tür zwischen ihnen offen.

○ «Das kann ich dir gleich sagen, Lily: Ich meine, tu's nicht! Ich habe ja gesehen, wie gern du Frank hast, hatte also ein bißchen Zeit, mich auf so etwas vorzubereiten. Es ist nicht meine Sache zu bestimmen, mit wem du zusammen bist, aber ich muß dir sagen, daß in meinen Augen Frank nicht der Junge ist, mit dem ich dich am liebsten zusammen sehe. Ich sage das nicht, um dir etwas zu verbieten. Aber du hast mich nach meiner Meinung gefragt, und das ist meine Meinung.»

Diese Antwort hat die gleiche Qualität (minus Humor) wie die erste. Lily würde vermutlich vorgezogen haben, daß ihre Mutter sich über ihre Beziehung zu Frank freut, aber so ist die Realität offenbar nicht. Sowohl Lily als auch ihrer Mutter und ihrem gegenseitigen Verhältnis ist mit dieser Antwort weit mehr gedient als mit Ausflüchten, die eine Konfrontation vermeiden:

○ «Das weiß ich wirklich nicht, Lily. Du bist verliebt in Frank... du mußt es selber wissen... Wie denkst du denn darüber?» (Wie man Teenagern etwas erlaubt oder verbietet, wird in einem späteren Kapitel behandelt.)

Die persönliche Rückmeldung ist die einzige Form der Kommunikation, die sicherstellt, daß die persönliche Verantwortlichkeit der Kinder sich differenziert entwickelt und gleichzeitig der Kontakt und die Gemeinschaft gewahrt bleiben und sich weiterentwickeln. Alle anderen Arten des Feedbacks: sachliche, moralische und soziale Belehrung, Werturteile und Gleichgültigkeit, sind für alle drei Bereiche destruktiv. Sie führen entweder zu Fremdbestimmtheit und hindern so die Entwicklung von Selbstgefühl und persönlicher Verantwortung, oder sie führen zu Isolation («I do my own thing!») und dem Gefühl von Minderwertigkeit.

Ein Nebengewinn fällt bei persönlichen Rückmeldungen darüber hinaus ab: Sie erinnern Kinder und Jugendliche immer daran, daß es andere Menschen gibt, andere Haltungen und ein anderes Erleben der Wirklichkeit, und damit helfen sie ihnen, ihre soziale Verantwortlichkeit zu entwickeln.

Hat man sich entschieden, eher auf der Ebene gleicher Würde mit Kindern und Jugendlichen zusammenzuarbeiten, wird ihr Kenntlichmachen persönlicher Grenzen/persönlicher Verantwortung für viele Erwachsene eine tägliche Herausforderung sein, auf eigenen Beinen zu stehen und einen Spatenstich tiefer zu graben, als bei den automatischen Haltungen und Reaktionen. Dafür muß sich im Bewußtsein der Erwachsenen qualitativ etwas bewegen, weg von: «Man tut das nicht...», «Alle andere sagen das auch...», «In unserer Familie haben wir immer...» und ähnlichem – hin zu einer authentischeren Art des Zusammenseins mit den Kindern und Jugendlichen der Familie.

Das bedeutet einen graduellen Abschied von dem, was ich den «automatischen Elternanrufbeantworter» nenne, der automatisch loslegt und erziehende, richtungweisende und hilfreiche Kommentare sendet, sobald ein Kind in Hörweite kommt. Nun ist das mit diesen «automatischen Elternanrufbeantwortern» so: Die allermeisten Kinder hören bereits im Alter von drei Jahren auf, zuzuhören, was die in den Äther senden, und die allermeisten Erwachsenen erinnern sich auch nicht mehr, was sie ihn nur fünf Minuten vorher sagen ließen. Und das ist auch in Ordnung. Die Qualität dessen, was er sagt, ist, milde ausgedrückt, schwankend, und er bietet ein ungeordnetes Sammelsurium von Aussagen etlicher Generationen von Eltern plus einzelner Brocken, die wir zufällig aufgeschnappt haben.

Das beweist jedoch nicht seine Unschädlichkeit. Weit gefehlt! Selbst wenn das, was gesagt wird, Satz für Satz harmlos sein kann, so sendet er doch zwischen den Zeilen eine destruktive Botschaft. Und je öfter das Band läuft, desto deutlicher ist diese Botschaft: «Du würdest nicht wie ein anständiges / verantwortliches / wohlerzogenes / kooperationsbereites Kind funktionieren, wenn ich dich nicht die ganze Zeit daran erinnerte, was man tut!» Oder wie Eltern in meiner Jugend das auszudrücken pflegten: «Du kannst ja froh sein, daß du uns hast! Was würde sonst aus dir werden?»

Die Fähigkeit der Kinder, ihre Eigenverantwortlichkeit auszudrücken und zu praktizieren, wächst mit dem Alter. Das gleiche kann mit der der Erwachsenen geschehen, wenn sie offen sind für die Kompetenz des Kindes und offen sich selbst gegenüber.

Verantwortung, Verantwortlichkeit und Macht

Verantwortung oder Service

Vor noch gar nicht so langer Zeit wurde von Kindern in der Familie erwartet, eine Reihe von Servicefunktionen zu erledigen als eine Art von Dankeschön für die elterliche Liebe und Erziehung. «Sie tun zu Hause so, als wären sie in einem Pensionat», war eine typische elterliche Beschreibung für die Undankbaren, die sich nicht den praktischen Pflichten und Aufgaben, die die Eltern für sie als passend ansahen, unterziehen wollten.

Im Laufe der letzten zehn bis fünfzehn Jahre ist eine Gruppe von Eltern hinzugekommen, die das Ganze nahezu umgekehrt angehen, indem sie nämlich in großem Umfang ihren Kindern aufwarten. Das sieht lieb und fürsorglich aus, solange die Kinder klein sind und der Austausch harmonisch ist. Aber spätestens wenn die Kinder drei bis vier Jahre alt werden, gerät die Situation aus dem Lot. Die Frustration der Erwachsenen steigt in gleichem Maße wie die absurden und unvernünftigen Forderungen der Kinder. Schlimmstenfalls enden die Eltern in einem Zustand permanenter, frustrierter Erschöpfung, und die Kinder werden zu auffallend unsozialen und unleidlichen Geschöpfen.

Fachleute haben die Kinder dieser Familien mit unterschiedlichen «Diagnosen» zu beschreiben versucht: «Der neue Kindercharakter», «Die kleinen Tyrannen» und ähnliche Labels. Erst nach einigen Jahren richtete man die Aufmerksamkeit auf die Erwachsenen und fing an, sich dafür zu interessieren, was diese tun und warum, nachdem ihre Kinder in solchem Maße aus dem Gleichgewicht geraten waren.

Mir schien es immer spannend, mit diesen Eltern zusammenzuarbeiten, denn sie sind mir überall in Europa begegnet, und weil sie auf eine Art wie die Vorhut dessen wirken, was geschehen wird in der Entwicklung zwischen Eltern und Kindern.

Die Eltern sind sich häufig des Verhältnisses zu ihren Kindern sehr bewußt. Sie haben sich viele Gedanken um Kinder, um Erziehung und solche Dinge gemacht und sich ganz allgemein von der früheren Elterntyrannei losgesagt. Also typische sogenannte moderne Eltern, die deutlich Abstand halten wollen zu dem, wie sie selbst erzogen worden sind. Das Phönomen ist auch in Familien zu beobachten, wo sich die Eltern nicht so viele Gedanken machen, sondern eher unsicher und von dem Gefühl der Machtlosigkeit bestimmt wirken.

Letztlich ist das, was in diesen Familien schiefläuft, eine Frage der persönlichen Verantwortlichkeit. Die Eltern haben bei ihrem eigenen Heranwachsen erlebt, wie frustrierend und demütigend es war, daß die Erwachsenen alles entschieden – was sich im kindlichen Bewußtsein niederschlägt als Erinnerung, daß man nie habe tun können, wozu man Lust hatte.

Es kann zum Beispiel ums Essen gehen: Als Kind mußte man immer etwas zum Frühstück essen, was man nicht mochte; man wurde immer kritisiert, weil man zwischen den Mahlzeiten hungrig wurde; man mußte immer aufessen, auch wenn man satt war. Oder auch, weil man immer dafür kritisiert wurde, auf etwas Lust zu haben: «Man kann nicht alles bekommen, worauf man zeigt!» – «Haben, haben, haben – immer willst du nur was haben! Denkst du denn nie daran, daß es uns andere auch noch gibt?» – «Na hör mal, du hast eigentlich gerade erst Geburtstag gehabt, und bald ist Weihnachten. Du wirst ja wohl verstehen können, daß wir zwischendurch auch mal sparen müssen.» – «Es heißt nicht: ‹Ich will›, es heißt ‹Kann ich bitte›.»

Die Eltern kommen deshalb natürlich oft zu dem Schluß, es sei eine vernünftige Alternative, den Kindern das zu geben, wozu sie *Lust* haben, wenn es nur irgend möglich ist. Es ist naheliegend, Liebe und Fürsorge so zu verstehen, auch wenn das dann nicht so wirkt. Das ist, wie so vieles andere in der Geschichte der Kindererziehung, nur lieb gemeint.

Es handelt sich, wie gesagt, um die persönliche Verantwortung – sowohl der Kinder als auch der Eltern. Kinder wissen zwar, wozu sie Lust haben, aber oft nicht, was sie benötigen. Wenn die Lust der Kinder zur wichtigsten Richtschnur der Eltern wird, bekommen Kinder ganz einfach nicht, was sie benötigen. Sie werden vernachlässigt, und wenn der Austausch zwischen Eltern und Kindern auf einem Service basiert, der die Kinder mit dem versorgt, was sie wollen, was die Eltern sie als Liebe und Fürsorge zu verstehen gelehrt haben, schaukelt sich die Forderung der Kinder nach Service im gleichen Umfang hoch wie der Schmerz darüber, vernachlässigt zu werden, steigt. Sie kooperieren!

In diesen Familien fehlt der Dialog zwischen Kindern und Eltern. In ihrem Eifer, fürsorglich und nicht autoritär zu sein, übersehen Eltern ihre eigenen Bedürfnisse und ihre eigene Integrität, und die Kinder bekommen deshalb niemals eine persönliche Rückkoppelung. Sie bekommen keine Menschen aus Fleisch und Blut, denen gegenüber sie sich verhalten müssen, sondern nur «Ja» oder «Nein» zu Serviceleistungen. Auf lange Sicht gibt es keine persönliche Nähe ohne persönliche Verantwortung.

Erwachsene kennen dieses Phänomen aus ihren eigenen Liebesbeziehungen. Es kann schön sein, in Abständen serviert zu bekommen – besonders, wenn es wechselweise geschieht. Aber wenn man mit einem Partner zusammenlebt, der sich die ganze Zeit müht, die Bedürfnisse des anderen, seine Gefühle und Stimmungen zu registrieren, ohne je eigene zu nennen, dann endet das damit, daß man sich sehr einsam fühlt und – ausgesprochen frustriert! Für einen Erwachsenen kann es schwierig genug sein, zu seinem Partner zu gehen und zu sagen: «Hör zu... ich weiß schon, du willst mir alles geben, worum ich bitte, aber ich bekomme nie das, was ich am meisten brauche: *dich*!» – Einem Kind ist das unmöglich.

Kinder in einer solchen Situation können nur zu einem schmerzlichen Schluß kommen: Wenn meine Eltern mir alles geben wollen, was ich möchte, und mir trotzdem immer etwas fehlt, dann liegt der Fehler wohl bei mir, ich bin irgendwie verkehrt.

Unausweichlich kommen die Eltern zum gleichen Ergebnis: Wir geben ihnen alles, was uns überhaupt nur möglich ist, und dennoch entwickeln sie sich unharmonisch. Wir scheinen schlechte Eltern zu sein!

Das ist eine der explosivsten und destruktivsten Mischungen, die wir zwischen Eltern und Kindern kennen: zwei Partner, die zunehmend ihr Selbstgefühl und Selbstvertrauen verlieren und im Gegenzug Aggressionen und Schuldgefühle entwickeln.

Einen Weg gibt es, um aus diesem Problemfeld herauszukommen, der einfach ist und gleichzeitig schwer. Er beginnt mit zwei alles entscheidenden, einleitenden Schritten:

Den ersten Schritt müssen die Eltern gehen. Sie müssen die volle Verantwortung dafür übernehmen, daß sich die Dinge destruktiv entwickelt haben. Sie müssen sich mit den Kindern zusammensetzen und folgenden Gedanken in ihren eigenen Worten zum Ausdruck bringen: «Es tut uns leid, daß es euch schlechtgeht, daß es uns schlechtgeht und daß es euch und uns miteinander schlechtgeht. Wir wollen euch gern sagen, das liegt an uns. Wir haben immer geglaubt, wir würden das Allerbeste für euch tun, als wir euch das gaben, was ihr haben wolltet, aber wir sehen jetzt, das war falsch. Wir waren so eifrig dabei, euch froh und zufrieden zu machen, daß wir uns selbst vergessen haben. Wir sehen jetzt, das war verkehrt, und wir wollen dies von nun an ändern. Es wird nicht leicht für uns – und sicher auch nicht für euch, aber wir gehen davon aus, daß wir das hinbekommen. Selbstverständlich würden wir uns freuen, wenn ihr daran mitarbeiten würdet, damit wir eine glücklichere Familie werden.»

Der nächste Schritt dauert etwas länger und erfordert das ernsthafte Bemühen der Eltern, «sich selbst» zu finden, also ihre eigenen Grenzen, Wünsche, Gefühle und Bedürfnisse, und sich darin zu üben, diese so klar wie möglich auszudrücken – ohne die Kinder zu kritisieren oder an ihr Verständnis oder eine einseitige Zusammenarbeit zu appellieren. Als Hauptregel gilt: Die Kinder können erst dann mit dem Neuen kooperieren, wenn es im Verhalten der Eltern fest etabliert ist. Ihre Verantwortlichkeit kann sich nur parallel zu der der Eltern entwickeln, und häufig wird sie sich etwas langsamer entwickeln.

Die Aufgabe der Eltern – ihre eigenen Gefühle, Bedürfnisse und Grenzen darzulegen – bewältigt man nicht, indem man lange tiefsinnige Gespräche mit den Kindern veranstaltet, sondern indem man nicht vergißt, sich selbst treu zu bleiben und einzubringen im alltäglichen Austausch.

Beispiel:

Nicht so: «Ich mache heute früher Feierabend. Was willst du lieber: Soll ich dich um drei im Freizeitzentrum abholen, oder willst du allein nach Hause kommen um fünf?»
Sondern so: «Ich habe heute früher frei und möchte dich gern um drei Uhr abholen. Was hältst du davon?»
Nicht so: «Was würdest du heute am liebsten essen?»
Sondern so: «Ich hätte heute Lust auf Frikadellen. Was möchtest du gern haben?»
Nicht so: «Hast du nicht Lust, heute mal etwas früher ins Bett zu gehen?»
Sondern so: «Ich hätte gern heute abend ein paar Stunden für mich. Was sagst du dazu, etwas früher ins Bett zu gehen?»
Nicht so: «Wir haben am Wochenende frei. Was würdest du da gern machen?»

Sondern so: «Wir haben am Wochenende frei und würden gern einfach nur zu Hause sein und abschalten. Was meinst du, was wir machen sollen?»
Nicht so: «Es ist heute recht frisch. Findest du nicht, daß du etwas Wärmeres anziehen solltest?»
Sondern so: «Es ist kalt heute, deshalb hätte ich gern, daß du wärmere Sachen anziehst.»
Nicht so: «Hast du keine Lust, heute nachmittag mit Papa im Garten zu arbeiten?»
Sondern so: «Ich möchte gern, daß du mir heute nachmittag im Garten hilfst.»

Der Unterschied mag klein aussehen und vielleicht noch dazu wie ein Versuch, nur einige Wörter gegen andere auszutauschen. Aber es handelt sich hierbei nicht um Wörter oder taktische Veränderungen. Es handelt sich um den Unterschied zwischen Gemeinschaft und Alleinsein und um die ganze Qualität der Interaktion. Erst wenn diese Qualität sich zu entwickeln beginnt und das Kind die Nähe seiner Eltern spürt, kann bei ihm das Erleben des «anderen Menschen» real werden, und erst dann ist eine Grundlage da, um soziale Verantwortlichkeit zu entwickeln.

Das Tempo variiert zum Teil von Familie zu Familie, und zwar abhängig davon, ob das «Serviceverhalten» der Eltern hauptsächlich Ausdruck einer bewußten Erziehungsphilosophie war oder mehr in großer persönlicher Unsicherheit begründet. Unabhängig von der Situation der Eltern hat der Stil der Familie schon in der Persönlichkeit der Kinder Wurzeln geschlagen. Deshalb bauen sie generell ihr destruktives Verhalten etwas langsamer ab als ihre Eltern.

Wenn man in den hier beschriebenen Familien erlebt, wie schief die «moderne Kindererziehung» laufen kann, ist es verständlich, daß Eltern wie Fachleute versucht sein können, einige der bewährten alten Mittel von früher wieder hervorzuholen: «Grenzen», «Konsequenz» und «Konsequenzen» zum Beispiel. Mit hartnäckigen, und standfestem Einsatz kann man damit manchmal auch kurzfristig Wirkung erzielen, aber das ist eine sehr kurzsichtige Lösung, vor der man aus guten Gründen nur warnen kann.

Man erreicht höchstens oberflächlich mehr Frieden und weniger Konflikte. Die interpersonellen Konflikte werden zu intrapsychischen Konflikten, die unausweichlich wieder in interpersonelle Konflikte umschlagen. Das hat zwei Ursachen: Zum ersten geben die altmodischen Methoden letzten Endes die ganze Verantwortung und Schuld den Kindern und zum zweiten füllen sie nur scheinbar den leeren Raum aus, wo an sich die persönliche Nähe der Erwachsenen sein sollte. Die Kinder bekommen so immer noch nicht das, was sie benötigen. Im günstigsten Fall lernen sie sich so zu verhalten, als ob sie das bekämen. Auch die Eltern wachsen menschlich nicht, sondern entwickeln lediglich eine neue Methode, die sich zwischen sie und die Kinder schiebt. Der Kontakt ändert sich dadurch zwar, aber nie zum Besseren.

Etwas Vergleichbares spielt sich neuerdings bei den Familien mit Kindern ab, bei denen man einen versteckten Hirnschaden (MDB/DAMP) vermutet, der die Erklärung für ihr hyperaktives und unsoziales Verhalten bieten könnte.

Unabhängig davon, ob der vermutete Hirnschaden Realität ist oder nicht, ist ganz entscheidend, daß die Eltern lernen, ihre eigenen Grenzen und Gefühle zum Ausdruck zu bringen im Zusammenwirken mit ihren Kindern und nicht durch eine Methode. Im umgekehrten Fall wird sich die Lebensqualität der Kinder auf lange Sicht verschlechtern – und damit verschlimmern sich ihre Symptome – und, was ebenso wichtig ist: Die Eltern werden menschlich zu Wracks. Eine Diagnose lindert oftmals unmittelbar das Schuldgefühl der Eltern, und das ist wichtig. Aber der Gebrauch pädagogischer Methoden wird auf lange Sicht eine gewaltige Abnutzung ihres Selbstgefühls und ihrer Beziehung zum Kind mit sich bringen. Für kein Kind, unabhängig von Persönlichkeit und Diagnose, ist es von Nutzen, Objekt pädagogischer Methoden zu sein, es sei denn, es geht darum, ihnen intellektuelle oder praktische Fertigkeiten beizubringen.

Die soziale Verantwortung der Kinder

Ich gehöre zu denen, die glauben, daß soziale Verantwortung für die Qualität menschlicher Gemeinschaften wichtig ist. Das fing wohl an als kulturelles Erbe, entwickelte sich später zu einer politischen und humanistischen Haltung und hat heute zu der wissenschaftlichen Erkenntnis geführt: Im Guten wie im Schlechten sind wir alle zu jeder Zeit miteinander verbunden, und jegliche Vorstellung, wir könnten es vermeiden, das Leben anderer zu beeinflussen oder von ihrem beeinflußt zu werden, ist eine Illusion. Mit der Gesellschaft ist es wie mit der Familie: Es gibt nichts, was *dein* Problem und *mein* Problem heißen könnte. Alles ist *unser* Problem oder *unser* Erfolg.

Wie gesagt entwickeln Kinder, die darin unterstützt werden, ihre Eigenverantwortlichkeit zu erkennen, fast von allein einen hohen Grad an sozialer Verantwortlichkeit mit Hilfsbereitschaft, Einfühlsamkeit und Rücksichtnahme, was wir im täglichen Umgang gern als Ausdruck ihrer sozialen Verantwortlichkeit ansehen. Wenn die soziale Verantwortung auf diesem Hintergrund entwickelt wird, kommt sie nicht als Selbstaufopferung zum Ausdruck, sondern als bewußte Mitverantwortlichkeit, die in sehr viel höherem Grad die Würde aller Partner sichert. (Wenn der Begriff soziale Verantwortlichkeit einen Sinn haben soll, muß die Existenz der persönlichen Verantwortung der Mitmenschen anerkannt sein. Andernfalls wird das zu patronisierender Wohltätigkeit.) Diese Entwicklung nimmt bei Kindern im Alter von drei bis vier Jahren sichtbar zu und ist ungefähr in der Pubertät bereits abgeschlossen.

Die Beziehung zu Eltern und Geschwistern ist das erste und wichtigste Übungsfeld zur Entwicklung von sozialer Verantwortung, aber auch Kindergärten, Tagesheime und ähnliche Einrichtungen spielen selbstverständlich eine große Rolle. In den verschiedenen Familien sind unterschiedliche Haltungen ausgeprägt, und das Ausmaß, in dem die soziale Verantwortung eines Kindes in Anspruch genommen wird, variiert von Familie zu Familie beträchtlich. Es gibt große Unterschiede zwischen Familien mit einem Kind und solchen mit fünf Kindern, wie auch der soziale und ökonomische Status eine große Rolle spielt. In manchen Familien wird am meisten Wert gelegt auf den gefühlsmäßigen Ausdruck in Form von Rücksichtnahme und Flexibilität, während in anderen mehr Wert gelegt wird auf praktische Hilfsbereitschaft und Pflichterfüllung.

Gleichermaßen variiert die Bewertungsgrundlage in Tagesinstitutionen. In einigen Ländern kommt es vor allem auf «Freiheit und Verantwortung» an, in anderen mißt man die soziale Verantwortlichkeit der Kinder vorzugsweise an deren Fähigkeit und Bereitschaft, sich der jeweiligen Hausordnung zu unterwerfen. Die Erfahrung beweist jedoch, daß sich Familien, Institutionen und Gesellschaft in einem Punkt ähneln: Je mehr die soziale Verantwortlichkeit von Kindern und Jugendlichen als eine Gehorsamspflicht gegenüber starren Geboten verstanden wird, desto weniger denken und handeln sie später als Erwachsene sozial verantwortlich.

Damit sich die soziale Verantwortlichkeit der Kinder optimal entwickeln kann, sollten zwei entscheidende Voraussetzungen erfüllt sein, nämlich:

○ daß Eltern bei ihren Kindern deren Drang zum Kooperieren sehen und anerkennen;
○ daß das Verhalten der Eltern selber – untereinander, den Kindern und anderen Menschen gegenüber – verantwortungsvoll ist.

Hier wie fast überall gilt: In Erziehungsdingen hinterläßt das Beispiel der Erwachsenen tiefere Spuren als ihre Belehrung durch Worte.

Beispiel:

Der vierjährige Kim sitzt auf dem Fußboden und baut mit Legosteinen. Sein zweijähriges Schwesterchen kommt dazu und beobachtet ihren Bruder einige Minuten neugierig und bewundernd, sie fängt dann an, sich in sein Spiel einzumischen, ohne daß er sie dazu aufgefordert hat. Kim versucht ein paarmal, sie zum Aufhören zu bewegen, ohne Erfolg. Daraufhin schubst er sie weg, mit dem Resultat, daß sie nun in ein herzzerreißendes Geschrei ausbricht. Die Mutter stürmt alarmiert ins Zimmer:

Mutter: «Was ist denn passiert? Was ist los?»
Schwesterchen (weinend): «Kim hat mich gehauen!»
Kim: «Das stimmt nicht... sie macht immer mein Lego kaputt.»
Mutter: «Kim, du weißt doch, daß du deine kleine Schwester nicht schlagen darfst. Denk dran, du bist doch der Große, und sie ist noch zu klein und versteht vieles nicht... Warum darf sie nicht mit dir Lego spielen und mitbauen? Kannst du nicht mit deiner Schwester zusammen spielen, wenn sie so gern mitmachen möchte?»

Diese Situation ist ein klassisches Beispiel für unser zu simples Verständnis von sozialer Verantwortlichkeit («Die Großen sollen zu den Kleinen nett sein») und für belehrende Erziehung. Irgendwie ist der Vorfall ja auch ganz verständlich. Wir können ja nicht einfach hinnehmen, daß Kim jedesmal die Grenzen seiner Schwester verletzt, wenn sie in ihrem kindischen Unverstand seine Grenzen verletzt. In diesem Fall ist das Problem, daß die Mutter ohne Rücksicht auf Kim handelt, ihn aber gleichzeitig zur Rücksichtnahme anhält.

Die Alternative:
Mutter: «Was ist passiert, Kim?»
Kim: «Sie macht immer mein Lego kaputt!»
Schwesterchen: «Kim haut mich, Mama!»
Mutter (legt einen Arm um die Kleine und richtet ihre Aufmerksamkeit auf Kim): «Laß uns mal überlegen, was du zu ihr sagen kannst, wenn du beim Spielen in Ruhe gelassen werden willst.»

In dieser Variante tut die Mutter mehrere wichtige Sachen auf einmal:

○ Sie untersucht, was passiert ist.
○ Sie wendet sich dem zu, der am meisten verantwortlich ist, anstatt ihn über seine Verantwortung zu belehren.
○ Sie weiß, wie ihr Vorschlag zeigt, Kim hat mit friedlichen Mitteln versucht, Grenzen zu setzen, doch die Situation endete in körperlicher Konfrontation, weil er es noch nicht besser weiß. Sie erkennt sowohl seinen Willen zur Kooperation an, als auch sein Bedürfnis, seine Integrität zu wahren.
○ Sie tröstet die kleine Schwester und läßt sie zeitig mit anhören, daß Kims eigenes Reich mit seinen Grenzen wichtig ist für die Familie.

○ Indem sie Kim nicht kritisiert, weil er seine körperliche Überlegenheit ausgespielt hat, zeigt sie ihm, wie gut sie weiß, daß es auch für ihn schwierig ist, was aus dem Konflikt geworden ist.
○ Sie weist einen Weg, statt eine Lösung vorzuschlagen. Damit fördert sie die Entwicklung sowohl von Kims persönlicher als auch von seiner sozialen Verantwortlichkeit, und gleichzeitig macht sie beiden Kindern klar, daß die Kunst, seine eigene Integrität zu wahren, ohne andere zu verletzen, nichts ist, was man «einfach so» kann.

Die Mutter braucht über diesen Punkt hinaus das Gespräch nicht fortzusetzen. Kims Verantwortlichkeit wird ihn allmählich auf die Spur bringen, und das gleiche werden nicht zuletzt ihre eigenen Versuche leisten, ihre eigene Integrität im Zusammenleben mit Mann und Kindern zu wahren.

Praktische Verantwortung

Wenn Kinder vier bis fünf Jahre alt sind, haben ihre Eltern die Möglichkeit, eine sehr wichtige Wahl zu treffen. «Wollen wir lieber pflichtgetreue Kinder haben oder lieber hilfsbereite Kinder?»

Diese Wahl machen sich die wenigsten Eltern bewußt, und es ist bestimmt keine Wahl, die man treffen soll oder muß. Es ist eine mögliche Wahl zwischen zwei Prinzipien, die verschiedene Voraussetzungen haben und verschiedene Konsequenzen.

Wie gesagt besteht ein großer Unterschied, ob man eine Familie mit zwei Erwachsenen und fünf Kindern hat oder mit zwei Erwachsenen und einem Kind oder auch mit einem Erwachsenen und drei Kindern. Je größer die Familie ist, desto größer ist der Bedarf an Planung und Struktur und damit an Pflichten. So besteht auch ein erheblicher Unterschied zwischen einer typischen skandinavischen Familie aus der Stadt mit zwei berufstätigen Erwachsenen und einer polnischen Bauernfamilie ohne Lohneinkommen.

In den fünfziger und sechziger Jahren war insbesondere bei skandinavischen und amerikanischen Fachleuten die Ansicht verbreitet, Pflichten zu haben sei für Kinder gesund. Das ist, mit allem Respekt, der blanke Unsinn!

Die Erwägungen, die hinter diesem Standpunkt stehen, sind an und für sich durchaus in Ordnung: Für Kinder ist es notwendig, sich als wertvoller Teil der Familie zu fühlen, und weil sie in den meisten entwickelten Wohlfahrtsgesellschaften nicht mehr als Mitversorger nötig sind, ist ein Vakuum entstanden.

Entscheidend ist, ob Kinder erleben, daß ihre Eltern Hilfe brauchen, oder ob ihre Eltern Pflichten verteilen, weil das gut für die Kinder sein soll. Der Unterschied scheint vielleicht auf den ersten Blick nicht so groß zu sein, aber tatsächlich ist er enorm: Es geht darum, ob das Kind sich als wertvolle Person in bezug auf seine Eltern fühlt oder ob es sich als Objekt von deren besserwisserischer Erziehung fühlt. Im zweiten Fall kann man sich selbst schwerlich als wertvoll erleben.

Die Wahl zwischen hilfsbereiten oder pflichtbewußten Kindern ist nicht unbedingt ein Entweder-Oder, aber das Nachdenken darüber kann helfen, die Gedanken zu klären und dazu führen, daß wir langfristigere Ziele des Elternseins ins Auge fassen. Grob zusammengefaßt sähen die Bedingungen dafür ungefähr folgendermaßen aus:

Wenn das Ziel ist, pflichtbewußte Kinder zu bekommen, sollte man zwei fundamentale Dinge bedenken:

○ In der allgemeinen Entwicklungspsychologie ist schon seit vielen Jahren bekannt, daß Kinder, bis sie etwa zehn Jahre alt sind, soviel wie möglich spielen sollen. Das ist das Gesündeste, was sie tun können, und überdies das Beste für ihre physische, psychische und soziale Entwicklung. Außerdem fördert es optimal ihre Fähigkeit zu lernen.

○ Kinder bis zum Alter von acht bis zehn Jahren haben nur eine begrenzte Zeitvorstellung. Mit anderen Worten, sie wissen nicht, wozu sie ja sagen, wenn sie zum Beispiel versprechen, an drei Tagen in der Woche abzuwaschen. Wenn Sie eines Tages in der Küche stehen und abwaschen und Ihre sechsjährige Tochter sitzt am Tisch und es wird so richtig gemütlich geplaudert, dann kann man sie leicht dazu bekommen, solches Versprechen abzugeben. Aber ihr «Ja» heißt nicht: «Ja, ich weiß, was du meinst, und ich will gern den Abwasch dreimal in der Woche erledigen, solange ich zu Hause wohne.»
Es bedeutet: «Ja, ich liebe dich auch, und gerade jetzt bin ich bereit, alles zu tun, was du willst, um dir eine Freude zu machen.» Das ist das gleiche, als wenn Erwachsene zueinander sagen: «Ich werde dich immer lieben!» Das ist weder ein Versprechen noch ein Vertrag, sondern Ausdruck dafür, wie intensiv wir die Liebe gerade in diesem Augenblick erleben.

Wenn man diese beiden Punkte im Hinterkopf hat, ist nichts dagegen einzuwenden, Kindern regelmäßige Pflichten zu übertragen. Wie ich im Kapitel über Teenager noch ausführen werde, erfordert das dauerndes Nachregulieren und Neuaushandeln und als Allerwichtigstes: Es fordert, daß die Eltern «Liebe und Geschäft» nicht vermischen. Die Eltern dürfen also nicht mit Botschaften ankommen wie: «Als Dank für die große Liebe, die deine Eltern dir entgegenbringen, schuldest du ihnen die Erfüllung deiner Pflichten!»

Pflichten sind Pflichten und haben mit Liebe nichts zu tun. Mit Wohlwollen: vielleicht, und mit Verantwortungsgefühl: ja, aber mit Liebe: nein! Ein vergleichbares Aufrechnen zwischen Eheleuten würde unweigerlich zum raschen Verblühen ihrer Liebe führen.

Wie aus dem Vorangegangenen deutlich wird, ist es wichtig, daß die Aufgaben, die den Kindern übertragen werden, für die Familie sinnvoll sind – die Eltern müssen die Hilfe benötigen und sie deshalb wertschätzen.

Von der Erziehung her gesehen ist es von Vorteil, den Kindern nach und nach häusliche Pflichten zuzuteilen, denn damit werden ihre natürliche Hilfsbereitschaft und ihr Drang zu kooperieren etwas strukturiert. Das kann im Dienst der Familie sein und ist keinesfalls schädlich für ihre Entwicklung. Für die Entwicklung ihrer sozialen Verantwortlichkeit ist es auf der anderen Seite gar nicht nötig. Deshalb muß sich die Entscheidung in erster Linie an den Haltungen und Bedürfnissen der Eltern orientieren.

Wenn man Kinder zur Hilfsbereitschaft erziehen will, sollte man daran denken, daß sich Hilfsbereitschaft nicht eher strukturieren läßt, bevor die Kinder im Alter von ungefähr zehn bis elf Jahren selber imstande sind, die Form der Planung zu überblicken. Weiterhin soll man daran denken, ihnen nicht Pflichten zuzuteilen *und* sie in der gleichen Angelegenheit um Hilfe zu bitten, wenn man das braucht.

Der Unterschied ist:

○ «Jan! Denk dran, daß du an der Reihe bist abzuwaschen!»
○ «Jan! Ich brauche deine Hilfe! Wäschst du ab?»

Die meisten Kinder sind gerade mit etwas ganz Wichtigem beschäftigt, wenn man sie um Hilfe bittet. Man sollte sie deshalb nicht fragen, ob sie «Lust» haben zu helfen. Nicht weil sie keine Lust zu helfen haben, sondern weil sie in der Regel mehr Lust zu dem haben, was sie gerade tun. Und man soll ruhig insistieren:

Die soziale Verantwortung der Kinder

- «Jan! Ich brauche deine Hilfe. Wäschst du ab?»
- «Nein, ich habe keine Zeit. Ich spiele mit Nicolai Fußball.»
- «Es ist in Ordnung, daß du erst Fußball spielst, aber ich möchte gern, daß du danach abwäschst, okay?»

Oder:

- «Jan! Ich möchte gern, daß du mit unseren alten Zeitungen zum Container runtergehst. Machst du das?»
- «Och nee... dazu habe ich keine Lust. Ich bin grade beim Fernsehen.»
- «Das geht in Ordnung, Jan! Du brauchst keine Lust zu haben! Du kannst den ganzen Weg nach unten und wieder rauf keine Lust haben, aber ich will, daß die Zeitungen heute aus dem Haus kommen!»

Und:

- «Jan! Ich brauche mal eben deine Hilfe. Deckst du den Tisch, während ich das Essen fertig mache?»
- «Nein! Ich bin beschäftigt!»
- «Okay. Dann mache ich es selbst.»

Und außerdem gibt es selbstverständlich die häufigen Gelegenheiten, wenn sie ja sagen.

Nach meiner Erfahrung hat es zwei Vorteile, auf Hilfsbereitschaft zu setzen und nicht auf Pflichterfüllung. Erstens wird der Beitrag der Kinder zur Gemeinschaft im Laufe der Zeit immer größer, und zweitens erhalten beide Parteien ein unschätzbares Training darin, ja und nein zueinander zu sagen und damit ein kontinuierliches Gefühl für die jeweiligen Bedürfnisse und Grenzen. Denken Sie daran, daß die Problemstellung nicht von Lust contra Pflicht handelt, sondern von freier, innengelenkter Verantwortlichkeit contra strukturierter, außengelenkter Verantwortlichkeit.

Kinder haben wie Erwachsene das Bedürfnis, sich als wertvoll für die Gemeinschaft zu empfinden, zu der sie gehören. Das Erlebnis, wertvoll zu sein, knüpft sich nur selten oder vielleicht nie an Serviceleistungen. Das entsteht weder, wenn Eltern immerzu auf jeden Wink ihrer Kinder bereitstehen, noch wenn die Pflichten und Serviceleistungen der Kinder in ein System der Erwachsenen gefaßt werden. Die reinste Form des Pflichtgefühls – also soziale Verantwortlichkeit, die nicht nur von Lust gesteuert ist – entsteht, wenn Menschen frei sind, sich zu verpflichten und nicht andere sie verpflichten. Auch in diesem Punkt gibt es keinen Unterschied zwischen Kindern und Erwachsenen.

Wenn Kinder zuviel Verantwortung übernehmen

Wir sind oft so von der Idee der sozialen Verantwortlichkeit der Kinder auf der praktischen Ebene erfüllt, daß wir vergessen, wie verantwortlich Kinder sich fast von Geburt an für das Wohlbefinden ihrer Eltern fühlen. Man kann wahrscheinlich darüber diskutieren, ob Kinder sich in dem Alter faktisch verantwortlich fühlen. Aber Tatsache ist, daß sie sich schuldig fühlen, wenn es den Eltern schlechtgeht, einem einzelnen oder beiden, wenn die Eltern sie schlecht behandeln oder vernachlässigen. Kinder kommen von ihrem Gefühl her immer zu dem Schluß, daß dann mit ihnen selber etwas nicht stimmt.

Schon im Alter von anderthalb bis zwei Jahren beginnen manche Kinder diese Verantwortung zu praktizieren. Das äußert sich als Überverantwortlichkeit für die Bedürfnisse der Eltern und als Unterdrückung der eigenen Bedürfnisse. Besonders deutlich geschieht das in Familien, wo ein Elternteil drogen- oder alkoholabhängig ist, psychisch krank ist oder auf andere Weise gefühlsmäßig nicht zur Verfügung steht. Auch in Familien, wo die Umstände weitaus weniger dramatisch sind, kommt das vor. Es gilt zum Beispiel in den Fällen, wo ganz junge und unreife Mädchen Mutter werden, in dem Versuch, Sinn und Zusammenhang in ihr eigenes Leben zu bringen. Gar nicht so selten geschieht es, daß Eltern sich in Zusammenhang mit Scheidung in einen Machtkampf verbeißen mit den Kindern als Waffe und dem Sorgerecht als Symbol auf der Siegerfahne (ein psychischer Prozeß, den keine Gesetzgebung eindämmen kann).

Dazu kommt es in Familien, wo die Scheidung weniger dramatisch verläuft, aber wo ein Erwachsener in einer kritischen Lebenssituation zurückbleibt, geprägt von Hoffnungslosigkeit, Bitterkeit oder lähmender Einsamkeit. Egal, ob dieser Elternteil derjenige ist, bei dem das Kind immer lebt oder nur zeitweise oder an den Wochenenden und in den Ferien, besonders kleinere Kinder werden sich für die Bedürfnisse der Erwachsenen zur Verfügung stellen.

Die Unreife oder existentielle Leere der Erwachsenen ist ein Vakuum, das unweigerlich das Bedürfnis des Kindes, wertvoll zu sein, und seinen Drang zur Zusammenarbeit ansaugen wird. Deshalb werden Eltern in dieser Situation ihr Zusammensein mit dem Kind auch meistens als harmonisch und unkompliziert erleben, wohingegen das Kind von anderen Erwachsenen (dem anderen Elternteil, im Kindergarten oder in der Schule) zu Recht als disharmonisch empfunden wird. Das Kind wird im Kontakt mit anderen Erwachsenen versuchen, das Ungleichgewicht auszugleichen. Das wiederum wird als aufmerksamkeitsheischend, kindisch, quengelig oder klebend und später als aggressiv und konfliktsuchend empfunden. Dabei ist dieses Verhalten der geniale und kompetente Versuch des Kindes, in den Situationen etwas für sich selbst zu bekommen, wo es nicht gezwungen ist, sich selbst aufzugeben.

Bis jetzt habe ich in diesem Abschnitt eindeutig destruktive Familiensituationen beschrieben, aber ich finde es wichtig, darauf hinzuweisen, daß Überverantwortlichkeit sich bei Kindern auch unter Verhältnissen entwickelt, die frei von solchen leicht erkennbaren Diskrepanzen sind. Das Folgende ist ein Beispiel dafür, in wie geringem Maße wir als Eltern die Phänomene in unserem Leben und unserer Persönlichkeit durchschauen, mit denen die Kinder kooperieren.

Beispiel:

Andreas ist dreizehn Jahre alt, als sein Vater mit einer Freundin zusammenzieht, nachdem er zehn Jahre lang allein gelebt hatte. Andreas' Eltern wurden geschieden, als er drei war, und er hat seither abwechselnd eine Woche beim Vater und eine bei der Mutter gelebt.

Die Eltern sind gebildete Leute, und auch wenn die Mutter über die Scheidung verbittert war, so ist es ihr doch gelungen, die Ausübung des gemeinsamen Sorgerechts von destruktiven Konflikten freizuhalten. Beide haben die Verantwortung für das Aufwachsen ihres Sohnes sehr ernst genommen und blieben nahe beieinander wohnen, so daß Andreas seine Freunde und seine Schule behalten konnte. Die Mutter ist von Männern im allgemeinen enttäuscht und hat keine neue Beziehung aufgenommen, und der Vater hat sich entschieden, allein zu leben, vor allem mit Rücksicht auf Andreas, auch wenn er einige länger andauernde Beziehungen zu Frauen hatte.

Andreas bekommt schnell ein gutes Verhältnis zu der neuen Frau in seines Vaters Leben, und die Erwartungen der Erwachsenen, das müsse zu Eifersucht und Konflikten führen, erweisen sich als unbegründet.

Nach einem halben Jahr ruft Andreas' Mutter den Vater an, Andreas habe sie gebeten zu fragen, ob er vielleicht nicht mehr so oft zum Vater kommen müsse, wie er es nun zehn Jahre lang getan hat.

Der Vater ist schockiert, fühlt sich abgewiesen und schuldig, und ihm kommen allerhand Phantasien: Ist Andreas doch eifersüchtig? Ist es die Mutter, die versucht, einen Keil zwischen Vater und Sohn zu treiben? Fühlt sich Andreas in der neuen Situation nicht wahrgenommen? Und was dergleichen Gedanken mehr sind.

Bei einem Familiengespräch mit dem Vater, der Mutter und Andreas sagt der Vater: «Andreas, ich will gern wissen, warum du plötzlich nicht mehr bei mir wohnen willst... nicht mehr so oft wie bisher, meine ich.»

Andreas wartet und überlegt lange, bevor er seinen Vater ansieht und mit großem Ernst antwortet: «Deshalb, weil ich dachte, daß du jetzt ja Hanne» (die neue Partnerin des Vaters) «hast, um auf dich aufzupassen... und deshalb brauche ich vielleicht nicht mehr so häufig zu kommen.»

Der Vater ist verblüfft, gerührt und zufrieden mit der Antwort und bereit, um über ein neues Arrangement des Zusammenlebens zu sprechen.

Die Mutter, die bei Gesprächsbeginn auf ihrem Recht, still zu sein, bestanden hatte, unterbricht das Gespräch und sagt: «Aber Andreas, kannst du mir erklären, warum du plötzlich ins Internat willst?»

Wieder denkt Andreas lange nach, aber dieses Mal sinkt ihm deutlich der Mut. Unterstützt durch den Familientherapeuten sagt er schließlich: «Vielleicht hättest du dann auch Lust, dir einen neuen Mann zu suchen.»

Diese sich selbst zurücknehmende, liebevolle und tief verantwortliche Aussage eines Dreizehnjährigen kann zur Problematik der alleinerziehenden Eltern überleiten.

Natürlich gibt es alleinstehende Eltern, die die Verantwortlichkeit und den Kooperationswillen der Kinder mißbrauchen und alle Sorgen und allen Kummer auf sie abladen. Das ist ein Problem, das es nicht nur in Familien mit nur einem Elternteil gibt. Es ist mindestens genauso aktuell in den vielen Familien, wo die Eltern nicht miteinander über Probleme sprechen können und wo insbesondere die Mütter deshalb oft eines der Kinder als Vertrauten auswählen. Diese Kinder kommen schnell dazu, sich (über)verantwortlich zu fühlen, nicht nur für die Probleme der Mutter, sondern auch für die schlechte Ehe der Eltern, und das wirkt selbstverständlich belastend, mit unausweichlichen negativen Konsequenzen für die Entwicklung des Kindes.

Nach meiner Erfahrung treten die weitaus meisten alleinerziehenden Eltern verantwortlicher auf. Aber das heißt nicht, daß es ihnen zu vermeiden gelingt, überverantwortliche Kinder zu bekommen, wenn sie mit ihnen allein geblieben sind, ehe die Kinder dreizehn oder vierzehn Jahre alt waren.

Die Erklärung ist die gleiche, als wenn Kinder in Familien mit zwei Erwachsenen überverantwortlich werden: Wenn in einer Familie eine Lücke entsteht – entweder, weil ein Erwachsener fehlt, oder weil einer der Erwachsenen seine persönliche Verantwortung nicht übernimmt –, dann rückt immer eines der Kinder (das einzige oder das älteste Kind) nach und versucht, den leeren Platz auszufüllen. Das können auch die verantwortlichsten und aufmerksamsten Eltern nicht verhindern.

Als alleinerziehender Elternteil kann man viel dafür tun, daß die Belastung so gering wie möglich bleibt – zum Beispiel indem man für ein gut funktionierendes Erwachsenen-Netzwerk sorgt; indem man, anstatt Pflichten zuzuweisen, der Hilfsbereitschaft des Kindes einen größeren Stellenwert einräumt, soweit das praktisch überhaupt möglich ist; indem man das Kind ermuntert, soviel wie möglich mit anderen Kindern zu spielen, und indem man das Verantwortungsge-

Die soziale Verantwortung der Kinder 189

fühl des Kindes anerkennend hervorhebt (zum Beispiel: «Ich weiß gut, daß du dir Sorgen machst, weil ich zur Zeit etwas deprimiert bin, aber ich habe jemand, mit dem ich darüber spreche, und ich rechne auch damit, daß es bald wieder besser wird» – das Gegenteil von: «Darum sollst du dir keine Sorgen machen, mein Schatz. Das wird schon gehen, wenn nur wir beide uns haben»).

Die Vorteile, mit einem oder mehreren Kindern allein zu leben, haben auch eine «Kehrseite». Die gemeinsame Zeit, die Nähe und den Kontakt und so weiter erleben die Kinder sowohl als Privileg wie auch als Verpflichtung.

Es ist verhältnismäßig leicht, herauszufinden, ob Kinder die Überverantwortlichkeit als eine Belastung erleben, die größer ist, als sie bewältigen können, oder anders ausgedrückt: ob die Kooperation ihre Integrität aushöhlt. Folgendes sind Signale:

○ übertriebene Rücksichtnahme, keine Lust, mit Gleichaltrigen zusammenzusein;
○ Streitsucht und Neinsagerei; vergißt Pflichten und hält Verabredungen nicht ein;
○ destruktives, aggressives Verhalten im Kindergarten oder in der Schule;
○ häufig Kopfschmerzen, Magenschmerzen, Rückenschmerzen und Schmerzen in den Schultern;
○ totaler Aufstand in der Pubertät;
○ Introvertiertheit, melancholisches Wesen und die Einsamkeit suchend.

Dies sind nach meiner Erfahrung die häufigsten Signale, aber weder bedeuten sie, daß Kinder, die sie nicht aussenden, nicht überverantwortlich sind, noch daß alle Kinder, die es tun, überverantwortlich sind. Denn auch hier sind Menschen zu verschieden, um einfach in Beispiellisten zusammengefaßt zu werden.

In Skandinavien war in den letzten zehn Jahren das Interesse am Problem der sogenannten überverantwortlichen Kinder, der Kinder, die zu früh erwachsen werden, der Kinder, die durch die Umstände gezwungen werden, sich als Eltern ihrer Eltern zu verhalten, sehr groß. Das gleiche läßt sich in Ländern beobachten, wo nationale Krisen und Kriege Familien auseinanderreißen und die Männer getötet werden. Der Ernst des Phänomens hat Fachleute und Eltern dazu gebracht, einen nach meiner Meinung verfehlten Glauben daran zu hegen, daß Kinder, die einmal angefangen haben, zuviel Verantwortung zu übernehmen, von dieser Verantwortung später wieder entlastet werden könnten.

Beispiel:

Eine junge Mutter lebte mit ihrem jetzt achtjährigen Sohn von seiner Geburt an die ersten fünf Jahre allein. Dann zog sie mit einem Mann zusammen, mit dem sie drei Jahre zusammenblieb. Die Mutter und ihr Lebensgefährte sind gebildete Menschen und an Kindern und Kindererziehung interessiert, wie auch problembewußt. Als sie zusammenziehen, sind sie sich darüber einig, daß der Sohn Kaspar offenbar überverantwortlich ist und nun Gelegenheit erhalten soll, «wieder Kind sein zu dürfen».

Als Konsequenz dieses Beschlusses beginnen die Erwachsenen bewußt mit einem zielgerichteten Erziehungsprogramm, das in großem Umfang davon ausgeht, «verantwortliche Erwachsenenbeschlüsse» betreffend Schlafenszeit, Schularbeiten, Freizeit und dergleichen durchzusetzen und «Grenzen zu ziehen».

Nach drei Jahren entscheidet sich die Mutter, das Zusammenleben zu beenden, unter anderem weil sie findet, daß sie nicht dazu stehen kann, wie der Mann ihren Sohn sieht und erzieht. Sie ist jedoch nicht so uneins mit ihm, daß sie die

Die soziale Verantwortung der Kinder 191

Strategie nicht doch in einem etwas abgemilderten Stil fortführt.

In den dazwischenliegenden drei Jahren wurde Kaspar übergewichtig und zu Hause und wie auch in der Schule aufbrausend, und seit er und die Mutter wieder allein leben, haben sie fast täglich heftige Auseinandersetzungen, die oft damit enden, daß Kaspar wütend konstatiert, seine Mutter liebe ihn nicht mehr.

Kaspar und seine Mutter sind natürlich verzweifelt über diese Situation, die sich jedoch sehr schnell bessert, als Kaspar darin unterstützt wird, seinen Zustand von: «Du liebst mich nicht mehr!» zu übersetzen in: «Ich fühle mich nicht wohl, so wie du mich liebst!»

Als Fünfjähriger war Kaspar nicht stärker überverantwortlich, als man es unausweichlich wird, wenn man allein zusammen mit seiner Mutter lebt. Aber das heißt nicht, daß die Fürsorge der Erwachsenen fehl am Platz war oder grundlos – nur daß ihre Strategie falsch war.

Sie haben übersehen, daß Kaspars Überverantwortlichkeit eine Verantwortung ist, die er für das Befinden seiner Mutter fühlt und nicht für sich selbst. Deshalb hilft es selbstverständlich nichts, wenn die Erwachsenen plötzlich mehr Verantwortung für ihn übernehmen. Seine Mutter ist nicht unverantwortlich gewesen. Es war Kaspar, der zuviel Verantwortung übernommen hatte.

Wenn Kinder so früh im Leben begonnen haben, überverantwortlich zu sein, so ist das ein integrierter Teil ihre Persönlichkeit, der nicht wegoperiert werden kann. Man kann das Wachstum bremsen und Mißbrauch und Ausgenutztwerden verhindern. Aber die Tendenz wird lebenslang bleiben und wird beispielsweise Kaspars Verhältnis zu Menschen prägen, die ihm etwas bedeuten.

Zwei Dinge hätten Kaspars Mutter und der Stiefvater tun können, die sowohl ihm wie ihnen geholfen hätten. Sie hätten sich darauf konzentrieren können, ihr individuelles Erwachsenenleben und gemeinsames Zusammenleben so gut wie möglich hinzubekommen – das heißt, sich um persönliche Verantwortung zu kümmern. Je besser es Kaspars Mutter in ihrem Erwachsenenleben geht, desto mehr kann er entspannen und seine Energien für sein Kinderleben verwenden. Statt dessen wurde er Gegenstand ihrer Konflikte und wirkte an dem Bruch mit, und damit wurde seine Überverantwortlichkeit noch wesentlich vergrößert.

Darüber hinaus hätten sie das Kindliche in ihm ermuntern und ihm Anreize geben können: das Irrationale, das Ausgelassene, Unvernünftige, Kindliche, Spielerische, das Unmittelbare und Spontane.

Ihre Intention war, ihm «das Recht, Kind zu sein» zu geben, aber statt dessen «spielten sie Erwachsene».

Kaspars Rückmeldung an seine Mutter war direkt und kompetent: «Wenn du mich auf solche Art lieben willst, da mache ich nicht mit!»

Kinder, die heftigere Signale entwickeln als Kaspar, stecken häufig in einer besonderen Klemme: Sie tragen an ihrem Gefühl der Verantwortung für das Befinden der Erwachsenen, und gleichzeitig kritisieren die Erwachsenen sie und machen ihnen Vorhaltungen, weil sie sich nicht praktisch verantwortlich zeigen. Weil sie ihr Zimmer nicht aufräumen, ihre Hausaufgaben nicht machen, kein Babysitter für die kleineren Geschwister sein wollen, weil sie nur höchst unwillig beim Abwasch helfen oder äußerst widerstrebend in die Stadt gehen, um Bier, Zigaretten oder Videofilme zu holen auf Kommando der Erwachsenen.

Gegen solche Proportionsverzerrungen können Kinder nicht direkt protestieren. Sie können nur versuchen, zu Hause Widerstand zu leisten und den Schmerz zuzulassen, wenn sie draußen sind. Manche von ihnen werden irgendwann per Gerichtsbeschluß ausgesperrt, andere verlassen ihr Zuhause mehr oder minder freiwillig, der große Rest bekommt von der Gesellschaft Hilfe in Form von schulpsychologischem Beistand, Sonderschulen und Beratung.

Für das Selbstgefühl und die soziale Verantwortlichkeit dieser Kinder und Jugendlichen ist es entscheidend, daß Pädagogen, Therapeuten und Pflegeeltern weder sich selbst noch ihnen vorgaukeln, man könne von Überverantwortlichkeit «geheilt» werden. Ich betone das nicht, um Pessimismus zu verbreiten, ich will vorbeugend helfen, damit nicht noch Spott zum Schaden kommt.

Wenn man die ersten fünf, zehn oder dreizehn Jahre seines Daseins gebraucht hat, um zugunsten seiner Eltern Bedürfnisse und Gefühle zu unterdrücken, wird die Überverantwortlichkeit ein zentraler Teil der eigenen Identität und die einzige Art, die man kennengelernt hat, wie man für andere Menschen von Wert ist.

Wenn andere Erwachsene an die Stelle der Eltern treten und in bester Absicht anfangen, die Überverantwortlichkeit zu bearbeiten, passiert folgendes:

○ entweder erlebt das Kind dies als Kritik am Kern seiner Existenz und verweigert zu kooperieren, und zwar entweder auf aggressive Weise, oder es wird zum passiven Mitläufer;
○ oder es tritt wieder die schon gut trainierte Überverantwortlichkeit in Kraft und kommt nun neuen Erwachsenen zugute. Das Kind ist noch genauso überverantwortlich und genausowenig es selbst, es wird nur von neuer äußerer Autorität gesteuert mit einem anderen Satz von Forderungen und Erwartungen.

Der Gegensatz zu Überverantwortlichkeit sind persönliche Verantwortung und Selbstgefühl. Die Aufgabe der Erwachsenen ist nicht, die Überverantwortlichkeit niederzureißen oder zu behandeln, sondern das Selbstgefühl und die Eigenverantwortlichkeit zu stärken, so daß das Gleichgewicht zwischen der persönlichen und der sozialen Verantwortung wiederhergestellt wird.

Das ist ein langer Prozeß, der viel Geduld erfordert, der real den Rest des Lebens des Kindes andauern wird und der leicht zwei bis drei Jahre braucht, um in Gang zu kommen. Beide Seiten brauchen Zeit, weil die Forderung nach Anpassung so sehr groß ist – von innen wie von außen –, und weil es ganz einfach schwer ist, sich hinter der Überlebensstrategie selber wiederzufinden.

Allein mit der Verantwortung

Die überverantwortlichen Kinder stehen nach ihrem Erleben mit der Verantwortung für einen ihrer Eltern oder für beide oder letztlich für die ganze Familie allein da. Charakteristisch für sie ist, daß sie in aktivem Kontakt mit den Eltern stehen, daß sie den Kontakt suchen und froh sind, wenn es ihnen gelingt, und frustriert, wenn es nicht klappt.

Es gibt noch eine weitere Gruppe von Kindern, die auch allein mit der Verantwortung sind, aber mit der Verantwortung für sich selbst. Sie kämpfen damit, oft von sehr frühem Alter an, die persönliche Verantwortung für sich selber zu tragen – allein –, und es gibt sie in allen Familientypen. Es ist, als seien sie unbewußt zu dem Schluß gekommen, daß sie in ihrer Familie außer Essen, Unterkunft, Kleidung und einem Bett zum Schlafen nichts zu erwarten haben.

Wie gesagt kommen diese Kinder nach meinen Erfahrungen aus allen möglichen Familien, von ganz gewöhnlichen und scheinbar stabilen bis hin zu sehr problematischen. Daß diese Kinder sich «abgemeldet» haben, kann unterschiedliche Gründe haben: wegen regelrechter Vernachlässigung oder physischer Übergriffe; als Folge einer problematischen Beziehung der Eltern, die die Energie der Familie über lange Zeit hinweg aufgezehrt hat; weil der Familie eigentlich eine gefühlsmäßige Gemeinsamkeit fehlt und sich alle gewissermaßen auf einsame Inseln zurückgezogen haben; weil ein Elternteil (oft die Mutter) gefühlsmäßig sehr fordernd war und nur scheinbar etwas zurückgeben konnte.

Dieses sind nur einige wenige Beispiele von Familiensituationen, die bei manchen Kindern dazu führen, daß sie wie in äußerster Einsamkeit funktionieren, wo sie schon in sehr frühem Alter die volle existentielle Verantwortung für sich selbst übernehmen und in solcher existentieller Einsamkeit leben mußten, vor der selbst die meisten Erwachsenen zurückschrecken.

Solange sie minderjährig sind, ist ihr Problem eben, so jung zu sein. Wir haben keinerlei traditionelle Vorstellungen, die uns ermöglichen, Kinder als selbstversorgende Existenzen außerhalb der sozialen Gemeinschaften wahrzunehmen, und oft erkennen wir deshalb ihre Isolation auch nicht als eine Grundbedingung ihrer Existenz. Oder wir sehen nur soziale Einsamkeit, auf die wir geneigt sind, sentimental zu reagieren. Aber meistens sehen wir sie schlichtweg nicht.

Viele dieser Kinder wachsen auf, ohne besonders unglücklich oder sich ihrer Eigenart bewußt zu sein, und entdecken ihre eigene Isoliertheit erst, wenn sie eine Familie gründen. Sie heiraten oft Menschen, die gewöhnt sind, sich in Gemeinschaft wohl zu fühlen, und sind deshalb verwundert und unglücklich darüber, daß es so schwer ist, mit ihnen in Gemeinschaft zu leben.

Aber ein Teil wächst in Familienverhältnissen auf, die so destruktiv sind, daß sie schwere psychische und soziale Probleme bekommen. Dann begegnen wir ihnen in einer weniger starken, deutlich frustrierten Verfassung. Ihre Frustration besteht darin, daß sie tatsächlich allein in der Welt aushalten, aber ständig hoffen und sich sehnen. Sie setzen sich weiterhin – um ein Bild zu gebrauchen – mit der Familie an den Tisch, in der Hoffnung, daß etwas Nahrhaftes auf den Tisch kommt – anstelle von leeren Kalorien oder gar nichts. Sie stecken in einer schmerzlichen existentiellen Situation, wo sie isoliert sind und einsam und unfrei.

Beispiel:

Die beste Beschreibung von solcher Frustration und Einschränkung bekam ich vor vielen Jahren von einem Jungen, den die Polizei nach seinem hundertsiebzehnten Ausreißen von der Institution, wo man ihn untergebracht hatte, bei uns ablieferte. Dieses Mal war er fast einen Monat verschwunden gewesen, und er hatte den späten Wintermonat überlebt, indem er in Sommerhäuser eingebrochen war, wo er Essen und Obdach fand.

Wir redeten über seine desperate Lebenssituation, und ich versuchte etwas unbeholfen, sein frustriertes Verhältnis zu seinen Eltern zu beschreiben, die beide Mißbrauch mit Alkohol und Medikamenten trieben.

○ «Ach so», sagte er nach einiger Zeit. «Ich glaube, jetzt weiß ich, was du meinst. Ich kenne das am besten von den Sommerhäusern. Wenn ich in ein Sommerhaus einbreche, um etwas zu essen zu finden, dann ist es natürlich verdammt ärgerlich, wenn es da nichts gibt. Aber dann trete ich nur gegen den Kühlschrank oder den Mülleimer und geh weiter zum nächsten Haus. Aber einmal kam ich zu einem großen Haus, mit Keller und allem. Ich konnte sehen, daß die reich waren, und ich war ganz sicher, daß ich Glück hatte. Aber du glaubst es nicht: Die hatten zwei Kellerräume – eine Speisekammer und einen Weinkeller –, aber die waren mit einer eisernen Gittertür und mit gro-

ßen Vorhängeschlössern abgeschlossen, und ich hatte kein Werkzeug, um sie zu knacken.
Du glaubst, ich lüge, aber, zum Teufel, ich saß da die ganze verdammte Nacht und gaffte auf all das Essen – wo ich also nicht rankam –, und glaubst du, ich hätte mich zusammengerissen und wäre weitergegangen zu einem anderen Haus? Nein, das konnte ich nicht. Ich saß nur da und heulte, Idiot, der ich bin!
...Ist es das, was du meinst?»

Es ist wichtig, sie zu sehen, wie sie sind. Das ist wichtig, weil die Form von Hilfe und Fürsorge, die sie annehmen können, vollkommen anders ist als die, mit der wir anderen Kindern und Jugendlichen helfen können. Für die Erfahrungen der Erwachsenen sind sie unempfänglich, und physischen Kontakt schütteln sie oft ab; sie bitten niemals um Hilfe – sie kommen zurecht oder fordern Serviceleistungen oder materielle Sachen. Wenn man gerade glaubt, es sei einem gelungen, persönlichen Kontakt zu ihnen aufzubauen, ist man doch «nur ein Erwachsener». Sie sind unempfänglich für pädagogische Strategien und Belehrung, und Gesellschaft ist für sie genau wie alle anderen Gemeinschaften etwas Abstraktes. Sie sind immer für sich selbst verantwortlich gewesen, haben aber nahezu keinen Kontakt mit ihren eigenen Bedürfnissen, und ihre soziale Verantwortung ist so gut wie nicht vorhanden.

Um für diese Kinder zu sorgen, muß man sie zunächst einmal dazu bekommen, einzusehen, daß sie tatsächlich elternlos und allein mit der Verantwortung für ihr eigenes Leben sind. Das ist nicht gleichbedeutend mit Auseinandersetzung oder Bruch mit den Eltern, bedeutet aber, dem in die Augen zu sehen, daß es Qualitäten wie Verantwortlichkeit, Fürsorge, Treue und stabilen, gefühlsmäßigen Kontakt, was alles für ein richtiges Kinderleben notwendig ist, in ihrer Familie nicht gibt. Am häufigsten bringt die Einsicht unmittelbar eine große Erleichterung mit sich und etwas später eine Trauer, die ihre Zeit braucht. Erst dann findet sich die Freiheit ein, für sein eigenes Leben bewußt die Verantwortung zu übernehmen.

Dieser Schritt ist für viele Menschen schwer. Es kann hart sein, solche definitive Einsamkeit zu erfassen. Der nächste Schritt ist nicht leichter, besonders nicht für die Fachleute.

Unsere allgemeine Menschlichkeit bringt uns dazu, Kontakt anzubieten, und unser fachlicher Hintergrund, Hilfe anzubieten. Beides ist gut und wichtig, aber diese Kinder fordern, daß wir ihnen zu ihren Bedingungen begegnen. Das heißt, wir überlegen uns nicht, was gut für sie ist, sondern haben genug Respekt und Geduld, um abzuwarten, während sie die Dinge selbst ausprobieren und herausfinden. Wir müssen uns die ganze Zeit dessen bewußt sein, daß unser Kontakt auf keine Weise ein Ersatz für das ist oder sein kann, was sie von ihren Eltern nicht bekommen haben. Außerdem erfordert es, daß wir unsere eigene Unsicherheit und Hilflosigkeit aushalten können und uns auf der Ebene gleicher Würde verhalten können, jedenfalls auf keinen Fall den Helfer spielen.

Kurz gesagt: Es erfordert, daß wir von dem meisten, was wir als konventionelle Pädagogik und Erziehung kennen, Abstand nehmen.

Viele dieser Kinder, die nicht groben Übergriffen ihrer Eltern oder der Gesellschaft ausgesetzt waren, haben auf eine Weise gute Karten. Sie sind an die Einsamkeit gewöhnt und fürchten weder sie noch das Alleinsein, und ihr ursprüngliches, unverdorbenes «Ich» ist oft intakt. Der beginnende Kontakt mit ihrem inneren Kern ist ein notwendiger Ausgangspunkt für die Entwicklung einer kompetenten persönlichen Verantwortung und einer akzeptablen sozialen Verantwortung – in dieser Reihenfolge! Soziale Anpassung hat niemals irgendeinen existentiellen Schmerz gelindert, höchstens einen notdürftigen Schutz gegen wachsende Schmerzen in neuen Beziehungen gewährt.

Die Macht der Eltern

Es zweifelt wohl niemand daran, daß Eltern Macht über Kinder haben und daß die Ausübung der Macht oftmals die einzige verantwortliche Art zu handeln ist. Das gilt für die kleinen alltäglichen Situationen – wie mit Jacob und seinem Vater (siehe S. 145 f.) –, es gilt gleichermaßen in viel größeren und ernsteren Konflikten. In gleicher Weise haben Erwachsene außerhalb der Familie Macht, die sie in Übereinstimmung mit einzelnen Regeln und Normen der Gesellschaft gegenüber Kindern und Jugendlichen ausüben.

Wir werden täglich damit konfrontiert, wie divergierend man in unterschiedlichen Kulturen die Grenzen der Machtausübung auf so verschiedenen Gebieten wie physische Gewalt, Kleidung, Ehe, Religion und individuelle Rede- und Handlungsfreiheit bewertet. Eltern, die von einer Kultur in eine andere fliehen oder emigrieren, erleben, daß ihre Moralbegriffe in Frage gestellt werden, und das, was sie als stabile Beziehung zwischen Erwachsenen und Kindern zu verstehen gelernt haben, beide Partner unglücklich und die Interaktion disharmonisch werden läßt. Wenn man seine Wurzeln in Kulturen hat, deren Moralbegriffe weitaus enger und strenger sind, schafft der Zusammenprall mit unserer nuancierten nordeuropäischen Moral einen oft lebenslangen, tiefen persönlichen Schmerz bei den Eltern, der die ganze Existenz der Familie entscheidend prägt.

Es ist gleichfalls allgemein bekannt, daß viele Eltern und andere Erwachsene Tag für Tag ihre Macht über Kinder mißbrauchen. Das hat sowohl ideologische als auch psychologische Ursachen, und das Optimistischste, was man dazu sagen kann, ist wohl, daß die Tendenz, den Mißbrauch zu ignorieren oder geradezu zu billigen, in den aufgeklärtesten und demokratischen Gesellschaften abnimmt. Das gilt in gewissem Ausmaß auch für die institutionalisierte Gewalt, das heißt für den Machtmißbrauch, der Tradition und Pädagogik der Institutionen für Kinder inhärent ist, und für die politischen Beschlüsse, die Regierungen und lokalpolitische Gremien treffen.

Ich habe mich entschieden, mich in diesem Zusammenhang weniger mit den rohen und konkreten als den subtileren Ausformungen von Macht zu beschäftigen. Im folgenden werde ich versuchen, das unvermeidbare Machtgefälle zwischen Kindern und Erwachsenen einzukreisen sowie die übergeordnete Verantwortung, die zur Macht gehört, und die Formen, in der die Verantwortung ausgeübt werden kann, anzusprechen. Auf diese Weise hoffe ich, den Rahmen für ein ethisches Grundprinzip im Zusammenwirken von Kindern und Erwachsenen skizzieren zu können. Ich sehe das vom Aspekt der Gesundheit her so, daß die ethischen Bedenken entscheidender sind als die moralischen, die traditionell den Ausgangspunkt bilden für Diskussionen um Kindererziehung.

Die Interaktion

Als ich kürzlich in Südeuropa arbeitete, hörte ich zwei Mütter über Kindererziehung diskutieren. Eine von ihnen war tief unglücklich, denn ihr achtzehnjähriger Sohn mußte vor Gericht. Er war einer Serie von kleinen Diebstählen angeklagt, die er im letzten Jahr zusammen mit einer Gruppe Gleichaltriger begangen haben sollte.

Als sie ihrer Freundin einen ausführlichen Bericht über die näheren Umstände gegeben hatte, sagte sie:

○ «Ich kann das nicht verstehen! In der ganzen Zeit, als er zur Schule ging, war er so ein netter Junge. Er war hilfsbereit und fleißig und immer unter den Besten einer Klasse... Deshalb haben wir ihm ja auch so viel erlaubt... Wir haben dem Jungen nie etwas verwehrt, wenn wir es ihm irgendwie geben konnten. Er durfte abends draußen sein, er ging in die Disko... ja, ich weiß nicht, was ich dazu sagen soll. Alles durfte er, weil er ein so guter und intelligenter Junge war.»

Und etwas später, als sich das Gespräch um die fünfzehnjährige Tochter der Familie drehte:

○ «Ja, ich mache offenbar etwas verkehrt mit ihr, aber ich riskiere ganz einfach nichts anderes. Sie darf so gut wie nichts mehr. Ich behalte sie die ganze Zeit zu Hause, aus Angst, daß sie auch in schlechte Gesellschaft geraten könnte... Natürlich protestiert sie, und es ist wohl auch nicht richtig, was ich tue, aber etwas anderes wage ich nicht zu tun. Was soll eine Mutter denn sonst tun?»

Über ihre aufrichtige Verzweiflung und Ratlosigkeit hinaus spiegelt die Aussage dieser Mutter ein interessantes Konzentrat wesentlicher Problembereiche. Gleichzeitig ist sie ein gutes Beispiel für einen Elternteil, der in seinem Glauben erschüttert ist, ob es wohl etwas nutzt, «das Richtige» zu tun. War das, von dem sie glaubte, es sei das Richtige, in Beziehung auf ihren Sohn verkehrt? Und wenn es das war, ist es richtig, in Beziehung auf ihre Tochter nun das Gegenteil zu tun?

Tausende von Eltern junger Bandenmitglieder, Rauschgiftabhängiger, Krimineller und Jugendlicher, die sich das Leben genommen oder es versucht haben und Glück hatten, stellen sich selbst jeden Tag die gleiche Frage. Mitten in ihrer schrecklichen Machtlosigkeit stellen sie sich selbst und gegenseitig die Frage, ob sie ihre Macht verkehrt angewendet haben, als sie sie noch hatten. Das gleiche fragen sich wohl alle Eltern jedesmal, wenn große und kleine Beschlüsse über die Kinder getroffen werden sollen: Tun wir jetzt das Richtige? Machen wir das gut genug?

Das Folgende ist keine Anklage dieser Eltern oder ein Beweis ihrer Schuld. Es ist ein Bericht darüber, wie wir alle mitverantwortlich sind für die Entwicklung und das Schicksal unserer Kinder. Diese Mitverantwortung bringt selbstverständlich auch Mitschuld mit sich. Das gleiche gilt in Beziehung auf unsere erwachsenen Liebespartner. (Soweit ich sehe, gilt das für unsere Beziehungen zu Menschen an sich, aber innerhalb der Familie sind die unmittelbaren Konsequenzen besonders deutlich.)

In der Familientherapie drücken wir das so aus: Der Prozeß des Zusammenwirkens in einer Familie (oder bei einem Paar) kann drei Qualitäten haben. Er kann *symptomschaffend, symptomerhaltend* und *symptomheilend* sein. Die Interaktion in Familien enthält zu verschiedenen Epochen der Familiengeschichte in unterschiedlichem Grad alle drei Qualitäten. Manches Mal ist das, was zwischen uns vor sich geht, konstruktiv und lebenspendend für die Familienmitglieder; manches Mal kann es destruktiv sein, und manches Mal treten wir auf der Stelle.

Am wichtigsten ist, sich klarzumachen, daß eben gerade die Qualität dessen, was zwischen uns vor sich geht, entscheidet, wie sich die Familie fühlt. Ob die Familie Pech hat oder Erfolg ist keine Frage der Einzelleistungen, sondern der Interaktion.

Die Interaktion besteht, wie die meisten wissen, sowohl daraus, das man unmittelbar sehen kann an Körper und Mimik und was man hören kann an den Wörtern und den ausgesprochenen Haltungen und Ansichten, als auch gleichzeitig aus dem, was sich mehr «zwischen den Zeilen» abspielt, in den feineren Nuancen: die zugrundeliegenden Haltungen, Gefühle, Konflikte und unsere ganz persönliche Geschichte. In der Familientherapie unterscheiden wir zwischen *Inhalt* und *Prozeß*; zwischen *was* wir tun und sagen und *wie* wir es tun und sagen.

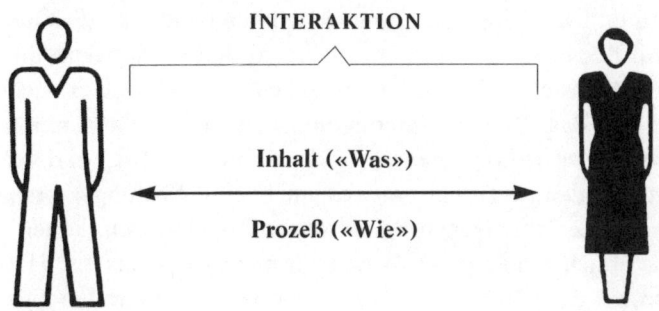

Traditionell haben wir gelernt zu glauben, der Inhalt sei das wichtigste. Das ist er nicht. Wenn zwischen Inhalt und Prozeß Übereinstimmung herrscht, verschmelzen beide und sind gleich wichtig, aber wenn das nicht so ist, ist der Prozeß das wichtigste.

Die meisten von uns sind in Familien aufgewachsen, wo die Eltern fest daran glaubten, daß das, was sie uns sagten, die Moralbegriffe, die sie uns vermittelten, die Regeln, die sie für unser Betragen aufstellten – alles das habe die entscheidende Qualität unserer Erziehung ausgemacht. Wenn sie eine hohe Moral hatten, sorgten sie dafür, die gleichen Spielregeln, die sie für die Kinder aufstellten, selber einigermaßen einzuhalten: nicht lügen, nicht stehlen, nicht fluchen, artig am Tisch sitzen, nett mit Fremden reden und so weiter.

Sie wußten um die Widersprüche auf der inhaltlichen Seite – zwischen Haltung und Verhalten – und wußten, daß diese die Erziehung ineffektiv machen können. Das klassische Beispiel ist der Vater, der seinem Sohn zuruft: «Junge, du sollst doch nicht fluchen, verdammt noch mal!»

Gleichermaßen erkannten sie einen gewissen Zusammenhang zwischen Qualität des Zusammenlebens der Erwachsenen und dem Aufwachsen der Kinder. Wenn der Vater trank oder stahl oder wenn sich die Eltern immerzu stritten und schlugen, war leicht zu verstehen, daß die Kinder nicht gediehen und verwahrlosten. Aber sie wußten nicht, daß die Qualität des Prozesses alles entscheidend dafür war, wenn ihre guten Absichten Erfolg hatten. Sie wußten nur, daß es wichtig war, das «Richtige» zu tun, und wenn das mißlang, mußte dem etwas im Wege stehen, bei den Kindern selbst, bei deren Kameraden, eventuell war es auch eine Prüfung Gottes. Wenn sie ihre eigenen Bemühungen hinterfragten, lauteten die üblichsten Fragen: «Waren wir nicht streng genug? Hätten wir das kommen sehen und konsequent eingreifen müssen?»

Sie dachten, wie die Mutter in der Einleitung dieses Abschnitts, an das, *was* sie getan oder unterlassen hatten, und nicht daran, *wie* sie es getan hatten.

In einer Liebesbeziehung zwischen gleichgestellten Erwachsenen sind beide gleichermaßen verantwortlich für die Qualität ihres Zusammenwirkens, wohingegen die Erwachsenen für die Qualität der Interaktion mit den Kindern die ganze Verantwortung tragen. Das gilt für die Interaktion zwischen Kindern und Eltern innerhalb der Familie, zwischen Kindern und Erziehern in der Kinderkrippe und im Kindergarten, zwischen Kindern und Lehrern in der Schule und zwischen Kindern und Erwachsenen in der Gesellschaft.

Das Genannte ist nicht Ausdruck einer bestimmten Haltung beim Zusammenwirken zwischen Kindern und Erwachsenen – einer Haltung, die zum Beispiel für alle Kinder Partei ergreift. Es ist ganz einfach so, selbst wenn Kinder und Jugendliche den Interaktionsprozeß mit den Erwachsenen beeinflussen, sind sie außerstande, dafür Verantwortung zu übernehmen. In Zusammenhängen, wo aus irgendwelchen Gründen die Verantwortung den Kindern übertragen wird, entwickeln diese sich nicht gesund.

Nur langsam gewöhnen wir uns an diese Tatsache und lernen etwas über die Prinzipien, die gesunde Prozesse zuwege bringen. Die Art und Weise, wie wir Erwachsene die Prozesse beeinflussen, steht großenteils außerhalb unserer Kontrolle. Das ist das Problem.

Wir beeinflussen sie mit unserer Persönlichkeit, mit unseren bewußten und unbewußten Konflikten in uns selbst und mit anderen, mit den Gefühlen und Stimmungen, die wir ignorieren oder zum Ausdruck bringen, mit Stimmungswechseln, die wir selber nicht bemerken, mit unserem übertriebenen Eifer, das Richtige zu tun, und mit unserer Angst, das Verkehrte zu tun – um nur einige Faktoren zu nennen.

Das ist die Macht, die wir über unsere Kinder haben. Unabhängig davon, womit sie geboren sein mögen, haben wir Macht über die Prozesse des Zusammenwirkens, die ihre weitere Entwicklung und Lebensqualität bestimmen, bis sie selbst erwachsen sind und übernehmen.

Mit anderen Worten: Wir können nicht, wie unsere Eltern und Großeltern glaubten, uns absichern, indem wir eine hohe Moral haben oder handeln, wie die Mehrzahl es zur Zeit als richtig ansieht. Die Idee, daß es überhaupt möglich ist, «das Richtige» zu tun, müssen wir aufgeben.

Wir müssen deshalb im Umgang mit Kindern eine Ethik entwickeln, die uns Augen und Ohren offenhält für die Schnitzer, die wir unausweichlich begehen, und wir müssen offen für sie die Verantwortung übernehmen. Nur eine solche Praxis wird die Kinder sich frei und gesund und stabil entwickeln lassen. Geholfen wird uns dabei jederzeit durch die kompetenten Rückmeldungen der Kinder, die uns daran erinnern, wo wir selbst steckenbleiben.

Lassen Sie mich einen Augenblick zu der unglücklichen Mutter und ihrem Erziehungsdilemma zurückkehren. Sie und ihr Mann haben den Sohn nach dem alten Rezept erzogen: Wenn die Jungen artig sind, sollen sie gelobt und belohnt werden, und wenn nicht, wird die Schraube angezogen und die Freiheit eingeschränkt.

In der Kultur, in der die Familie lebt, gibt es für Eltern keine Zweifel am Inhalt: Kinder sind süß, fleißig und tüchtig in der Schule, und im übrigen tun sie, was ihre Eltern sagen. Das Ideal ist totale Anpassung und Fremdbestimmtheit. Wenn Inhalt und Prozeß übereingestimmt hätten, wäre aus dem Knaben ein flotter junger Mann geworden, der seine Mutter auf einen Altar knapp unterhalb der Muttergottes stellt und am Sonntag mit seinem Vater einen trinkt.

Aber so ging es nicht. In der familiären Interaktion hatte es genug Destruktives gegeben, und in solchen Fällen wird das fremdbestimmte Ideal plötzlich gefährlich. So steht er da mit seinen guten Prüfungsnoten, seinem geringen Selbstgefühl, seiner fehlenden Eigenverantwortlichkeit und seiner Sehnsucht nach einer wie auch immer gearteten sozialen Identität, die nur nicht der seiner Eltern gleicht. Dann bekommen die schlechten Freunde Macht – genau die gleiche Macht, die die Eltern gehabt hatten: Wenn du tust wie wir, bist du im Warmen; wenn nicht, stehst du im Regen!

Die Mutter hat natürlich recht mit ihrer Vermutung, daß nicht erwartet werden kann, die umgekehrte Strategie der Tochter gegenüber werde besser funktionieren. In ihrer Kultur wird sie entweder anfangen, in der Schule schlechte Noten zu bekommen, den offenen Kampf mit den Eltern zu suchen, oder sie wird schwanger, damit sie zu Hause ausziehen kann.

Kinder kooperieren im gleichen Umfang mit konstruktiven wie destruktiven Prozessen in der Familie. Ihre Psyche kann nicht unterscheiden. Allmählich, so wie ihr Bewußtsein, ihre Sprache und ihre Werte sich entwickeln, können sie gut intellektuellen und moralischen Abstand vom destruktiven Verhalten der Eltern nehmen, aber das dringt ihnen dennoch unter die Haut und wird ein Teil ihrer Person. Wenn also ein Kind oder Jugendlicher anfängt, sich destruktiv oder autodestruktiv zu verhalten (abhängig davon, ob er direkt oder spiegelverkehrt kooperiert), kann man mit großer Sicherheit drei Dinge folgern:

○ Er ist nicht der erste in der Familie, dessen Verhalten destruktiv/autodestruktiv ist. Den Anfang machen immer die Erwachsenen.
○ Den Erwachsenen in der Familie ist in der Regel ihr destruktives/autodestruktives Verhalten nicht selbst bewußt. Sie sind also insoweit unschuldig.
○ Sein destruktives/selbstzerstörerisches Verhalten hat sich im Laufe einiger Jahre entwickelt. Selbst wenn man vielleicht auf eine besondere Begebenheit in seinem Leben deuten kann, die vor kurzem stattfand, hat die oft nur das Verhalten sichtbar gemacht (Kleinstkinder reagieren oft prompter).

Wir haben keine Möglichkeit, diese Erwachsenenmacht abzulegen, und wir haben auch nur begrenzte Möglichkeiten zu lernen, wie wir mit dieser Macht umgehen sollen, und das aus dem einfachen Grund, weil wir uns selbst zuwenig kennen und weil alle Kinder verschieden sind. Wir können nicht wissen, was für ein Mensch unser Kind ursprünglich war und als was für Menschen wir uns selber erweisen würden, bevor unser Kind nicht längst fortgezogen ist und auf eigenen Beinen steht.

Verantwortliche Machtausübung

Wie Eltern ihre Verantwortung wahrnehmen, macht einen großen Unterschied für die Entwicklung und das Wohlergehen ihrer Kinder, woraus sich ergibt, daß sie physische, ökonomische oder soziale Macht ausüben.

Es ist leicht einzusehen, daß wir gegenüber einem Dreijährigen, der im Begriff ist, bei Rot über die Straße zu gehen, oder der vom Arzt behandelt werden soll, physische Macht ausüben. Ebenso sind wir auch gezwungen, die wirtschaftliche Lage unserer Familie als ganze und im Hinblick auf die Zukunft zu berücksichtigen, und deshalb müssen wir gelegentlich unsere ökonomische Macht anwenden.

Ebenso ist es selbstverständlich, daß wir entscheiden, ob ein Baby in die Kinderkrippe kommt oder in welcher Schule eine Sechsjährige anfangen soll und daß wir damit soziale Macht ausüben.

Zu ernsten Konflikten kommt es erst dann, wenn unsere elterliche Verantwortung anfängt, mit der persönlichen Verantwortung der Kinder zu konkurrieren oder sie gar zu übernehmen. Traditionell geschieht das auf folgenden Gebieten: Essen, Schlaf, Schule, Kleidung, Hausaufgaben, Taschengeld und morgendliches Wecken.

Dazu kommt eine «Grauzone», zu der Aufräumen, Saubermachen, persönliche Hygiene und Zusammensein mit weiteren Familienmitgliedern (Onkel, Tanten, Großeltern) gehören.

Die Liste mit potentiellen Konfliktherden variiert etwas von Land zu Land und von einer Gesellschaftsschicht zur anderen. Es ist auch nicht meine Absicht, eine vollständige Liste zu erstellen oder jedes einzelne Konfliktfeld durchzuackern. Einige wenige werden gezielt betrachtet, um Handlungsmöglichkeiten und Konsequenzen zu illustrieren. Es geht auch nicht darum, einer Art konfliktfreiem Anti-Leben zwischen Eltern und Kindern das Wort zu reden, sondern etwas wie eine Markierung einzurichten, die man anpeilen kann, wenn man Zweifel hat, was da in der Familie vorzugehen scheint und wie gut und richtig das eigentlich für alle Beteiligten ist.

Ist es beispielsweise eine gute Idee, seine Kinder morgens zu wecken, oder können sie genausogut selbst klarkommen? Die Antwort lautet, daß sie ab etwa drei Jahren leicht allein zurechtkommen können.

Nun ist es ja so, daß dieser morgendliche Start in unglaublich vielen Familien fast jeden Tag für Konflikte sorgt. Es gibt beinahe eine Art Tradition dafür, daß die Anzahl der Weckversuche proportional mit dem Alter der Kinder ansteigt. Aber das ist nicht etwa so, weil Kinder nicht dafür verantwortlich sein können, morgens hochzukommen. Warum dann?

Das liegt meist an zwei Dingen: Erstens spielen viele Eltern ein doppeltes Spiel – sie wecken die Kinder, sagen aber gleichzeitig, daß sie allein zurechtkommen müßten. Zweitens kooperieren Kinder. Das heißt, wenn man über ausreichend lange Zeit etwas für Menschen tut, was sie an sich selbst können, werden sie hilflos und abhängig.

Hier wird deutlich, daß die Entwicklung der persönlichen Verantwortlichkeit vor der elterlichen Verantwortung kommt. Es ist einleuchtend, daß Kinder und Jugendliche aus praktischen Gründen ab einem gewissen Zeitpunkt mit einem Wecker zurechtkommen sollten, um aufzustehen, wenn er klingelt. Aber sind es andererseits nicht die Eltern, an denen es hängenbleibt, wenn sie zu spät aufstehen, zu spät zum Bus und zu spät in die Schule kommen? Ist es nicht einfach die Pflicht der Eltern gegenüber den Kindern und der Schule, dafür zu sorgen, daß sie rechtzeitig aufstehen?

Die Antwort ist einfach. Man kann das tun, womit man am besten zurechtkommt. Wenn Sie Ihre Kinder in aller Ruhe und mit lächelndem Gesicht wecken können und sie tatsächlich aufstehen, dann machen Sie das doch ruhig weiter.

Wenn man das nicht fertigbringt, ist es klüger, damit aufzuhören. Wenn das Wecken sich so entwickelt, daß man genervt und gestreßt ist und etliche Male rufen muß, bevor sie endlich aufstehen, und wenn der Tag schon mit Ärger anfängt, dann ist diese Markierung zum Anpeilen, von der ich gesprochen habe, erreicht. Ich nenne das «den destruktiven Konflikt»: das ist *ein Konflikt, der sich immer häufiger wiederholt und wo der Austausch zwischen den Personen immer negativer wird, gepaart mit Kritik, Vorwürfen, Anklagen, Beschimpfungen, Ironie und Sarkasmus.*

Wenn das geschieht, bedeutet es immer, daß die Eltern teils über ihre eigenen Grenzen hinausgegangen sind (ihre eigene persönliche Verantwortung mißachtet haben) und teils eine Verantwortung übernommen haben, die von Rechts wegen den Kindern gehört.

Das Problem ist hier nicht, ob ein paar halbwüchsige Kinder die Verantwortung selbst wieder übernehmen können. Das können sie leicht. In der ersten Zeit verschlafen sie ein paarmal und testen eventuell sogar ihre Chance, ihre Eltern dafür verantwortlich zu machen, aber das geht schnell vorüber.

Das Problem ist folgendes. Wenn Eltern sich entscheiden, eine Verantwortung zu übernehmen, die von Rechts wegen den Kindern gehört, so folgt daraus eine zusätzliche Verantwortung, nämlich die für das Fiasko, wofür die destruktiven Konflikte (also die destruktiven Interaktionsprozesse) ein Beweis sind. Dazu kommt noch die Verpflichtung, die Verantwortung zurückzugeben.

Genau an dieser Stelle haben sich Eltern im Laufe der Zeit am unverantwortlichsten verhalten, indem sie den Kindern die ganze Schuld an dem Konflikt gaben.

Wenn man statt dessen selbst die Verantwortung übernimmt und ihnen gleichzeitig ein Beispiel dafür geben will, wie man eine persönliche Verantwortung übernehmen kann, setzt man sich mit den Kindern zusammen und sagt zum Beispiel: «Hört mal zu. Als ihr klein wart, fanden wir es so schön, euch jeden Morgen zu wecken, daß wir die Verantwortung für euer rechtzeitiges Aufstehen übernahmen. Wir finden das jetzt aber nicht länger schön – tatsächlich sind wir fast jeden Morgen genervt. Deshalb haben wir uns entschlossen, euch die Verantwortung zurückzugeben. Wenn ihr mal spät ins Bett kommt und Angst habt, den Wecker nicht zu hören, dann sagt Bescheid. Dann werden wir natürlich helfen. Aber an sich müßt ihr von jetzt an selbst dafür sorgen.»

So ist die Verantwortung dorthin zurückgegeben, wohin sie gehört, liebevoll und definitiv. Keiner hat die Schuld bekommen, und die Eltern sind mit gutem Beispiel vorangegangen. Der destruktive Prozeß ist aufgehoben und durch einen konstruktiven ersetzt worden, und das ist weitaus wichtiger für die Zukunft der Kinder, als wenn sie ein paarmal zu spät zur Schule kommen.

Der gleiche Ablauf könnte beschrieben werden für folgende Tatsache. Viele Eltern sehen es als ihre Verantwortung an, daß die Kinder abends zu einer bestimmten Zeit ins Bett kommen. Auch das ist eine Tradition, die jeden Tag unzählige destruktive Konflikte schafft.

Kinder können leicht ihre eigene Schlafenszeit steuern. Sie werden auf diesem Gebiet, wie bei so vielem anderen, ihre Eltern kopieren. Ihr Schlafbedarf wird die meiste Zeit gedeckt werden, und manchmal werden sie, wie die Erwachsenen, zuwenig Schlaf bekommen, weil sie gerade etwas Wichtiges tun, es gerade so gemütlich finden oder etwas Spannendes im Fernsehen sehen.

Aber das heißt nicht, daß Kinder über ihre Schlafenszeit selber entscheiden sollen, wenn die Eltern sie lieber anders geregelt haben wollen. Ungeachtet dessen, ob Eltern sich dafür entschieden haben, damit sie für sich Ruhe und Frieden haben, oder ob sie sicherstellen wollen, daß die Kinder am nächsten Tag ausgeruht sind oder aus einem ganz anderen Grund, können sie ihre Macht gebrauchen und ihre Verantwortung ausüben.

Damit sind sie gleichzeitig allein dafür verantwortlich, daß sich die Interaktion vielleicht destruktiv entwickelt und dafür, wenn sie in dem Fall unter Umständen ihren Entschluß oder ihre Haltung wieder ändern.

Für Kinder ist es möglicherweise am gesündesten, daß sie jede Nacht ihren ausreichenden Nachtschlaf bekommen, aber in dem Moment, wo die Konflikte um die Schlafenszeit anfangen, destruktiv zu werden, ist das bedeutend gesundheitsschädlicher. Der Prozeß gewinnt über den Inhalt; die Qualität der Interaktion über Haltung und Methoden.

Es ist wichtig, auf die Definition des «destruktiven Konflikts» zu achten (siehe S. 210). An den üblichen Konflikten, daß nämlich Eltern und Kinder mit einem «Ach, kann ich nicht heute mal ein bißchen länger aufbleiben?» reagieren, ist das ein Zeichen der eigenen und familiären Gesundheit. Das kann mit «Ja» oder «Nein» beantwortet werden, je nachdem, wie die Eltern dazu stehen, oder aus der Situation heraus über eine Abmachung verhandelt werden.

Wenn das, was vom Kind kommt, eher defensiv ist: «Warum muß ich so früh ins Bett?», dann sollte die Antwort entweder lauten: «Weil ich das so haben will!» (denn es sind die Eltern, die die Verantwortung tragen), oder man handelt eine Einigung aus, wenn man das für passender hält. Aber nicht: «Weil du müde bist und morgen früh aufstehen mußt.» Eine Sache ist es, die persönliche Verantwortung eines Kindes zu übernehmen, aber etwas ganz anderes ist es, dessen Bedürfnisse und Gefühle in Beschlag zu nehmen.

Die Tatsache, daß Kinder sehr oft wissen, wozu sie Lust haben, aber nicht wissen, was sie brauchen, bedeutet nicht, daß Eltern immer wissen, was ihr Kind braucht. Wenn das Kind sagt: «Aber ich bin kein bißchen müde!», lautet die Antwort: «Ja, ich merke schon, daß du das doof findest, aber ich will trotzdem, daß du ins Bett gehst.» Das kann man sagen, auch wenn das Kind nur noch ganz kleine Augen hat vor Müdigkeit und wenn die Schultern herunterhängen bis zu den Knien.

Für die Qualität der Interaktion ist es genauso entscheidend, daß die Erwachsenen für sich selber die Verantwortung übernehmen, wie auch den Konflikten nicht aus dem Weg zu gehen. Konflikte sind für die Gesundheit der Familie nicht gefährlich. Gefährlich ist nur, *wie* mit ihnen umgegangen wird.

Lassen Sie uns einen anderen häufigen Konfliktbereich anschauen – die Hausaufgaben der Kinder – und ihn ein wenig detaillierter daraufhin betrachten, wie er den Prozeß des Zusammenwirkens beeinflußt.

Sehr viele Eltern verlieren ungefähr, wenn ihre Kinder im dritten oder vierten Schuljahr sind, ihr intensives Interesse an der Schule. Sie schalten statt dessen den automatischen Elternanrufbeantworter an, der sagt:

○ «Wie war es heute in der Schule?»
○ «Hast du für morgen Hausaufgaben auf? Hast du keine auf? Mir scheint, ihr habt nie viel auf. Bist du sicher?»

Interesse wird durch Kontrolle ersetzt. Man kann das an der Stimme hören, an der Mimik sehen und an der Körpersprache ablesen. Der Prozeß hat seinen Charakter von warm zu kalt verändert, von Kontakt zu Distanz. Kontrolle schafft Unverantwortlichkeit, und Distanz fördert Gleichgültigkeit.

Von nun an stehen mehrere Möglichkeiten offen. Wenn Kinder sehr gern in die Schule gehen und die Hausaufgaben als eine willkommene Pflicht ansehen, passiert nichts Besonderes. Wenn nicht, stehen die Chancen nicht schlecht, daß Notlügen, Mogeleien, Briefe des Klassenlehrers und der tägliche zähe Kampf, die Hausaufgaben zu überstehen, immer mehr zur Tages(un)ordnung gehören.

Aber worin besteht hier das Dilemma der Eltern? Unter anderem darin, daß alle Lehrer dieser Welt sich zusammengerottet und entschieden haben, daß Schularbeiten in der Verantwortung der Eltern liegen. Das ist nicht nur unlogisch, sondern auch unzweckmäßig und bringt Eltern wie Kinder in eine unmögliche Lage.

Ich weiß genau, daß zahlreiche Kinder und Eltern lernen, mit der Situation umzugehen und gemeinsam eine ausgewogene Form der Kooperation herausbilden. Aber bei mindestens genauso vielen, deren Verhältnis untereinander und zur Schule weniger harmonisch ist, mißglückt das.

Schularbeiten sind Sache von Schüler und Lehrer, das versteht sich von selbst, und den Eltern steht frei, sich für das zu interessieren, was die Kinder zu Hause tun, und ihnen beim Fachlichen so weit zu helfen, wie es nötig ist. Das wird den Kindern optimale Möglichkeiten geben, ihre Eigenverantwortlichkeit zu entwickeln, und den Eltern die Möglichkeit, mit ihrer elterlichen Verantwortung und intimen Kenntnis des Kindes sich dann einzuschalten, wenn ernste Konflikte in der Zusammenarbeit zwischen Lehrern und dem Kind entstehen. Beim jetzigen Stand der Dinge werden die Eltern darauf reduziert, der verlängerte Arm der Lehrer zu sein.

Aber bis sich dieser Zustand mit der Zeit ändert, werden für Eltern und Kinder um den Komplex Schularbeiten immer destruktive Konflikte entstehen. Wenn das passiert, ist die Strategie dieselbe wie die oben in Zusammenhang mit Schlafenszeit und morgendlichem Aufstehen genannte: die Verantwortung dahin zurückgeben, wo sie hingehört.

Wenn sich die Konflikte seit langem aufgestaut haben, kann für beide Partner eine schwierige Übergangsphase entstehen. Für Kinder ist es schwer, zu ihrer Eigenverantwortlichkeit zurückzufinden, und nicht weniger problematisch ist es für Eltern, von Kontrolle Abstand zu nehmen. Aber eines Tages ist es soweit! Eines schönen Tages können Eltern wieder ihr eigenes, ehrliches Interesse spüren und es so ausdrükken, daß das Kind nicht dichtmachen muß. Und eines anderen schönen Tages geschieht das Wunder: Man fragt seinen Zwölfjährigen, ob er viele Hausaufgaben für den nächsten Tag hat, und er antwortet:

○ «Ja, massig! Aber ich habe mich entschieden, statt dessen runter zum Hafen zu gehen und zu angeln. Es ist heute phantastisches Angelwetter!»

An diesem Tag ist das Problem gelöst. Er hat zu seiner Eigenverantwortlichkeit gefunden und ist imstande, seinem Wohlfühlen Priorität einzuräumen vor seinen Pflichten, ohne zu schwindeln. Für viele Eltern ist das eine Kröte, die sie schlukken müssen – der Elternanrufbeantworter spielt automatisch Ermahnungen, Pflichten und die Lage auf dem Arbeitsmarkt ab –, aber ich empfehle, darauf Champagner zu trinken!

Die Qualität der Interaktion ist ganz davon abhängig, daß die Eltern aktiv ihre Verantwortung wahrnehmen, indem sie ihren Kindern einräumen, selbst die Verantwortung zu übernehmen, statt in passiver Resignation über diese ewigen Streitereien aufzugeben. Die aktive Verantwortung setzt den destruktiven Konflikten ein Stopp entgegen, wo Resignation («Es nützt ja doch nichts, etwas zu sagen!») nur die Lautstärke herunterschraubt.

Eltern üben im Großen wie im Kleinen jeden Tag verschiedene Formen ihrer Macht aus. So muß das sein. Bis ungefähr hin zur Pubertät brauchen die Kinder tatsächlich Eltern, die Mut zum Besserwissen haben und die aus dem größeren Wissen, der größeren Einsicht und Erfahrung heraus handeln. Als Sparringspartner, Beschlußfasser und Machtausüber.

Alle die großen und kleinen Beschlüsse machen den Kindern Eindruck, und wenn sie gesund sind, reagieren sie verbal, gefühlsmäßig und körperlich. Sie sind froh, unglücklich, wütend, verletzt, glücklich, uneinig, kritisch und den ganzen Rest des mentalen und gefühlsmäßigen Registers. Wenn wir großes Glück haben und unser Verhältnis zu unseren Kindern so gut wie möglich ist, bekommen wir spontane, persönliche Rückmeldungen, so daß wir immer wissen, woran wir mit ihnen sind.

In den altbekannten patriarchalischen Familien waren nur sogenannte positive Reaktionen zugelassen, während die sogenannten negativen verboten waren. Die sogenannten negativen Gefühle erhielten ihren Namen, weil sich die Umgebung nicht um sie kümmerte. Nicht weil sie schlecht für die sind, die sie haben. Das werden sie nur, wenn sie nicht zum Ausdruck gebracht werden.

Deshalb gibt es die Tradition, daß die negativen Reaktionen der Kinder auf die Machtausübung der Eltern entweder unterdrückt oder verurteilt, oder kritisiert werden. Daraus resultieren unter anderem zwei Dinge. Entweder gelingt die Unterdrückung und das Kind verliert sein Selbstgefühl und wird fügsam, oder die aufgestauten Reaktionen fangen mit zunehmendem Alter an, explosiv zum Ausdruck zu kommen, was noch mehr Verurteilung zur Folge hat.

Dem wahren Ausdruck ihrer Integrität, ihrer Person oder ihres Daseins können wir mit den spontanen Reaktionen der Kinder und Jugendlichen am nächsten kommen. Die klassische, kritisierende Art, sich ihnen gegenüber zu verhalten, ist deshalb ein Angriff auf ihre Integrität.

Wir können unsere ökonomische, physische und soziale Macht benutzen, um Kindern Dinge und Umstände zu geben oder zu versagen, die sie entweder haben wollen oder die sie brauchen. Aber wenn wir sie benutzen, um ihre Reaktionen oder Gefühle zu etwas Falschem zu machen, sind wir auf der schiefen Ebene des Machtmißbrauchs. Unser Elternstatus gibt uns nicht das Recht, das Leben selbst zu kränken. Genau dieselben ethischen Regeln sind notwendig, um gesunde Beziehungen auf dem Boden der Glaubwürdigkeit mit anderen Erwachsenen aufzubauen.

Ein gewaltiger Unterschied liegt zwischen den folgenden Erwachsenenreaktionen einem Kind gegenüber, das infolge einer Einschränkung oder Zurückweisung vor Wut und Frustration schäumt:

○ «Jetzt hör endlich auf mit dem Theater, oder ich sorge dafür, daß du Grund hast zu heulen!» (In ihrer primitivsten Form gehören zu dieser Version ein paar Ohrfeigen und Marschbefehle.)
○ «Hör zu! Ich finde es nicht gut, daß du so explodierst. Es tut mir leid, aber ich bleibe bei meinem Nein. Ich bin damit einfach nicht einverstanden.» (In seiner fortgeschrittensten Form: «Ja aber, Liebes, das war mir nicht klar, daß es dir so viel bedeutet. Komm her und erkläre mir, warum es so wichtig ist.»)

Weder Erwachsene noch Kinder können sich wohl fühlen, wenn Unbeteiligte ihre spontanen Lebensäußerungen verurteilen. In diesem Zusammenhang ist der einzige Unterschied zwischen Kindern und Erwachsenen, daß Kinder einige wenige Jahre ihres Lebens lang glauben, die Welt sei für sie da und ihre Eltern seien omnipotent und perfekt. Sie werden noch früh genug entdecken, daß es so nicht ist, ohne daß sie gedemütigt werden müßten.

5 Grenzen

Wie die Geschichte der Erziehung zeigt, hatten Eltern schon immer Probleme damit, ob ihre Kinder die Grenzen, die sie für deren Betragen und Entfaltung gesetzt haben, auch respektieren, und noch heute fragen sie oft: «Wie erreichen wir, daß sie die Grenzen einhalten?»

Oftmals ist nicht besonders klar, was mit «Grenzen» überhaupt gemeint ist. In der «guten alten Zeit» waren da einfach die internen Spielregeln der Familien. Die Erwachsenen definierten die Grenzen, und die Kinder hatten sich danach zu richten. Im großen und ganzen waren die Grenzen innerhalb der jeweiligen Gesellschaft und Gesellschaftsschicht die gleichen, und das machte es natürlich etwas leichter damit umzugehen als heute, wo die Vielfalt regiert.

Auf diese Weise Grenzen zu setzen funktioniert aus vielerlei Gründen nicht mehr. Aber das grundlegende Problem ist stets das gleiche geblieben: Mit den Grenzen wurde so umgegangen, daß die Grenzen der Kinder verletzt wurden. Das Resultat war (und ist) deshalb meistens: Kinder erlernten nicht Respekt für das Menschliche im Menschen, sondern lernten Angst vor der Macht.

Das kollektive Selbstbewußtsein der Kinder und Jugendlichen ist im Lauf der letzten dreißig Jahre beträchtlich gewachsen. Angst und Respekt vor Autoritäten sind weniger geworden, und der Weg zur gleichen Würdigkeit aller Menschen wurde immerhin einspurig eröffnet. Insofern hat sich die alte Art, Grenzen zu setzen, überlebt und kann nur noch durchgesetzt werden mit massivem Machtmißbrauch oder mit der pädagogischen Manipulation des fundamentalen kindlichen Drangs, mit den Erwachsenen, von denen sie abhängig sind, zu kooperieren.

Das bedeutet nicht, daß die alte Behauptung «Kinder brauchen Grenzen, um sich geborgen zu fühlen» falsch ist, sondern nur, daß wir lernen müssen, Grenzen als etwas anderes zu verstehen. Sie sind mehr als familiäre Verkehrsregeln. Früher zog man sozusagen Grenzen rund um die Kinder.

Statt dessen müssen die Erwachsenen anfangen, *für sich selbst* Grenzen zu setzen. Das ist nicht so zu verstehen, daß jetzt im Namen der Demokratie generelle Verkehrsregeln für die Erwachsenen erlassen werden sollen, sondern die Erwachsenen sollen lernen, ihre individuellen, persönlichen Grenzen im Umgang mit den Kindern zu kennzeichnen.

Statt autoritärer Macht wird persönliche Autorität gebraucht. Diese entwickelt sich dadurch, daß von Kindern und anderen Erwachsenen die Grenzen in Frage gestellt und verletzt werden. Für viele Eltern heißt das, daß sie erst dann, wenn Kinder da sind, die Möglichkeit erhalten, ihre persönliche Verantwortlichkeit und Sprache zu entwickeln, selbst wenn eine Liebesbeziehung zu einem anderen Erwachsenen diese Entwicklung in Gang gesetzt hat. Für andere, die in Familien aufgewachsen sind, wo Respekt für ihre Integrität das A und O aller Erziehung war, ist es leichter.

Sich von den Rollen verabschieden

Vor gar nicht allzu langer Zeit war es selbstverständlich, daß Erwachsene im Verhältnis zu Kindern unterschiedliche Rollen übernahmen. Man konnte verschiedene Funktionen im Leben der Kinder haben – Vater, Mutter, Lehrer, Großmutter und so weiter –, und zu jeder Funktion gehörte eine Rolle. Die unterschiedlichen Rollen hatten jeweils ihre Attitüden, jede hatte ihre Körpersprache und jede ihre Sprache, die zwar von den verschiedenen Persönlichkeiten der Erwachsenen gefärbt, aber dennoch in großem Umfang Stereotype waren.

Für Kinder und Jugendliche in der modernen, freien Gesellschaft ist es charakteristisch, daß ihr Respekt für diese stereotypen Erwachsenenrollen nur sehr begrenzt ist. Sie sind, könnte man sagen, mit uns schneller gleichwürdig geworden als wir mit ihnen. Ich zweifle nicht daran, daß diese Entwicklung sich in jeder Hinsicht als Geschenk für beide Parteien erweisen wird, nicht zuletzt für die Qualität ihrer gegenseitigen Beziehungen.

In der Übergangsphase hat das jedoch zu einigen heftigen Konflikten geführt, was in vielen Familien sehr ernste Probleme beim Zusammenleben hervorrief. Die Problematik ist nicht unähnlich derjenigen, die das Verhältnis zwischen

Männern und Frauen prägte, als Frauen begonnen hatten, auf ihrer Gleichberechtigung zu insistieren. In vielen Familien toben heute Machtkämpfe zwischen Eltern und Kindern, und in anderen haben die Eltern in einem Ausmaß resigniert, daß ihre sporadischen Versuche, sich Respekt zu verschaffen, wirkungslos verpuffen.

Nach meiner Erfahrung sollte Kindern, die ein symptomerzeugendes oder problematisches Verhalten entwickelt haben, mit dem gleichen Respekt für ihre Integrität, ihr Selbstgefühl und ihre Eigenverantwortlichkeit begegnet werden, wie vollkommen harmonischen Kindern. Das heißt, daß auch die Eltern der massiv bis an die Grenzen vorstoßenden Kinder lernen müssen, ihre Mutterrolle und ihre Vaterrolle abzulegen und statt dessen anfangen, ihre persönliche Autorität aufzubauen.

Es ist nicht so leicht, eine Rolle abzulegen, und es dauert, ehe man defensives Klagen, Vorwürfe und Kritik aus seinen Sätzen und seinem Tonfall eliminiert hat, wenn man drauf und dran war, aufzugeben. Dies kann einige Eltern dazu verleiten, einen Weg zu wählen, der leichter aussieht und der klassischen Rolle besser entspricht: die absolute Autorität der Mächtigen, ergänzt durch ein wenig moderne Verhandlungstechnik und ein bißchen pädagogische Theorie, wie man Konsens herstellt.

Das ist ein gefährlicher Weg. Er verwechselt erwachsene Selbstachtung mit Eitelkeit und das kindliche Bedürfnis nach Wärme und Nähe mit Regeln und Struktur.

Für viele Eltern bedeutet die Rolle abzulegen einen Verlust, und zwar für diejenigen, denen die Rolle eine Zuflucht bot, die ihren Wert als verantwortliche Erwachsene bekräftigte, und die einfach gelernt hatten, das sei die einzig richtige und liebevolle Verhaltensweise für Eltern. Der erste Versuch, ohne die Rolle zurechtzukommen, kann sie deshalb mit großer persönlicher Unsicherheit und dem Erleben, die elterliche Verantwortung nicht wahrzunehmen, konfrontieren. Sie fühlen sich nackt und ganz ohne Autorität, aber in der Regel erleben sie schnell, daß es den Kindern gut gefällt, Eltern zu haben, die ihnen plötzlich auf andere Weise viel näher stehen.

Die Rolle und wie man sie ausfüllt ist ein guter Ausgangspunkt und sehr anregend, wenn man die Alternative – sich selbst – finden soll:

○ Hören Sie, was der «automatische Elternanrufbeantworter» Ihnen sagt!

Hinter welchen meiner Sätze stehe ich tatsächlich – mit meinem Denken und Handeln? Welche Sätze sind überflüssige Rückstände meines eigenen Erzogenwerdens? Wie oft sage ich Sachen, die mich verletzt haben, als meine Eltern sie zu mir sagten? Wieviel von dem, was ich sage oder tue, ist in Wirklichkeit auf Loyalität meinem Partner gegenüber zurückzuführen? Was sage ich nur so, weil ich es von Erzieherinnen im Kindergarten gehört habe? Denke ich wirklich genauso wie sie, oder denke ich eigentlich etwas ganz anderes?

○ Hören Sie den Kindern zu und sehen Sie sie an! Und dann fragen Sie sich:

Wann sehe ich Schmerz aufschimmern in ihren Augen? Wann recken sie das Kinn zur Verteidigung? Wann versteifen sie den Rücken in Wut und Trotz? Wann gerät ihre Energie unter Druck und will losplatzen? Wann werden ihre Augen klar und ihre Körper weich? Wann sind sie froh und geborgen, und wann haben sie ins Schwarze getroffen? Wann weinen sie aus natürlicher und notwendiger Frustration, und wann weinen sie vor Trauer?

○ Vergleichen Sie die Kinder in Ihren Vorstellungen und Ansichten mit denen, die real existieren! Und dann fragen Sie sich:

Woher habe ich meine Vorstellungen und Ansichten?

Welche von ihnen repräsentieren meine echten Werte und welche sollte ich vielleicht fallenlassen? Wieviel macht mir die Reaktion anderer zu schaffen, wenn ich meine Überzeugungen und Haltungen ändere?

○ Reden Sie mit Ihren Kindern, Ihrem Partner und mit anderen Erwachsenen! Und dann überlegen Sie sich: Wie wirke ich? Wie erleben sie mich? Wie erlebe ich mich selber? Getraue ich mich, zu mir zu stehen, oder passe ich mich lieber an? Was habe ich zum Beispiel heute gesagt, das ihnen merkwürdig verletzend oder überflüssig vorkam? Teile ich dieselbe Meinung wie sie?

Wir können unsere Rollen nicht von einem Tag auf den anderen ablegen, und das ist auch gar nicht nötig. Kinder erfassen blitzschnell, wenn ihre Eltern anfangen, sich selbst ernst zu nehmen, und quittieren das beinahe ebenso flott mit gewandeltem Verhalten. Das gleiche passiert, wenn sich zeigt, daß das Motiv der Eltern nur war, die Kinder dazu zu bekommen, sich gut zu benehmen. Dann hören sie auch schnell wieder damit auf. Der Umgang mit Kindern ist immer der Ernstfall.

Die eigenen Grenzen setzen

Die meisten von uns haben zwei Arten von Grenzen. Die eine ist verhältnismäßig statisch, wohingegen die andere sich je nach unserem persönlichen Wohlbefinden verschieben kann.

Zur statischen Grenze kann zum Beispiel gehören:

○ «Ich will, daß ihr die Schuhe auszieht, bevor ihr ins Wohnzimmer geht.»
○ «Ich will, daß ihr euer Spielzeug aufräumt, bevor ihr ins Bett geht.»

Grenzen

○ «Ich will, daß ihr so lange mit in die Kirche geht, bis ihr groß genug seid, selber zur Religion Stellung zu beziehen.»
○ «Ich will mitentscheiden, was ihr im Fernsehen seht.»

Die Liste wäre natürlich unendlich lang, denn sie umfaßt alle die generellen Normen, von denen Eltern in den verschiedenen Kulturen ihre Familie prägen lassen wollen mit dem Ziel, ihre Kinder zu fördern und zu beschützen.

Es ist von großem Vorteil, diese allgemeinen Normen in einer persönlichen Sprache auszudrücken. Vergleichen Sie zum Beispiel die beiden folgenden Sätze:

○ «Mit Schuhen darfst du nicht ins Wohnzimmer gehen.»
○ «In deinem Alter ist es nicht gut für dich, alles anzugukken, was im Fernsehen läuft.»

Wenn man sich persönlich für diese allgemeinen Grenzen einsetzt, hat das den Vorteil, daß es für Kinder leichter und wesentlich einleuchtender ist, ihre Eltern als Person zu respektieren (das heißt: den eigentlichen Menschen im Gegensatz zu seiner äußeren Rolle), als generelle «Wahrheiten» oder Regeln zu respektieren. Kinder wollen mit ihren Eltern gern kooperieren, und das um so lieber, wenn sie persönlich und gleichwürdig angesprochen werden, statt zurechtgewiesen zu werden oder klein gemacht, unverantwortlich zu sein scheinen oder falsch, oder dumm. Auch auf diesem Gebiet unterscheiden sie sich von den Erwachsenen nicht.

Der zweite Typus von Grenzen ist immer etwas Persönliches und bezieht sich auf etwas Konkretes. Zum Beispiel:

○ «Ich will nicht, daß du jetzt Klavier spielst. Ich will ein wenig Ruhe haben.»
○ «Ich will dir gern später eine Geschichte vorlesen, aber

Die eigenen Grenzen setzen 225

jetzt will ich mich erst mal mit deiner Mutter unterhalten.»
- «Heute will ich die Badewanne für mich allein haben.»
- «Ich will dich jetzt nicht auf dem Schoß haben. Geh runter!»
- «Ich will nicht, daß du meine Bücher aus dem Regal nimmst.»
- «Ich habe heute so einen Tag, wo ich wünschte, ich hätte keine Familie. Ich möchte allein gelassen werden, es sei denn, das Haus brennt.»
- «Ich will nicht, daß du heute mit meinem Make-up spielst.»

Die persönliche Sprache ist der Kern der Botschaft. Was man darüber hinaus an Gefühlen hineinlegt, ist weniger wichtig. Die Wörter sind es, die kränken, nicht die Gefühle. Gegen Trauer, Zorn, Wut, Humor oder Irritation ist nichts zu sagen. Es macht nichts, wenn sich Kinder «abgewiesen fühlen», wenn es denn so ist. Auf die Weise lernen sie, daß sie nicht immer alles bekommen können, was sie haben wollen, und daß es gleichzeitig das Einzelwesen gibt als auch die Gemeinschaft.

Unser individuelles Temperament, das emotionale Auf und Ab und unsere Gefühle sind ein Teil von uns ganz persönlich und deshalb nicht nur legitimer, sondern auch willkommener Teil der Botschaft. Worte markieren Grenzen; die Gefühle halten den Kontakt warm. Besonders in Skandinavien vergessen wir oft, daß es zwei Arten von Wärme zwischen Menschen gibt: die eine hält uns zusammen, die andere entsteht durch Reibung, aber es gibt sie beide, und sie sind gleich warm.

Die persönliche Sprache – «ich will», «ich will nicht» und so weiter – funktioniert nur, wenn sie wirklich persönlich ist. Wenn sie zu einem pfiffigen sprachlichen Trick degradiert wird, hat sie keinen Effekt. Für viele Eltern, die selbst in Familien aufgewachsen sind, wo die persönliche Sprache verboten war oder als unpassend angesehen wurde, wird es selbstverständlich Zeit brauchen, sie wiederzufinden, aber es lohnt sich. Nicht nur für das Verhältnis zu den Kindern, sondern auch zum Partner, den Eltern, Kollegen, Vorgesetzten und nicht zuletzt – zu sich selbst.

Wenn Eltern und andere Erwachsene persönliche Grenzen ziehen, gehen sie zunächst von eigenen Bedürfnissen aus. Wenn es ihnen gelingt, das zu tun, ohne die Grenzen der Kinder zu verletzen, wird der familiäre Interaktionsprozeß geprägt sein von einem grundlegenden Respekt für die Vielfalt des Lebens, in einer respektvollen *Praxis*, wohlgemerkt. Die Kinder lernen dann nicht nur zwischenmenschlichen Respekt und Rücksichtnahme als *moralische* Botschaft. Sie lernen, *ethisch* zu handeln.

Aber bekanntlich ist keiner von uns vollkommen. Wir erreichen im alltäglichen Leben nicht immer unsere guten Absichten. Wir fügen uns gegenseitig Schmerzen und Demütigungen zu, die uns später oft sinnlos erscheinen, die aber zu unserem Menschsein und zu unserem Leben in einer Familie einfach dazugehören. Ich wiederhole: Nichts davon schadet den Kindern, es sei denn, es wird mit Selbstgerechtigkeit verbrämt.

Wenn es mißglückt

Wie gesagt (siehe S. 218) ist immer eines der grundlegenden Probleme gewesen, daß Eltern und andere Erwachsene mit Grenzen auf eine Weise umgehen, die die Integrität der Kinder verletzt. Das ist das Problem der Erwachsenen insofern gewesen, als sie nicht immer den Respekt bekamen, den sie sich wünschten, und es ist das Problem der Kinder gewesen, weil sie mit dem Widerspruch zwischen den Werten der Eltern und deren tatsächlichem Verhalten nicht fertig wurden.

Beispiel:

Peter ist zwei Jahre alt. Er ist zusammen mit seinen Eltern bei guten Freunden. Der Kultur entsprechend, in der Peter und seine Eltern leben, haben sie für ihn kein Spielzeug mitgebracht. Es wird von ihm erwartet, daß er die paar Stunden, die der Besuch dauert, ein lieber kleiner Junge und ruhig ist. Nachdem er anderthalb Stunden still bei seinen Eltern auf dem Schoß gesessen hat, bekommt er die Erlaubnis, allein ein bißchen herumzuspazieren.

Auf dem Küchentisch sieht er einen Hammer liegen und nimmt ihn begeistert in die Hand. Die Eltern reagieren prompt:

○ «Nein, Peter! Das darfst du nicht!»
○ «Peter! Tu, was deine Mutter dir sagt! Leg ihn weg!»

Peter hört zwar, was sie sagen, aber er ist von seinem Fund vollständig hingerissen. Er will ihn seinem Vater zeigen und schwingt ihn auf dem Weg begeistert durch die Luft. Um seine Mutter und die kleine Schwester macht er einen kleinen Umweg. Währenddessen verlangen beide Eltern, daß er ihn weglegen soll, und erinnern ihn daran, daß er das Werkzeug der Erwachsenen nicht nehmen dürfe, das wisse er doch. Als er fast beim Vater ist, läßt er den Hammer auf den Boden fallen und kassiert augenblicklich eine Ohrfeige. Schockiert hält er inne, der Atem stockt einen Moment, dann brechen die Tränen durch. Das quittiert der Vater, indem er ihm auf die Finger haut und ihn auf den Schoß zieht, während er verlangt, daß Peter aufhören soll zu heulen. Der beginnt leise zu weinen. Die Eltern nicken einander bekräftigend zu. Nach etwa fünf Minuten findet Peter langsam zu den anderen zurück und zeigt blanke Augen und ein vorsichtiges Lächeln.

Die Grenze wurde gesetzt, das Gesetz übertreten und das Urteil vollstreckt. Peter wird es schon noch lernen! Vor den Grenzen seiner Eltern bekommt er nie Respekt, aber er lernt, die Strafe zu fürchten. Obendrein lernt er, daß es falsch ist, seine Schmerzen zu zeigen.

Das Beispiel ist in seinem Aufbau klassisch. Nur in der Verletzung der kindlichen Integrität variieren Form und Inhalt.

- «Du darfst nicht mit dem Hammer spielen, Peter! Wie oft soll ich dir das noch sagen?» (Soll heißen: «Wie bist du dumm!»)
- «Du darfst nicht mit dem Hammer spielen, Peter! Wann lernst du endlich, auf das zu hören, was man dir sagt?» (Sprich: «Deine Neugier auf die Welt ist deinen Eltern gegenüber illoyal!»)
- «Du darfst nicht mit dem Hammer spielen, Peter! Du bist doch schon groß genug, das zu verstehen, oder etwa nicht, mein Schatz?» (Im Klartext: «Du bist doch ein kleiner Trottel!»)

Wenn sechs- bis siebenjährige Kinder ständig die Grenzen der Erwachsenen verletzen, liegt das häufig daran, daß die Art der Eltern, Grenzen zu setzen, in den ersten Jahren so war. «Ja, aber wenn Sie wüßten, wie oft wir ihm das gesagt haben!», – «Wir haben ihm das zigmal gesagt, aber es hilft nichts!» sagen die Eltern in Unwissenheit darüber, daß sie selbst das Problem geschaffen haben.

Wenn man im ersten Satz eine Grenze setzt und um den Respekt des Kindes bittet («Du darfst nicht mit dem Hammer spielen») und das Kind im nächsten Satz mit mangelndem Respekt behandelt, dann schafft man ein unhaltbares

Ungleichgewicht zwischen dem Kind und den Erwachsenen (nämlich: Du sollst meine Grenzen respektieren, aber ich brauche deine nicht zu respektieren).

Verfahrenstechnisch gesagt passiert folgendes. Die destruktive Botschaft kommt als erstes durch. Das Kind wird sich mehr und mehr verkehrt fühlen, und je häufiger sich Kinder nicht richtig fühlen, um so schwerer ist es für sie, das Richtige zu tun.

Peters Vater hätte dieser Entwicklung vorbeugen können, wenn er aufgestanden wäre, Peter den Hammer weggenommen und gesagt hätte: «Ich will nicht, daß du damit spielst, Peter.» Peter hätte möglicherweise trotzdem geweint, aber er wäre intakt gewesen. Er hätte gelernt, daß sein Vater seine Grenzen und Verbote ernst nimmt und bereit ist, eine aktive Mitverantwortung zu übernehmen, damit sie eingehalten werden, und davor ist es leicht, Respekt zu haben.

Mit der Demokratisierung des Verhältnisses zwischen Eltern und Kindern kam ein neues und destruktives Phänomen in das Problemknäuel der Grenzziehung. Manche Eltern waren so ängstlich darauf bedacht, nur ja keine altväterlichen Befehle und Verbote von sich zu geben, daß sie schließlich die gesamte Verantwortung auf das Kind übertrugen:

○ «Mami möchte gern verstehen, was Großmutter am Telefon sagt, Sören!»
○ «Ich bin echt nicht scharf darauf, daß du mit dem Hammer spielst, Sören. Gibt es nichts anderes zum Spielen, wozu du Lust hast?»
○ «Sören, Mami ist wirklich traurig, wenn du so mit dem Essen umgehst. Willst du nicht schön artig essen?»

Der Ton kann freundlich sein, klagend, appellierend oder jammernd. Rein sprachlich gesehen ist das ein wohlgemeinter Versuch, nicht autoritär zu sein und nett mit den Kindern zu sprechen. Aber das Problem liegt darin, daß die Kinder jetzt mit der Verantwortung für die persönlichen Grenzen und das Wohlbefinden der Eltern dastehen. Das kann kein Kind erfüllen. Das Resultat ist häufig, daß die Kinder mehr oder weniger hyperaktiv und chaotisch werden. Am Ende bestimmen die unmittelbaren Gelüste und Bedürfnisse der Kinder das Leben der ganzen Familie. Nicht, weil sie machthungrig sind oder weil es ihnen Spaß macht, sondern ausschließlich, weil die Grenzen und Bedürfnisse der Erwachsenen unklar sind.

Das Problem läßt sich auch aus sprachlicher Sicht betrachten. Die oben zitierten Versuche, Grenzen zu setzen, sind das, was wir «passiv» nennen. Es fehlt ihnen der aktive Teil, zum Beispiel:

○ «Ich kann nicht verstehen, was Großmutter am Telefon sagt» (der passive Teil). «Ich will deshalb, daß du still bist, während ich mit ihr spreche» (der aktive Teil).
○ «Ich kann es nicht leiden, wenn du so ißt, Sören» (der passive Teil). «Ich will, daß du dein Essen auf dem Teller läßt» (der aktive Teil).

Mit der passiven Aussage beschreiben wir uns und unsere Gefühle, mit der aktiven übernehmen wir die Verantwortung für uns und unser Wohlbefinden. Wenn wir den aktiven, eigenverantwortlichen Teil auslassen, treten wir die Verantwortung für uns an andere ab. Das ist schlecht, denn kein anderer – weder Kind noch Erwachsener – kann in irgendeiner Form die Verantwortung für uns übernehmen. Das Resultat ist, daß wir uns als «Opfer» der anderen erleben.

Dies ist eines der besten Beispiel, um zu zeigen, daß die soziale Sprache die persönliche nicht ersetzen kann. Gehen Sie doch mal in eine Schlachterei und sagen: «Ich bin hungrig.» Entweder hört keiner hin, oder der Schlachter sagt:

«Aha. Und was würden Sie denn gern essen?» Auch im Familienalltag müssen wir aktiv die Verantwortung für uns selbst übernehmen, um das zu bekommen, was wir brauchen. Das Gleichgewicht im Zusammenwirken einer Familie ist stets ganz fein ausgewogen, so daß, wenn einer in seinem Ausdruck übertrieben passiv ist, der andere unausweichlich übertrieben aktiv wird.

Manchen Eltern fällt es verhältnismäßig leicht, diesen Stil zu ändern, weil es nur ein Stil war. Andere finden es wahnsinnig schwer, weil ihre Art, sich auszudrücken, aus oft jahrelanger Selbstunterdrückung hervorgegangen ist und weil das für sie auch ein Problem in ihrem Umgang mit Erwachsenen ist.

Wenn in einer Familie einer der Erwachsenen so funktioniert, entsteht eine Polarisierung, bei der der eine vielleicht den Status als «zu weich» und der andere als «hart und stur» erhält. Die Problemstellung ist falsch, weil sie davon ausgeht, daß man Kinder auf eine bestimmte Weise «behandeln» soll. Die Erwachsenen müssen lernen, sich selbst gegenüber möglichst treu zu sein und sich so direkt und persönlich wie möglich auszudrücken. Das ist die einzig akzeptable Lösung. Es gibt Grenzen, die per definitionem für Kinder gesund sind.

Kinder können gut damit umgehen, daß ihre Eltern unterschiedliche Grenzen haben. Für sie ist es kein Problem zu lernen, so ist meine Mutter, und so ist mein Vater. Das Problem entsteht nur, wenn persönliche Grenzen zu unpersönlichen Regeln und Gesetzen umgeformt werden, welche die Erwachsenen dann ja doch immer nach Gusto abwandeln, damit sie zu ihren individuellen Verschiedenheiten passen.

Die sozialen Grenzen

Unter sozialen Grenzen verstehen wir hier Grenzen für die Entfaltung der Kinder außerhalb des Zuhauses bei Freizeitaktivitäten, beim Spielen und beim Zusammensein mit Freunden und Freundinnen, bei Partys und ähnlichem.

Über weite Strecken beim Heranwachsen der Kinder fungieren Eltern als Autoritäten, die ihren Kindern bestimmte Dinge gestatten. Die Kinder bitten um Erlaubnis, und die Eltern geben sie entweder oder lehnen sie ab. Das gehört zur Machtbefugnis der Eltern, die, jedenfalls in gewissem Umfang, gut und notwendig ist. In manchen Familien ist noch immer das Wort der Erwachsenen Gesetz – ohne Diskussion. Aber glücklicherweise wird es immer verbreiteter, daß diskutiert, verhandelt und geredet wird, ehe Entscheidungen getroffen werden.

Wenn ich finde, daß der Status der Eltern als «Gesetzgeber» nur bedingt gut ist, gilt das im Hinblick auf die Entwicklung des Selbstgefühls und der persönlichen Verantwortlichkeit der Kinder. Ich setze damit kein Fragezeichen hinter das Recht der Eltern, Entscheidungen zu treffen, die sie richtig finden. Aber mir scheinen Eltern oft ihr Recht zu buchstäblich zu nehmen und kurzen Prozeß zu machen, wenn Kinder um eine Erlaubnis bitten und sie entweder erhalten oder eine Absage bekommen.

- «Vater, darf ich heute nacht bei Tine schlafen?»
- «Nein, das darfst du nicht. Du sollst heute zu Hause bleiben.»

In vielen Situationen, besonders wenn Kinder um die fünf bis sechs Jahre alt sind, wäre es konstruktiv für beide Parteien, wenn die Eltern mit ihrer Entscheidung etwas zurückhielten und fragen würden: «Was findest du selbst denn?» Auf diese

Weise lernen Kinder, etwas tiefer nachzudenken und nicht nur ihre spontane Lust und Begeisterung, aus der heraus sie fragen, im Sinn zu haben. Sie lernen, sich selbst zu befragen, anstatt die Aufmerksamkeit ganz auf die Eltern zu richten. Ihr Selbstgefühl und die Eigenverantwortlichkeit wachsen, und der Dialog wird eher gleichwürdig.

Das gilt für die sozialen Aktivitäten der Kinder, aber auch für viele andere Gebiete, die im vorangegangenen behandelt wurden, wo wir als Eltern vor einer Wahl stehen. Wollen wir auf Macht und Kontrolle setzen oder darauf, daß sich die persönliche Verantwortung der Kinder entwickelt? Auf sozialem Gebiet kommt ein neuer Faktor zu unserem Entscheidungsprozeß hinzu: die Angst vor dem, was draußen in der Realität geschehen kann, worauf wir nur sehr wenig Einfluß haben.

Prinzipiell ist der Unterschied zwischen den sozialen und den persönlichen Grenzen nicht so groß. Für Eltern dreht es sich darum, herauszufinden, was sie mitmachen wollen und was nicht – so gut überlegt und persönlich wie möglich. Dies ist der Ausgangspunkt, der einen Gegenpart schafft zu dem, was vom Kind kommt.

Der wichtigste Unterschied ist der, daß wir hier Grenzen für das Leben des Kindes auf einem Gebiet setzen, an dem wir selbst nicht teilnehmen. Wir können uns wünschen, daß sie Pfadfinder werden, Fußball spielen oder auf die Musikschule gehen, und wir können versuchen, sie in diese Richtung zu beeinflussen. Aber wir haben keinerlei Einfluß auf einen der wichtigsten Faktoren: Freundschaften.

Die Freundschaften der Kinder werden ebenso wie die Liebesbeziehungen der Jugendlichen von den Erwachsenen oftmals unterschätzt. Wir versichern ihnen, daß sie schnell neue Freunde finden werden, wenn sie die Schule wechseln müssen, und daß die Welt voller hübscher Mädchen ist, wenn ihre Liebesbeziehung in einer Krise steckt. Wir vergessen, daß ihre beste Freundin oder erste Liebste die erste Person außerhalb der Familie ist, an die sie sich im Ernst binden. Damit ist oft ihr erstes Erleben von vollständigem Vertrauen und Hingebung verknüpft. Sowohl oberflächlicher Trost wie Fopperei sind da gar nicht am Platz.

Freundschaften entscheiden nicht selten, für welchen Sport oder für welches Hobby sich ein Kind entscheidet, und das bedeutet nicht, daß es unselbständig ist. Es bedeutet nur, daß Freundschaften und der soziale Kontakt wichtiger sind als die Aktivitäten an sich oder das Leistungsniveau, das hin und wieder hinter den Haltungen der Erwachsenen steht.

Eltern sollen sich meiner Meinung nach keinesfalls Argumenten beugen wie: «Das machen alle» oder «Das dürfen alle». Seit dem Ausbrechen aus den traditionellen Werten der Familien ist eine steigende Tendenz zu verzeichnen, daß Eltern ihre eigenen Haltungen «am Allgemeinen» messen, das heißt an dem, was die anderen Eltern der Klasse oder des Ortes erlauben.

Ein vernünftiges Gleichgewicht zwischen der Rücksicht auf das Leben des Kindes im Kreis seiner Freunde und der Rücksicht auf die eigenen elterlichen Werte und Normen zu schaffen ist oft schwierig. Aber zu glauben, das «Allgemeine» sei auch das Gesunde, ist riskant. Viel gesünder ist es, im Dialog mit den Kindern die Grundsätze der «Politik» zu formen, als das den Eltern anderer Kinder zu überlassen. Wenn nicht in den ersten vier bis fünf Lebensjahren eines Kindes eine Tradition des Verhandelns und des Dialogs gewachsen ist, werden sich die Eltern unterschiedlichen Formen von Druck oder Charmeoffensiven ausgesetzt sehen, die letzten Endes für den Selbstrespekt beider Seiten nicht glücklich sind. Wenn das passiert, ist das für Eltern ein sicheres Zeichen, daß sie zu schnell waren bei der Gesetzgebung.

Es kann nicht die Lösung sein, nun das Umgekehrte zu tun und nur nachzugeben, wenn die Offensive der Kinder massiv genug ist, sondern jetzt muß angefangen werden, seriöse Verhandlungen zu trainieren. Hier ist es wichtig, darauf zu achten, daß die Art der Kinder, am Verhandlungsprozeß teilzunehmen, oftmals gesünder ist als die der Eltern, auch wenn sie vielleicht weniger wortgewandt oder vernünftig sind. In ein Schema gebracht gibt es davon zwei Verlaufsformen. Die erste ist geradlinig:

Bedürfnis / Wunsch — Zufriedenstellen — Ruhe / Gleichgewicht

Das Kind gibt seinem Wunsch Ausdruck, bekommt ihn erfüllt und ist freundlich. Der Verlauf ist der gleiche, ob es sich um Hunger, Durst, eine Kinokarte, eine Gutenachtgeschichte oder ein neues Fahrrad dreht.

Die andere ist nicht so glatt, und viele Eltern sehen sie leider immer als Ausdruck von Ungezogenheit, Unreife oder mangelnder Loyalität.

Bedürfnis / Wunsch — Kampf / Diskussion / Dialog — Verlust / Trauer — Ruhe / Gleichgewicht

Das Kind drückt seinen Wunsch aus und stößt bei den Eltern auf Widerstand, was dazu führt, daß es darum kämpft, seinen Wunsch doch noch erfüllt zu bekommen. Wenn das nicht gelingt, «trauert» das Kind (weint, stampft mit dem Fuß auf, knallt mit den Türen oder ist beleidigt und in sich gekehrt). Nach zwei Minuten, zwei Stunden oder zwei Tagen hat das Kind seinen Verlust bearbeitet und ist wieder im Gleichgewicht.

Dieser Prozeß ist universell, und er ist von fundamentaler Bedeutung für die Gesundheit sowohl des Individuums als auch der Familie. Für uns ist es natürlich, für das zu kämpfen, was wir haben wollen, und traurig zu sein, wenn es nicht gelingt. Weder der Kampf noch die Tränen sind etwas, das wir gegeneinander tun, sondern wir tun das für uns selbst. Wir können an Vernunft und Verständnis des anderen appellieren, aber das kann diesen organischen Prozeß nicht ersetzen, nur ergänzen. Es ist deshalb wichtig, daß wir Kinder (oder einander) nicht stören, wenn gekämpft oder getrauert wird. Wichtig ist, daß wir das nicht persönlich nehmen und ihnen nicht das Gefühl einimpfen, sie seien «daneben», und ebenso wichtig ist es, nicht sentimental oder träge zu werden und einfach nachzugeben, weil wir den Konflikt nicht aushalten oder das Weinen nicht ertragen können.

Dieser Verlauf macht sich sowohl bei den generellen als den persönlichen und sozialen Grenzen geltend, aber auch in Situationen, wo die Grenze für unsere Energie, unsere Zeit, unser Geld oder persönliches Können ganz einfach so ist, daß wir nein sagen müssen, selbst wenn wir wünschten, das wäre nicht notwendig.

Die Frustration und Trauer der Kinder sind kein Beweis dafür, daß wir schlechte Eltern sind. Sie sind Ausdruck für ihren Willen und ihren Versuch, mit uns in einem gemeinschaftlichen Gleichgewicht zu leben. Sie sind auch kein Zeichen von Egoismus oder mangelnder Loyalität, sondern für ihr Vertrauen darauf, daß wir auch mit ihnen zusammensein wollen, wenn sie aus dem Gleichgewicht geraten sind. Um die Erwartungen, die in diesem Vertrauen stecken, erfüllen zu können, müssen wir ihnen nur mit sympathiegetragenem Schweigen begegnen. Zur Belohnung sind wir von chronischen Krächen und unerträglichem Annerven befreit. Das gleiche können wir erreichen, wenn wir unsere autoritäre Macht einsetzen, aber zu einem hohen Preis.

Allmählich, wenn die Kinder heranwachsen, wird ihr Bedürfnis nach Kontakt mit den Eltern geringer und ihr soziales Bedürfnis größer. Bis zum Alter von elf bis zwölf Jahren sind das Zusammensein mit den Eltern, die Erziehung und das Vorbild der Eltern die wichtigsten Ingredienzen für ihr

Wachstum und ihre Entwicklung. Aber dann wird das Zusammensein mit Gleichaltrigen und anderen Erwachsenen immer wichtiger.

Damit stellt sich erneut die Frage nach Grenzen, und eine Reihe der längst etablierten Normen der Familie wird nunmehr in Frage gestellt. Was ist mit den gemeinsamen Mahlzeiten, was mit dem Übernachten bei Freunden? Was mit Schlafenszeiten, und wann müssen sie abends zu Hause sein? Jetzt ist es soweit, daß die Eigenverantwortlichkeit der Kinder ihre ersten Proben außerhalb der Familie zu bestehen hat. Damit ist der Zeitpunkt erreicht, wo Eltern die ersten realen Rückmeldungen über den Erfolg ihrer Erziehung bekommen können.

Als meine Generation und die Generationen davor in dieses Alter kamen, machte es die Kontrolle der Erwachsenen und ihre Machtausübung nötig, eine Art Doppelleben zu etablieren – eines, zu dem die Eltern zugelassen waren, und eines, von dem sie möglichst nichts wissen sollten. Im Alltag schuf das eine gewisse Spannung, und der Preis war oft, daß Lügen, Verheimlichungen und Unverantwortlichkeiten Einzug hielten. Und dazu kam die Scham darüber, daß man so war, wie man war. Darüber hinaus war damit der Kontakt zwischen Eltern und Kindern gestört, und dieses Doppelspiel entwickelte sich für viele von uns zu einem integrierten Teil unserer Persönlichkeit, was wiederum destruktiv war für unsere späteren Versuche, die Forderungen und Erwartungen zu erfüllen, verantwortliche Partner und Eltern zu sein.

Kinder sind heutzutage weitaus freier in ihrem Umgang mit den Eltern und gleichzeitig weniger geneigt, sich mit Lügen oder Machtmißbrauch abzufinden. Das stellt große Anforderungen an die Qualität der Entscheidungsprozesse, die Kinder und Eltern durchlaufen müssen.

Früher konnten Eltern zum Beispiel souverän bestimmen, wann ein Zwölfjähriger abends zu Hause sein sollte. Wenn das Kind mit dem Zeitpunkt nicht einverstanden war, mußte es entweder die Zähne zusammenbeißen und akzeptieren oder zu spät kommen und die Strafe auf sich nehmen. Heute ist es viel schwieriger, solche einseitig verfügten Grenzen zu setzen. Und wenn man destruktive Konflikte vermeiden will, muß man sich auf echte Verhandlungen einlassen, wo beide Seiten die gegenseitigen Bedürfnisse und Grenzen ernst nehmen. Es ist viel weniger eine Frage von Erlauben als eine Frage respektvoller Gemeinschaft, wenn der Konflikt nicht zu einem Machtkampf eskalieren soll, wo die Eltern sagen: «Dazu bekommst du nicht die Erlaubnis», und die Kinder antworten: «Darauf habe ich ein Recht!»

Daß dieser Konflikt nicht davon handelt, was das Beste für die Kinder ist, wird vielleicht am deutlichsten in den Ländern, wo sich ein entsprechender Konflikt heutzutage zwischen Männern und Frauen abspielt, wenn die Frauen sich zum Beispiel entschließen, abends andere Frauen zu besuchen. Das ist reiner Machtkampf.

Bei diesem Konflikt geht es darum, wie wir am besten Familien schaffen, in denen sich alle Mitglieder wohl fühlen und sich optimal entwickeln, und das gelingt nicht durch Erlauben oder Verbieten, sondern nur mit Dialog.

Für diejenigen unter uns, die in Kommunikationsverhältnissen aufwuchsen, die Einbahnstraßen waren, werden ihre zehn- bis zwölfjährigen Kinder häufig zum zwingenden Grund, Dialoge und Verhandlungen führen zu lernen, und zwar auf einer Ebene, der viele bis dahin auch im Verhältnis zu anderen Erwachsenen aus dem Wege gegangen sind.

6 Familien mit Teenagern

Nur wenige Zeiten im Leben einer Familie mit Kindern sind so von Mythen und Erwartungen umwabert wie die Jahre, wenn die Kinder in die Pubertät kommen und dreizehn, vierzehn und fünfzehn Jahre alt werden, und dafür gibt es eine Reihe guter Gründe.

Die Pubertät ist für das Kind die zweite Gelegenheit, es selbst zu werden und sich selbst kennenzulernen (die erste ist, wie oben beschrieben, das Alter, in dem sie selbständig werden). In der Kindererziehung früherer Generationen war das aber nicht das Ziel, sondern die Kinder sollten am Ende so sein, wie die Eltern versucht hatten, sie zu formen. Bei vielen ist das gelungen, und sie entwickelten sich dem Bild und den Erwartungen der Eltern entsprechend, und einige hatten auf diese Weise ein gutes Leben. Andere mußten mit einem Gefühl innerer Leere durchs Dasein gehen und der immerzu enttäuschten Erwartung, ihre Anpassungsleistung werde sich eines Tages lohnen.

Andere hatten mehr Glück. Ihr Selbsterhaltungstrieb gewann über die Erziehung die Oberhand. Der Preis dafür waren unter Umständen jahrelange, nahezu ständige und oft heftige Konflikte mit den Eltern. Der Mythos, die kindliche Pubertät an sich sei die Ursache für Konflikte mit den Eltern, ist eben ein Mythos, ein Märchen. Den Konflikten liegen mehr die fehlende Fähigkeit und der mangelnde Wille der Eltern zugrunde, ihrem Kind als dem einzigartigen und selbständigen Menschen zu begegnen, das es zu werden beginnt. Der Mythos, den familiären Konflikten lägen hormonelle Veränderungen und Unterschiede zugrunde, wurde im Laufe der Zeit fleißig benutzt, um den Drang der Kinder und Frauen nach eigener Individualität zu erklären oder besser: wegzuerklären.

Jeglicher Konflikt in der Familie entsteht, wenn zwei oder mehr Menschen etwas Verschiedenes wollen. Deshalb gibt es immer genauso viele Ursachen für einen Konflikt wie daran teilnehmende Personen. Das gilt auch für Familien mit Kindern im Teenageralter. Überdies sind es noch immer die Eltern, die für die Qualität der Interaktion verantwortlich sind – für den Ton, die Stimmung, für das ganze Drum und Dran – und damit auch für die Art und Weise, wie die Konflikte verlaufen oder ausarten.

Daran sich zu erinnern, wenn der Teenager sonst versucht, sich wie ein Erwachsener zu benehmen und auch erwartet, wie ein solcher behandelt zu werden, ist unter Umständen schwierig. Aber er ist halt noch nicht erwachsen insofern, als er noch keine Verantwortung für die Qualität der Interaktion übernehmen kann.

Wie gesagt spielen die Fähigkeit und der Wille der Eltern, diesem selbständigen und einzigartigen Menschen, wie er sich aus der DNA-Struktur plus den familiären und kulturellen Einwirkungen entwickelt hat, zu begegnen, eine wichtige Rolle dabei, wie verbissen und destruktiv die Konflikte werden.

Als Teenager verlieren Kinder, die bis dahin gut kooperiert haben, oft ihren Willen zur Zusammenarbeit, und Kinder, deren Integrität sehr verletzt worden ist, zeigen deutliche Zeichen destruktiven oder selbstzerstörerischen Verhaltens. Die Konsequenzen der elterlichen Erziehung und der familiären Interaktion beginnen sichtbar zu werden, und das kann manches Mal als eine fast unbarmherzige Rückmeldung für den Einsatz erlebt werden, der in den allermeisten Fällen gut gemeint war und von Herzen kam.

Daß wir jetzt diese klaren und kompetenten Rückmeldungen erhalten, liegt am Alter, das diese Kinder erreicht haben. Form und Inhalt dieser Rückmeldungen gehen zurück auf die Art, wie wir mit ihnen in den vorangegangenen dreizehn bis vierzehn Jahren umgegangen sind. Sie können überwiegend positiv oder überwiegend negativ sein, aber sie sind niemals eindeutig das eine oder das andere. Nur wir erleben sie manches Mal so, wenn wir uns nämlich in dem Glauben wiegen, alles drehe sich um uns.

Wenn Kinder vierzehn bis fünfzehn Jahre alt geworden sind, müssen sie sich notwendigerweise von den Eltern abgrenzen und aus der Beziehung befreien. Sonst können sie sich nicht zu selbständigen, sozialen, verantwortlichen und kritischen Erwachsenen entwickeln. Das ist nichts, was sie gegen uns tun, sondern sie tun das für sich selbst, und es geschieht als natürliche Fortsetzung dessen, was wir für sie getan haben.

Die Prinzipien der Interaktion zwischen Kindern und Eltern, die ich bis jetzt in diesem Buch vorgestellt habe, können ganz wesentlich dazu beitragen, die Anzahl der destruktiven Konflikte zu verringern. Außerdem können sie das Fundament eines lebenslangen Vertrauensverhältnisses zwischen Eltern und Kindern werden, das nicht auf Anpassung an die Rollen als Vater, Mutter, Sohn und Tochter aufbaut, sondern auf eine gleichwürdige Freundschaft. Das Folgende sind Erfahrungen, die vielleicht dazu beitragen können, die Befreiung von den Rollen weniger schmerzhaft, sondern sinnvoller zu gestalten.

Lassen Sie das Erziehen

Wie merkwürdig das auch klingen mag, so ist doch der verbreitetste Übergriff gegenüber der Integrität des Teenagerkindes: Erziehung – liebevolle, gut gemeinte, insistierende Erziehung. Dafür gibt es zwei Gründe:

○ Auch die beste und liebevollste Erziehung ist kontrollierend, regulierend und besserwisserisch – das ist so. Gerade diese Qualitäten der Erziehung erlauben es kleineren Kindern, sich geborgen und in guten und kompetenten Händen zu fühlen. Wenn die Kinder älter werden, erleben sie genau die gleichen Qualitäten als unangebrachte Einmischung, als Kritik und Unterschätzung, als Entmündigung – und das sind sie auch.
○ Wenn Kinder in die Pubertät kommen, ist es zu spät, sie zu erziehen. Das Wichtigste, was Kinder von zu Hause mitbekommen, bekommen sie im Laufe der ersten drei bis vier Jahre. In den nächsten sechs bis sieben Jahren haben die elterliche Erziehung, ihr Vorbild und die von ihnen gewährleistete Lebensqualität weiterhin großen Einfluß; aber danach werden die Gleichaltrigen, andere Erwachsene und eigenes Innenleben die wichtigste Quelle der Inspiration für Kinder.

Alle Jugendlichen machen ihre Eltern darauf mehr oder weniger diplomatisch aufmerksam, zum Beispiel mit Wendungen wie «Das werde ich schon selbst herausfinden» bis hin zu «Halt dich da raus!». Oder wie mein Sohn sagte: «Es ist die Frage, ob ich immer noch Eltern brauche, die sich in diese Sachen einmischen.» Je schwerhöriger wir sind, desto mehr Lautstärke liefern sie uns.

Aber das sind keine Revolutionstrompeten, die da schallen. Es ist ein gutgemeinter und relevanter Rat, den die meisten Eltern als ein Signal benötigen, das ihnen anzeigt, sich jetzt aus der Frontlinie des Elternseins zurückzuziehen und die freiwerdende Zeit und Energie für sich selbst und einander zu verwenden. Bei der insistierenden und besserwisserischen Erziehung ist das Problem, daß sie zwei Botschaften aussendet, auf die nur die wenigsten Jugendlichen ruhig und gelassen reagieren können.

Die erste Botschaft lautet:
- «Ich weiß, was gut für dich ist!»

Wenn man in der Pubertät ist und vollauf damit beschäftigt, herauszufinden, wer man eigentlich ist, ist es entweder provozierend oder unsinnig, wenn die eigenen Eltern versuchen, einem die Antwort zu geben.

Die zweite Botschaft lautet:
- «Ich bin nicht zufrieden mit dir, wie du bist!»

Genau zu dem Zeitpunkt damit konfrontiert zu werden, wo man erstens selber nicht weiß, wer man unter dem Firnis der Erziehung eigentlich ist, und zweitens nicht sicher ist, wie gern man sich selber mag, ist unerträglich.

Zu diesem Zeitpunkt ist das Beste, was Eltern für sich selbst, für einander und für die Jugendlichen tun können, sich zurückzulehnen und das Resultat der Anstrengungen der vergangenen Jahre zu genießen. Und sollten sie nicht ganz und ungeteilt von dem begeistert sein, was sie sehen und erleben, so müssen sie dennoch versuchen, es zu genießen!

Genau das brauchen Jugendliche nämlich weiterhin, und zwar für den Rest ihres Lebens: Eltern, die voll und ganz hinter dem Versuch ihrer «Kinder» stehen, sie selbst zu werden und sich selbst kennenzulernen.

Angesichts der relativen Unvollkommenheit ihres «Produkts» tun viele Eltern das Gegenteil: Sie raffen sich auf und intensivieren ihre Erziehung in der Hoffnung, daß es noch etwas nützt. Das tut es nicht. Zumindest die Eltern schaffen es nicht.

Viele moderne Eltern, die sich auf diese Last-minute-Erziehung werfen, tun das nicht sosehr aus Überzeugung, sondern vielmehr, weil sie nicht wissen, was sie sonst mit ihrer Liebe und ihrem Verantwortungsgefühl anstellen sollen. Sie sind so sehr daran gewöhnt, von sich selbst Aktivität zu verlangen, daß es ihnen unverantwortlich erscheint, sich zurückzulehnen und sich an dem jungen Menschen im Guten wie im

Bösen zu erfreuen. Wenn sie aktiv sind, fühlen sie sich als Eltern wertvoll und vergessen dabei unter Umständen, daß sie die Jugendlichen daran hindern, sich als wertvollen Teil des Lebens ihrer Eltern zu erleben.

Übereinstimmend mit unserer traditionellen Sicht auf Kinder und Jugendliche haben wir eine Sprache entwickelt, die sich von der, die wir anderen Erwachsenen gegenüber verwenden, sehr unterscheidet. Man kann sie als besserwisserisch, herablassend und sich einmischend charakterisieren, im besten Fall als freundlich und verhüllend, im schlechtesten als kritisch verletzend. Sie vermittelt klar das dahinterliegende Menschenbild: Du bist noch kein gleichwürdiger Mensch. Solange das tatsächlich die Sicht der Eltern war, waren zumindest Sprache und Haltung übereinstimmend. Dagegen wird heute, wo viele Erwachsene nicht mehr hinter dieser Haltung stehen, der Ton disharmonisch und die Botschaft vieldeutig.

Besonders die Teenager werden durch diese Sprache vor den Kopf gestoßen, denn sie ignoriert die Individualität des Jugendlichen. Aber auch in der Beziehung zu jüngeren Kindern stört dieser Redestil den Kontakt. Folgendes Experiment viele hundertmal durchzuführen ist die beste Möglichkeit, mit diesem Sprachgebrauch aufzuräumen: Wenn ich diesen Konflikt mit meiner besten erwachsenen Freundin oder meinem besten erwachsenen Freund hätte, wie würde ich mich ihr oder ihm gegenüber ausdrücken? Wenn man die Antwort gefunden hat, ist man auf einer konstruktiven Spur, und wenn nicht, dann sollte man vielleicht mit seiner besten Freundin oder seinem besten Freund darüber sprechen!

Viele Jahre lang haben wir mit dem Mißverständnis gelebt, Kinder und Jugendliche sollten jedes Wort verstehen, das wir ihnen sagen. Damit gehen wesentliche Teile der Botschaft oftmals verloren. Der persönliche Ausdruck geht verloren, und wir ersetzen ihn durch den pädagogischen, wodurch der

Kontakt schlechter wird, als er sein müßte, sowohl der Kontakt zum Kind wie zu uns selbst. Schon im Verhältnis zu sehr kleinen Kindern können sich Erwachsene ruhig ohne pädagogische Redaktion ausdrücken, wenn es sich um Persönliches und Zwischenmenschliches dreht.

Auch im Verhältnis zu Teenagern ist es wichtig, daß Eltern aktive Sparringspartner bleiben. Es ist wichtig, daß sie ihre Ansichten und Haltungen zum Ausdruck bringen, aber ohne das erzieherische Ziel, den Jugendlichen ändern oder formen zu wollen. Da liegt der Unterschied zwischen besserwisserischer Erziehung und gleichwürdigem Dialog.

Wenn die vierzehnjährige Tochter der Mutter ihren Freund vorgestellt hat und sie fragt: «Ist er nicht einfach süß?», ist der Unterschied zwischen unangemessener Erziehung und gleichwürdigem Dialog:

- «Wie der sich benimmt! Er ist bestimmt nichts für dich!»

Und:

- «Er ist nicht gerade mein Fall, aber wenn ich sehe, wie deine Augen glänzen, finde ich das schön.»

Im Verhältnis zu Teenagern ist es genauso wie im Verhältnis zu Erwachsenen wichtig, sich zur Verfügung zu stellen, statt sich vorzudrängen, als habe man einen Sonderzutritt zu ihrem Gedanken- und Seelenleben:

- «Dazu habe ich meine eigene Ansicht. Willst du sie hören?»
- «Da muß ich mich einmischen. Bist du bereit, mir jetzt zuzuhören?»
- «Ich bin unruhig, was mit dir vorgeht, und ich will gern mit dir darüber reden. Kann das jetzt sein?»

Es geht nicht darum, im üblichen gesellschaftlichen Sinn höflich zu sein. Es geht darum, prinzipiell Respekt für die Souveränität eines anderen Menschen auszudrücken und die zehn Sekunden Pause in den Dialog einzubauen, die oftmals entscheiden, ob die Initiative als Kränkung erlebt wird oder als Einladung zu einem Dialog. Für viele Teenagereltern wird das zur Möglichkeit, die beiderseitige Verletzbarkeit und den Grenzverlauf neu zu entdecken und den feinfühligen Respekt wiederzugewinnen, der so oft in den Jahren des Zusammenlebens in den Hintergrund rückt.

Das Verlustgefühl der Eltern

Wenn junge Menschen selbständig werden, so ist das für ihre Eltern gleichzeitig ein schmerzvoller Verlust. So schmerzvoll, daß viele ihm erst Jahre später in die Augen sehen, manche niemals.

Die lebensnotwenige und wertvolle Rolle, die sie bis jetzt im Leben des Kindes gespielt haben, ist abgeschlossen, und auch wenn sie ja weiterhin Eltern sind und auch weiterhin gebraucht werden, ist ihre Rolle als Erzieher und ihre Verantwortung für das Leben des Kindes für immer beendet.

Dabei gibt es einige ganz konkrete Verluste:

- Verlust von Nähe. Plötzlich wollen sie lieber mit Freunden zusammensein oder allein in ihrem Zimmer sitzen und Musik hören.
- Verlust von Macht und Kontrolle. Sowohl die physische Überlegenheit wie die Möglichkeiten, ihr inneres und äußeres Leben zu kontrollieren.
- Verlust von Vertrautheit. Ihre Privatsphäre weitet sich aus, und das Vertrauen genießt oft ein Freund, eine Freundin oder der/die Liebste.

Der Verlust wird von Eltern unterschiedlich erlebt. Für manche kommt er wie eine schockierende, tränenreiche Erkenntnis, für andere wie kleine Wolken von Traurigkeit, und wieder andere fühlen sich vor allem erleichtert. Erst indem sie dem Verlust in die Augen sehen, können Eltern den Positionswechsel vom Vortrab zur Nachhut vornehmen.

Viele Eltern wissen nicht (oder haben vergessen), daß dieser Positionswechsel im Verhältnis zu den jungen Menschen notwendig ist, und wenn diese Trennung erfolgt, werden sie vom Schmerz über den Verlust überrumpelt. Zum Ausdruck kommt diese innere Realität – der nicht eingestandene Verlust – nicht selten als beinahe schon panischer oder aggressiver Versuch, sich als Erzieher und Kontrollinstanz durchzusetzen.

Beispiel:

Lina ist sechzehn. Sie wurde zu einer Party am Samstag abend bei dem Bekannten einer Freundin eingeladen.

○ «Darf ich mit Eva am Samstag zu einer Fete gehen? Ihre Eltern haben's ihr erlaubt.»
○ «Was ist das für eine Fete? Wer veranstaltet sie, und wo findet sie statt? Ist das jemand, den du kennst?»
○ «Das ist jemand, den Eva kennt. Es ist eine ganz normale Party.»
○ «Wir kennen diese Freunde von Eva nicht. Wer sind sie, und wie alt sind sie? Sind da auch Erwachsene im Haus?»
○ «Nein, kann ich mir nicht vorstellen.»
○ «Ja, aber du mußt doch irgend etwas wissen! Da ist etwas, was du mir nicht erzählst. Du willst, daß wir dir vertrauen, aber wie können wir das, wenn du auf unsere Fragen nicht antworten willst? Es ist doch wohl nicht unnatürlich, daß sich Eltern für ihre Kinder interessieren. Oder ist das heutzutage vielleicht so?»

Ein klassischer Fall. Die Eltern stehen an vorderster Front und haben an allen Grenzübergängen Wagen postiert. Die Botschaft, die Lina zu hören bekommt, ist niederschmetternd: Wir haben kein Vertrauen zu dir, und wir sehen dich ganz und gar außerstande, Verantwortung für dich selbst zu übernehmen. Wir sind mit dir noch nicht fertig, mein Mädchen, aber wenn wir das einmal sein werden, kannst du sicher sein, daß deine Eltern nie lasch gewesen sind und keinen Schlendrian zugelassen haben!

Wenn Lina und andere in ihrer Situation kreativ sind, lernen sie schnell, den Eltern die Antwort zu geben, die sie am liebsten hören wollen, oder sie hören ganz einfach auf, etwas zu sagen, was der Wahrheit ähnelt. Früher oder später werden die Eltern den Beweis erhalten, daß sie sich auf ihre Kinder nicht verlassen können, und damit bleibt der unheilvolle Kreis bestehen.

Alternative

- «Ich bin mit Eva zu einer Party am Samstag abend eingeladen. Was sagt ihr dazu?»
- «Ist das eine Party, zu der du Lust hast?»
- «Ich glaube, das wird toll, da kommen so viele, die ich nicht kenne.»
- «Gut. Wir haben keine Pläne für das Wochenende, wenn du also selber Lust dazu hast, haben wir keine Einwände. Wenn du geholt oder gebracht werden willst, möchten wir das gern so früh wie möglich wissen.»

Oder:
- «Wir wollen Onkel Jens am Wochenende besuchen und hätten dich gern dabei. Was meinst du dazu?»
- «Ich will viel lieber zu der Party. Da kommen jede Menge neue Leute, und ich glaube, das wird ganz witzig. Wollt

ihr nur Onkel Jens besuchen, oder ist da etwas Besonderes geplant?»
- «Wir wollen nur einen normalen Besuch machen. Denk darüber nach und sag Bescheid, wie du dich entschieden hast. Wenn du zu der Party gehen willst, möchten wir gern wissen, wie du hin und zurück kommst und wo du schläfst.»

Oder:
- «Du weißt doch, daß ich von Eva und ihren Freunden nichts halte, und deshalb finde ich, daß du zu der Fete nicht hingehen solltest!»
- «Warum hast du immer etwas gegen Eva? Sie ist voll nett und normal. Du kennst sie halt nicht richtig.»
- «Kann sein, daß ich Eva nicht richtig kenne. Die Sache ist die: Mir gefällt der Gedanke nicht, daß du mit ihr zu dieser Fete gehst. Du mußt dich nicht nach mir richten, aber so denke ich nun mal über diese Party.»

Oder:
- «Das kann ich dir ganz klar sagen: Das will ich schlicht und einfach nicht!!»

Es geht gar nicht um die Party. Es geht um die Möglichkeit der Eltern, ihre elterliche Verantwortung auszuüben, und um Linas Möglichkeit, ihre persönliche Verantwortung zu praktizieren.

Wenn Teenager um Erlaubnis fragen, sollten Eltern ihre Rolle als Gesetzgeber stufenweise abschwächen, es sei denn, es geht um ihr Geld oder ihr Eigentum. Es sollte Eltern möglich sein, in aller Offenheit ihre Meinung ausdrücken zu können, ohne daß das als Ausdruck eines Machtmißbrauchs aufgefaßt wird. Die Möglichkeit muß sich in den vorangegangenen Jahren in den Verhandlungen über soziale Grenzen etabliert haben, wo es den Kindern möglich war, persönliche Verantwortung zu entwickeln. Das stellt den Eltern frei zu sagen:

○ «Ich will das ganz einfach nicht!» (Mitschwingend: «Und gnade dir Gott, wenn du von dem Fest wegbleibst, nur weil ich das sage!»)

Mit anderen Worten: Nun weißt du, wo ich stehe. Und ich gehe also davon aus, daß du das in deine Entscheidung einkalkulierst, auf eine Weise, die du richtig findest. Das sind genau die gleichen ethischen Regeln, die für das Zusammenleben von Erwachsenen gelten.

Wir müssen frei sein dürfen, uns auszudrücken mit dem Ziel, auf den anderen Eindruck zu machen, aber nicht, um unsere gefühlsmäßige, physische oder ökonomische Macht zu mißbrauchen.

Wenn Lina zu der Fete hingeht, wird die Funktion der Eltern als Hinterland oder Sicherheitsnetz aktuell. Wenn sie am Sonntag traurig und mutlos aussieht oder wie aus dem Gleichgewicht geraten, dann kann einer der Eltern ihr den Arm um die Schultern legen und sagen: «Du siehst aus, als sei die Party nichts gewesen. Hast du Lust, darüber zu reden?»

Wenn die Antwort «Nein» ist, ist man an die Grenzen von Linas Privatleben gestoßen, und dann müssen beide Partner, jeder für sich, zu einem Gleichgewicht zurückfinden. Wenn die Antwort «Ja» ist, ergibt sich unter Umständen ein Bedarf an überlegenem Erwachsenenwissen, aber wahrscheinlicher ist das Verlangen, daß die Eltern einfach zuhören und dann ihren persönlichen Kommentar abgeben. Nur Linas eigene Worte können ihr das Gleichgewicht zurückbringen und ihre schlechte Erfahrung verarbeiten helfen.

Die Funktion der Eltern im Hinterland ist eine sehr wichtige Funktion. Nicht als eine erziehende oder kontrollierende Instanz, sondern weil es für uns Menschen wichtig ist, für unser Leben liebevolle und fürsorgliche Zeugen zu haben. Am liebsten solche Zeugen, die willig sind zu lernen, ihre Fürsorge zu geben, wenn wir sie brauchen, und nicht, wenn sie das Bedürfnis spüren, sich nützlich zu machen. Das zu lernen, dauert für gewöhnlich einige Jahre, andererseits braucht man das in den nächsten dreißig bis vierzig Jahren.

Wenn die «Befreiung» der Kinder anfängt, geschieht auch im Leben der Eltern etwas Bedeutungsvolles. Die Partnerschaft der beiden Erwachsenen und ihr individuelles Leben rücken wieder in den Fokus, und das bringt die Notwendigkeit mit sich, das Gleichgewicht zwischen Elternschaft und Partnerschaft neu zu justieren. Das Leben der Teenagereltern verläuft in mancher Hinsicht symmetrisch zu dem der Kinder: Beide durchlaufen eine kritische Lebensphase, wo die Identität und der Sinn des Lebens in den Fokus gerückt sind. Beide machen sich frei von alten Rollen und Funktionen und müssen mit der Unsicherheit in bezug auf die neuen umgehen, und beide sind geneigt, sich mit einer Hand an das zu klammern, was war. Es ist das biologische Los der Kinder, erwachsen zu werden, und die Erwachsenen erhalten ganz klare Möglichkeiten für einen Reifeprozeß auch ihrer Persönlichkeit.

Wer entscheidet?

Noch immer ist es die wichtigste Aufgabe der Eltern, für das Familienklima verantwortlich zu sein – das heißt: verantwortlich für die Qualität der Interaktion, die wiederum entscheidend ist für das Verhalten und das Befinden jedes einzelnen. Diese Verantwortung kann nicht delegiert werden, im Gegensatz zu der für praktische Dinge des familiären Alltags wie Waschen, Kochen, Einkaufen, Saubermachen und dergleichen.

In Skandinavien betrachten wir es sei Jahren als Selbstverständlichkeit, daß die Jugendlichen einen angemessenen Teil der Verantwortung für diese praktischen Funktionen in der Familie übernehmen, während man das in großen Teilen des übrigen Europas ganz anders sieht. Die Jungen sind hier ganz befreit und die Mädchen mehr oder weniger verpflichtet. Aber man trifft noch immer sehr viele Familien, in denen die Mutter, obwohl berufstätig, die gesamte Verantwortung trägt, und keine könnte sich vorstellen, es ginge auch ganz anders.

Wie ich es sehe entscheidet ein einziger Faktor, ob und in welchem Umfang die Jugendlichen verpflichtet werden sollen, bei den täglichen Verrichtungen der Familie zu helfen. Es kommt ausschließlich darauf an, ob die Eltern das wollen oder nicht. Und nach meiner Erfahrung ist es besonders wichtig, daß Eltern sich das klarmachen.

Das hat verschiedene Gründe. Wenn erwartet wird, die Kinder sollten «von sich aus» etwas übernehmen, sind die Eltern entweder frustriert wegen all dessen, was sie nicht «von sich aus» tun, oder die Jugendlichen übernehmen viel zuviel Verantwortung und sind damit überlastet, weil sie nicht wissen, was von ihnen erwartet wird. Wenn sich Eltern zu dieser Frage moralisch verhalten, dann hängt dieses «Kinder sind verpflichtet, ihrer Mutter und ihrem Vater zu helfen» in der Luft und sorgt in der Familie für eine angesäuerte Stimmung. Wenn die Eltern daraus ein Austauschverhältnis entstehen lassen (Serviceleistungen gegen Liebe), schaffen sie entweder Schuldgefühle und / oder permanente Unzufriedenheit, weil es hier um ganz unvereinbare Werte geht. Wenn Hausarbeit zu einer militärischen Pflicht wird, kommt es sehr schnell zu Kriegsgericht und Fahnenflucht.

Oft ist es für Eltern wesentlich schwerer zu sagen, was sie wollen, als man vielleicht zunächst glauben sollte. Viele erklären, «das ist doch wohl nicht nötig», aber sie wissen auch nicht, was sie tun sollen, wenn es nötig wird. Andere insistieren, sie hätten das schon tausendmal gesagt, und wieder andere haben rigide Regeln mit dazugehörigen Kontrollen und Sanktionen eingerichtet.

Haben die Familien auf diesem Gebiet Schwierigkeiten, wenn die Kinder groß sind, dann hatten sie die auch schon früher. Oft liegt das daran, daß die Eltern niemals sich selbst und ihre Forderung ernst genommen haben und deshalb den Kindern gegenüber ein doppeltes Spiel spielen. Sie haben die Kinder vielleicht fünf- oder zehnmal im Laufe eines Tages gebeten aufzuräumen, und es dann doch selber gemacht. Vielleicht hat es in dieser Hinsicht immer mehr oder weniger Konflikte gegeben, Konflikte, die zwar niemals richtig ernst wurden, die aber auch niemals ordentlich bearbeitet wurden. Schließlich kann es auch daran liegen, daß die Kinder mit einigen allzu rigiden Forderungen «überkooperiert» haben, seien diese nun direkt oder indirekt gewesen.

Auch auf diesem Gebiet ist es wichtig, Grenzen und Forderungen in einer direkten, persönlichen Sprache auszudrükken, wenn man vorhat, darüber zu verhandeln.

○ «Wir haben uns darüber unterhalten, und wir möchten gern, daß du die Verantwortung für das und das oder für etwas anderes, das eine entsprechende Hilfe für uns ist, übernimmst. Was sagst du dazu?»

Wenn die Reaktion lautet:
○ «Warum soll ich das?»

… ist die Antwort:
○ «Weil wir das so haben wollen. Nicht unbedingt die Aufgabe, die wir gerade genannt haben. Aber wir wollen, daß du einen praktischen Beitrag zum Familienleben leistest.»

Familien mit Teenagern

Wenn die Reaktion lautet:
- «Nein, also das ist zuviel! Wie soll ich all das andere schaffen, was ich zu tun habe?»

... ist die Antwort:
- «In Ordnung. Laß uns hören, was du angemessen findest.»
- «Ja aber... das weiß ich nicht. Das ist einfach zuviel. Können wir nicht irgend etwas weglassen?»
- «Warum nicht, aber du mußt selbst einen Vorschlag machen. Du weißt jetzt, was wir als angemessene Forderung für die Bedürfnisse der Familie empfinden, und jetzt wollen wir gern hören, was du findest.»

Von entscheidender Bedeutung ist, die Verantwortung dort zu plazieren, wo sie hingehört: die der Erwachsenen bei den Erwachsenen und die der Jugendlichen bei der oder dem Jugendlichen. Das kann bedeuten, daß zuerst folgende Standardsätze von dem automatischen Elternanrufbeantworter gelöscht werden müssen:

- «Nein, nun hör aber mal zu! Das kann doch wohl nicht zuviel verlangt sein, daß du...»
- «Wenn das so viel Scherereien gibt, sollten wir vielleicht mal über dein Taschengeld reden.»
- «Es ist nicht unnatürlich, daß Kinder in deinem Alter...»
- «So ein Unsinn. Du meinst doch nicht etwa, daß deine Mutter...»
- «In Anbetracht dessen, was uns das kostet...»
- «Als ich in deinem Alter war...»

(Die Liste ist viel länger, aber weder wird sie weniger peinlich noch effektiver.)

Schon früher wurde darauf hingewiesen, daß das Bedürfnis der Eltern nach Hilfe und Entlastung von Familie zu Familie variiert, und es gibt keinerlei Forderungen oder praktische Aufgaben, die einen besonderen pädagogischen Wert haben.

Im günstigsten Fall gibt es einige Aufgaben, zu denen die Kinder der Familie mehr Lust haben als zu anderen, aber an sich hat die Sache mit Lust nichts zu tun. Bei den allermeisten gesunden und aktiven Teenagern kommen Abwasch, Saubermachen, Essenkochen und so weiter auf ihrer Liste «Was im Leben wichtig ist» erst ganz weit unten oder stehen in der Rubrik «plötzliche Einfälle». Das ist zweifelsohne am besten für ihr eigenes, aktives Leben, aber nicht unbedingt im Hinblick auf das tägliche Leben ihrer Familie.

Die Verantwortung der Eltern für die Qualität der Interaktion und ihre praktischen Forderungen an die Jugendlichen in der Familie hängen zusammen. Im Prinzip ist es wichtiger, wie der Entscheidungsprozeß in einer Familie abläuft, als zu welchem Resultat er führt. Es ist besser, sich viel Zeit für die Entscheidungsfindung zu nehmen, als wegen des häuslichen Friedens schnelle Kompromisse einzugehen, wie es auch besser ist, abzusichern, daß beide Parteien ernst genommen werden, als die Diskussionen mit einer «gerechten» Lösung abzuschneiden.

In vielen Familien werden die Erwachsenen das erste Mal ernsthaft mit der Qualität ihrer bisherigen Entscheidungsprozesse konfrontiert, wenn die Kinder alt genug sind, gegenzuhalten. Die Eltern haben bis dahin auf der Grundlage eines verwickelten Systems von halbherzigen Kompromissen und natürlichem Pflichtgefühl überlebt, das auf Dauer sicher für eine langsame Unterminierung der wechselseitigen Beziehung sorgen wird. Das wird sich spätestens dann zeigen, wenn die Kinder zu Hause ausgezogen sind. Ich erinnere daran, Kinder, die nicht kooperationswillig sind, geben damit meist ein Zeichen, und das deutet darauf hin: In dieser Familie wird zuviel «überkooperiert»!

In manchen Familien passiert es dann, daß einer der Jugendlichen plötzlich ohne eigentliche Begründung verweigert, Absprachen und Pflichten zu erfüllen. Nach meiner Erfahrung hat das sehr unterschiedliche Hintergründe. Es kann auf dem Hintergrund einer sehr rigiden Erziehung dazu kommen, aber auch in durchaus flexiblen Familien. Oft erweist es sich jedoch als charakteristisch gerade für die flexiblen Familien, daß ihre Forderungen nach Flexibilität, Rücksichtnahme und sozialer Verantwortung sich als stark moralisch erweisen und insofern als rigide. Dies wirkte auf die Familie über lange Zeit hinweg drückend oder blockierend, bis dann der Jugendliche die Verantwortung übernahm und sich verweigerte.

Wenn so etwas in einer Familie geschieht und weder Streitereien noch vernünftige Gespräche helfen, bleibt nur eines zu tun: Der Jugendliche muß offiziell von allen seinen Pflichten gegenüber der Gemeinschaft auf unbestimmte Zeit befreit werden.

Warum das?

Weil das Verhalten des Jugendlichen ein Signal dafür ist, daß sich über lange Zeit ein bedrohliches Ungleichgewicht zwischen seiner persönlichen Verantwortung (für sich selbst) und seiner sozialen Verantwortung (für andere) entwickelt hat. Wenn seine Integrität nicht bedroht wäre, würde er nicht so radikal unsozial auftreten. Wenn seine soziale Verantwortlichkeit auf einem angemessenen Niveau neu etabliert werden soll, ist es nötig, ihm zu helfen, zu seiner persönlichen Verantwortung zurückzufinden, die ja die Voraussetzung für ein wirkliches soziales Verantwortungsgefühl ist.

Das klingt für die meisten Erwachsenen leicht, aber ausgesprochen provozierend. Es ist mir andererseits als das einzige

Mittel bekannt, das mit großer Garantie wirksam ist und, noch wichtiger, das auf einer soliden ethischen Basis wirkt. Erfahrungsgemäß dauert es ungefähr sechs bis acht Monate, bis der Jugendliche anfängt, der Familie wieder seine Hilfsbereitschaft zu zeigen. In dem Maße, wie die Eltern damit zurechtkommen, die Hilfsbereitschaft willkommen zu heißen und nicht, damit Raubbau zu treiben, wird die soziale Verantwortlichkeit des Jugendlichen im Rahmen der Familie nach etwa einem bis anderthalb Jahren solide etabliert sein. Dazu kommt der nicht unwesentliche Hauptgewinn: Seine persönliche Verantwortung entwickelt sich und baut nicht mehr auf Trotz auf.

Dieser Heilungsprozeß ist für beide Seiten schwierig durchzustehen. Es ist für den Jugendlichen schwer, nicht zur Gemeinschaft beizutragen. (Man soll sich nicht von seiner ersten Reaktion, die vielleicht «Toll!» lautet, täuschen lassen.) Das ist oft auch sehr schwierig für die Eltern, weil sie genau entgegengesetzt zu allem, was sie gelernt haben, denken und handeln sollen.

Es wird ein Entwicklungsprozeß für beide Seiten, da führt kein Weg dran vorbei, wo die Eltern erkennen werden, daß ihr Moralkodex nicht immer auf solidem Fundament ruht. Das heißt nicht, ihre Moralbegriffe seien «falsch» gewesen, sondern nur wie automatische Lehrmeinungen ohne die Substanz gelebten Lebens.

Es sind die Eltern, die entscheiden. Sie sind die Kapitäne des Schiffes. Ob sie sicher in den Hafen gelangen und einer Meuterei entgehen, hängt davon ab, wie verantwortlich sie ihre Macht ausüben und wie willig sie sind, Tempo und Kurs zu korrigieren, je nach Beschaffenheit von Wind und Besatzung.

Wenn es beinahe gelingt

Manchmal gelingt es nur beinahe, und das Kind, in das man während der ganzen Zeit des Heranwachsens sein Herzblut investiert hat, zeigt plötzlich, daß es vom Kurs abgekommen ist, in Form von Kriminalität, Drogenmißbrauch oder durch andere Verhaltensweisen, die zu vermeiden sich die Eltern so bemüht hatten.

Ich kenne keine Situation, wo es für Eltern verlockender ist, die Erzieherrolle wieder zu entdecken oder zu intensivieren in dem verzweifelten Versuch, der Entwicklung Einhalt zu gebieten. Aber wenn auch der Schmerz und der Wille groß sind, es ist dennoch zu spät für Erziehung. Es würde nur dazu führen, die Situation für beide Partner zu verschlechtern.

Drei Dinge sind es, die Eltern in einer solchen Situation tun können, wenn die Lähmung oder Panik etwas abgenommen hat:

○ Die Eltern müssen versuchen, Schuldgefühl, Selbstvorwürfe und Vorwürfe miteinander und mit anderen Erwachsenen zu teilen. Denn nichts davon ist wirksam oder fruchtbar im Kontakt mit den Jugendlichen. Deshalb ist es für die Eltern notwendig, diese Gefühle ganz oder teilweise auszuräumen, damit Energie frei werden kann, um sich der Verantwortung und der Zukunft zu stellen.
○ Im Kontakt mit den Jugendlichen ist es wichtig, an den allgemeinen Prinzipien, wie sie im vorangegangenen entwickelt wurden, festzuhalten oder sie einzubauen. Das selbstzerstörerische Verhalten der Kinder und Jugendlichen ist nicht gegen die Eltern gerichtet. Es ist zuerst und zuletzt eine Unterminierung ihrer eigenen menschlichen Würde. Die Erwachsenen müssen versuchen, so direkt und so persönlich zu sein, wie sie es zu dem Zeitpunkt können, das heißt, sie müssen selbst die Verantwortung

für ihre Gefühle und Reaktionen übernehmen, aber weder die Rolle des Therapeuten noch die der Polizei, noch die eines Richters oder Pfarrers.
○ Eltern müssen die Verantwortung übernehmen, daß die Familie Hilfe erhält. Zunächst ist es nicht so wichtig, ob das ein guter Freund der Familie ist, ein Lehrer, ein Pfarrer oder ein professioneller Familientherapeut. Am wichtigsten ist, daß die ganze Familie Hilfe bekommt, auch die anderen Kinder oder Jugendlichen. Alle fühlen sich mitschuldig, und alle können sie mitverantwortlich sein.

Wenn ein junger Mensch beginnt, autodestruktiv aufzutreten, sind es viele Faktoren, die da hineinspielen und die hineingespielt haben. Dazu gehören die Freunde, das soziale und ökonomische Umfeld in der Gesellschaft und in der Familie, die Kultur, die kommunale Kinder- und Jugendpolitik und noch viele andere Dinge. Und dann natürlich die Familie.

Unabhängig davon, wie machtvoll die übrigen Faktoren zu sein scheinen können, müssen wir als Eltern dem ins Auge sehen, daß etwas in der Art, wie wir mit unseren Söhnen und Töchtern zusammengelebt haben, sie verletzbar gemacht hat. Etwas von dem, was wir ihnen gegeben haben oder ihnen zu geben versäumt haben, hat es ihrem Selbstgefühl oder ihrer Eigenverantwortlichkeit unmöglich gemacht, stark und widerstandsfähig heranzuwachsen. Wir haben das Beste getan, was wir konnten, und ganz unschuldig sind wir mitschuldig geworden.

Unser wichtigster Beitrag zum weiteren Leben der Jugendlichen ist deshalb, unsere Mitverantwortung zu übernehmen. Das ist wichtig für unseren eigenen Seelenfrieden, und es ist wichtig, weil die persönliche Mitverantwortung, die wir nicht übernehmen, über dem Jugendlichen als Schuld hängenbleibt, und sie wird ihn damit zusätzlich verletzbar machen.

Über das hinaus, was ich bereits genannt habe, gibt es noch zwei wichtige Gründe, Hilfe von außen zu suchen.

○ Eltern sind nie in der Lage, den Prozeß der Interaktion in ihrer Familie zu überschauen oder zu durchschauen. (Ich und meine Kollegen unter Psychologen und Familientherapeuten können bezeugen, daß das auch für sogenannte Experten gilt.) Es ist wichtig, Hilfe zu bekommen, um diese destruktiven Prozesse, die in der Familie ablaufen und die abgelaufen sind, zu sehen, weil sie es sind, für die sie Verantwortung übernehmen müssen. Die Verantwortung dafür, daß es diese destruktiven Prozesse gab, und die Verantwortung, zu versuchen, sie durch etwas Konstruktiveres zu verändern, wenn es sie noch immer gibt.

○ Es ist äußerst begrenzt, was die öffentlichen Hilfsdienste erreichen können, wenn die Familie nicht den Willen hat, sich selber genau anzuschauen und ihre Interaktion zu verändern.

In den Jahren zwischen dem Beginn der Pubertät und dem Erwachsenenleben sind die Jugendlichen in einer ganz besonderen Situation, die es ihnen schwermacht, ein selbstzerstörerisches Verhalten ohne die Hilfe von Eltern, wie sie oben beschrieben ist, zu verändern.

Im Grunde sind sie damit fertig, die Persönlichkeit und das Verhalten zu entwickeln, das ihr genetisches Erbe und das Aufwachsen in der Familie in sie hineinprogrammiert haben. Sie haben das Gleichgewicht zwischen Rücksicht auf sich selbst und dem Drang, mit den Eltern zu kooperieren, so wie es nun einmal in ihrer Familie möglich war, aufrechterhalten. Das waren buchstäblich fünfzehn Jahre harter Arbeit, deren Ergebnis in Form von Persönlichkeit und Verhalten nun anfängt, deutlich hervorzutreten.

Sie sind, ungeachtet der manchmal rauhen Oberfläche, verletzbar wie die Schmetterlinge, die gerade ausgeschlüpft sind und ihre Flügel in der Sonne trocknen. Wenn das beinahe gelungen ist, fangen manche von ihnen an, destruktive und selbstzerstörerische Dinge zu tun, an denen sie zwar unschuldig sind, für die sie aber verantwortlich sind. Wenn Eltern oder andere Erwachsene dazu beitragen, daß sie sich schuldig fühlen, festigen sich ihre Verhaltensmuster, und die Selbstzerstörung ist kaum noch aufzuhalten. Sind die Erwachsenen hingegen bereit, eine aktive, persönliche Mitverantwortung zu übernehmen, wird es ihnen möglich sein, langsam das Selbstgefühl zu entwickeln, das die Voraussetzung dafür ist, daß sie sich selbst besser behandeln können.

7 Die Eltern

Obwohl andere Formen als die Familie mit Vater–Mutter–Kind immer häufiger werden, werde ich mich in diesem Kapitel auf das Zusammenleben von zwei Erwachsenen in ihrer Funktion als Eltern beschränken. Die Prinzipien des Lebens von Erwachsenen differieren kaum.

Wie auch in den vorangegangenen Kapiteln wird hier kein detailliertes «Kochbuch» zusammengetragen, sondern es sollen einige fruchtbare Prinzipien für Erwachsene, betreffend Zusammenleben und Elternschaft, skizziert werden. Ich glaube, dies kann zur Zeit nicht anders sein, wo viele von uns sich abmühen, kämpfen und experimentieren, um Wege des Zusammenlebens zu finden, die dem Entwicklungssprung, der in den Sechzigern und Siebzigern stattfand, zu entsprechen.

Ehe war über Jahrhunderte der Schlüssel zu sozialer Sicherheit und Akzeptanz sowohl für Männer als auch insbesondere für Frauen, deren Lebenssituation, wenn sie unverheiratet blieben, sehr unsicher war. In vielen Ländern ist es noch immer so, während bei uns ganz neue Forderungen und Erwartungen an die Rolle der Ehe und der Paarverhältnisse im Leben des einzelnen entstanden sind. Manche haben die Hoffnung aufgegeben, sie selbst oder potentielle Partner könnten diese Erwartungen erfüllen und votieren deshalb dafür, Kinder zu bekommen und sie allein aufzuziehen. Für andere ist der Status als alleinerziehender Elternteil vorläufige Notlösung. Für wieder andere sind Kinder zum Symbol der Unfreiheit geworden, die auf ihrer Prioritätenliste nach den gleichen ökonomischen Prinzipien eingestuft werden wie elektrische Haushaltsgeräte oder wie Karrieremöglichkeiten.

Wenn ich meine Erfahrungen aus der therapeutischen Arbeit mit Paaren in den Ländern und Kulturen, die ich kenne, vergleiche, treten zwei Dinge deutlich hervor. Erstens sind die tieferen Konflikte und Probleme in Liebesbeziehungen zwischen zwei Erwachsenen überall die gleichen. Kultur und Religion färben nur die Oberfläche. Zweitens werden ungleiche Verhältnisse in Beziehungen zwischen Männern und Frauen nur noch eine kurze Zeit als Modell für eine gute Partnerschaft dienen. Vielleicht bin ich zu optimistisch, vielleicht ist es so, wie ein alter Freund und Kollege es ausdrückte: «Wenn man einen Hammer in der Hand hält, sieht plötzlich alles aus wie ein Nagel!»

Das hoffe ich nun nicht. Soweit ich sehen kann, ist eine sehr spannende und fruchtbare Entwicklung im Gange, wo die menschliche Würde eine beträchtlich größere Rolle spielt als früher. Bei dieser neuen Vorrangigkeit von Würde und Gleichwürdigkeit setzt dieses Kapitel an, und dafür versuche ich, einige generelle Prinzipien zu formulieren. Nach meiner Erfahrung gilt für die Interaktion von Erwachsenen ebenso wie für ihre Interaktion mit den Kindern, daß das Prinzip der Gleichwürdigkeit großen Respekt für Verschiedenheit verlangt, und daß konkrete Anweisungen dafür, wie man etwas tun soll, mit großer Vorsicht betrachtet werden müssen, es sei denn, man wollte gelebtes Leben durch inszeniertes Leben ersetzen.

Unterschiedlichkeit

Wenn wir uns begegnen, uns verlieben und beschließen zusammenzuleben, sind die Unterschiede zwischen uns größer als das, worin wir uns einig sind. Wir wissen das alle – und dennoch scheint es, als ob die Liebe die Sinne benebelt und uns in eine Phantasiewelt versetzt, in der wir uns selbst und gegenseitig einbilden, Liebe und Zusammenleben handelten davon, so einig wie möglich zu sein. In der ersten Phase des Zusammenlebens versuchen wir, der Einheit so nahe wie möglich zu kommen, indem wir uns zugunsten der Zusammengehörigkeit selbst aufgeben. Etwas später wünschen oder verlangen wir als Liebespfand und als Beweis der Verpflichtung gegenüber der Liebesgemeinschaft, daß der andere sich die Ferse abhackt oder einen Zeh abschneidet. Das ist das allezeit und allerorten gültige Muster, dem man nicht vorbeugen kann, man kann es nur abbrechen oder durchleben.

Wenn wir uns anschauen, wie gut sich zwei Erwachsene zur Elternschaft eignen, ist der wichtigste Unterschied, abgesehen vom Geschlechtsunterschied, der Unterschied in der Persönlichkeit, in den Verhaltensmustern, der Neurose oder wie immer wir das bezeichnen.

Ich ziehe es vor, dies unsere unterschiedliche Überlebensstrategie zu nennen, die sich nach den Möglichkeiten und Begrenzungen unserer Herkunftsfamilie und der sie repräsentierenden Kultur geformt hat. Unter unserer Überlebensstrategie verstehe ich, wie wir gelernt haben, mit den Konflikten zwischen Integrität und Kooperation umzugehen, so daß sie für uns selbst so erträglich wie möglich blieben und für unsere Eltern so akzeptabel wie möglich.

Unsere Überlebensstrategie ist immer in Teilen selbstzerstörerisch. Unabhängig davon, was wir gefühlsmäßig von unserer Kindheit erinnern, haben wir Narben davongetragen und manches Ungesunde in der Art, wie wir uns selbst behandeln, mitbekommen. Manche von uns haben in der Einsamkeit Zuflucht gesucht, andere verschmolzen mit Forderungen und Erwartungen in der Sehnsucht nach Gemeinschaft – und außerdem gab es auch noch alle Variationen und Mutationen dazwischen.

Vor allem an zwei Dinge sollte in diesem Zusammenhang gedacht werden:

○ Unser autodestruktives Verhalten ist immer auch destruktiv für unsere Nächsten und für die Gemeinschaft mit ihnen. Sobald sie anfangen, uns zu lieben, öffnen sie sich uns gegenüber und werden verletzbar. Weil wir schon viel länger leben als unsere selbstzerstörerischen Tendenzen, sind wir gegen den Schmerz oft immun geworden oder haben uns mit ihm abgefunden. Auf unsere Partner und Kinder, die uns noch nicht so lange kennen, macht das sehr starken Eindruck. Die Überlebensstrategie, die sich für unsere Herkunftsfamilie eignete, paßt selten in der nächsten Familie. Denn es ist eben eine *Überlebens*strategie und keine *Lebens*strategie.

○ Zwei Dinge gibt es, die in Kombination mit harter Arbeit uns helfen können, Überlebensstrategie in Lebensstrategie zu verwandeln: die Liebe, die wir von anderen bekommen, und unsere eigene Sehnsucht, für das Leben der anderen so wertvoll wie möglich zu sein.

Wenn wir eine Familie gründen, bevor wir dreißig oder fünfunddreißig sind, kennen wir weder uns selbst noch den anderen. Wir kennen nur die zwei Überlebensstrategien, die zwei Persönlichkeiten. Und da unsere Verliebtheit es mit sich bringt, daß wir uns allein und miteinander wohl fühlen, denken wir natürlich nicht daran, daß wir bald loslegen sollen, uns zu entwickeln und zu ändern.

Für frühere Generationen lautete die Forderung nicht Entwicklung, sondern Anpassung. Die neue Familie, das bedeutete, die Forderung der Herkunftsfamilie nach Selbstaufopferung, sich selbst um des anderen willen aufzugeben, zu wiederholen.

Für die moderne, gleichwürdige Familie sind die Bedingungen prinzipiell vollkommen andere: *Eine konstruktive Gemeinschaft mit Partner und Kindern erfordert unsere Be-*

reitschaft, uns als Menschen zu entwickeln – nicht weil die anderen uns dazu zwingen, aber oft bewegt von ihrem Schmerz.

Meistens sind unsere Überlebensstrategien vollkommen unterschiedlich, und das gleiche gilt für das Feedback des Gegenübers, die Inspiration und die Zeit, die wir brauchen, um zur Entwicklung bereit zu sein. Die erwachsenen Partner können mehr oder weniger geduldig sein und eine mehr oder weniger hohe Schmerzschwelle haben, aber Kinder zeigen relativ ungehemmt ihr vollständiges Vertrauen in unsere Vollkommenheit und Allmacht. Ihre Möglichkeiten, sich als weniger autodestruktive Persönlichkeiten zu entwickeln, hängen zum großen Teil von unserem Willen ab, die unsere in Teilen abzubauen. Gegenseitigkeit tritt an die Stelle von Einseitigkeit.

Viele schöne Sachen wurden von der Unterschiedlichkeit als Quelle der Inspiration gesagt und geschrieben, und alles stimmt. Wenn wir jedoch Eltern werden und es buchstäblich um die Entwicklung des Lebens geht, werden die Unterschiede zwischen uns oft mehr als belastend denn als inspirierend erlebt. Manches Mal hilft es, sich an folgende Tatsache zu erinnern: Wenn zwei Erwachsene Eltern werden, haben sie (im günstigsten Fall) gemeinsam etwa ein Drittel der Erfahrung, der Einsicht und des Know-how, das sie brauchen, um die Situation einigermaßen hinzubekommen. Den Rest werden sie dann schon voneinander lernen und von den kompetenten Rückmeldungen des Kindes.

Es liegt in der Natur der Sache, daß dieser Lernprozeß im wesentlichen aus Konflikten besteht. Deshalb zahlt es sich aus, die Kräfte dafür zu gebrauchen, zu lernen, wie man Konflikte konstruktiv gestaltet, statt sie zu benutzen, um herauszufinden, wer «am rechtesten» hat.

Beispiel:

Sie: «Das kann doch nicht richtig sein, jedesmal, wenn du ihr die Windeln wechselst, weint sie. Warum gehst du immer so grob mit ihr um?»
Er: «Wenn sie frische Windeln braucht, werden sie halt gewechselt. Es mag ja sein, daß du Zeit genug hast, mit ihr jedesmal stundenlang zu spielen, aber sie kann genausogut lernen, daß man manche Dinge einfach hinter sich bringen muß!»
Sie: «Ja, aber du siehst doch selbst, daß sie das nicht angenehm findet.»
Er: «Ich rede nicht davon, ob es angenehm ist oder nicht. Ich rede davon, daß es Dinge gibt, die man einfach nur hinter sich bringen muß. Danach kann man dann spielen. Was ist, wenn sie in der Kinderkrippe ist? Du glaubst wohl, die haben Zeit, auf sie besonders Rücksicht zu nehmen?»

Dieser Konflikt ist zwischen Eltern insofern klassisch, als zwei ganz unterschiedliche Haltungen zutage treten und außerdem weibliche Werte mit männlichen Werten zusammenprallen. Wir können mehr mit der einen oder der anderen Seite sympathisieren, aber das ist in diesem Konflikt nicht das wichtigste. Entscheidend ist, daß Urteile gefällt werden über die Art und Weise, wie der andere etwas tut: Du bist zu grob! Und du bist zu unrealistisch!
Der Konflikt könnte auch folgendermaßen verlaufen:

Sie: «Das kann doch nicht richtig sein, jedesmal, wenn du ihr die Windeln wechselst, weint sie. Warum gehst du immer so grob mit ihr um?»
Er: «Das mag ja sein, daß ich etwas nicht auf deine Weise erledige, aber ich mache es halt auf meine. Okay?»
Sie: «Na gut...»

Die Eltern

Diese Version ist ein Beispiel dafür, was geschieht, wenn der Respekt vor der Unterschiedlichkeit zur Phrase reduziert wird. Das Dogma früherer Zeiten, Unterwerfung sei ein notwendiger Kompromiß, ist hier zum Kontaktmangel des modernen Individualismus umgewandelt worden. Er ist mit seiner Haltung allein und sie mit ihrer Sorge – und das Kind mit seinen Tränen. Der Konflikt ist seiner Sprache und seiner Gefühle beraubt, aber er ist weit davon entfernt, entschärft zu sein.

Wenn der Dialog sinnvoll und konstruktiv sein soll, muß er persönlich gehalten sein und sich auf die Eltern beziehen. Man kann mit einigem Recht behaupten, daß auch Haltungen persönlich sind und daß Diskussionen über Haltungen auch konstruktiv sein können. Die Voraussetzung ist, daß es ausschließlich um Haltungen geht, aber das ist nur sehr selten der Fall, wenn das Thema der Diskussion die Art und Weise ist, wie Erwachsene miteinander und mit ihren Kindern umgehen.

Wenn, wie im Beispiel, der Konflikt sich um persönlichen Schmerz und Frustration dreht, dann muß der Dialog in einer persönlichen Sprache geführt werden.

Sie: «Hör mal! Es quält mich, daß Sarah immer weint, wenn du ihr die Windeln wechselst. Können wir jetzt mal darüber reden?»
Er: «Ja, gut. Habe ich wieder etwas verkehrt gemacht!?»
Sie: «Ich weiß nicht, ob es falsch ist. Ich weiß nur, es quält mich jedesmal, deshalb möchte ich immer einspringen und euch helfen, um besser zurechtzukommen. Ich weiß nicht, ob du sauer wirst, wenn ich mich einmische, und deshalb muß ich jetzt mit dir darüber reden... Ich glaube, ich brauche jetzt am meisten, daß du mir sagst, wie du das findest.»
Er: «Ich sehe da kein Problem. Mir wäre es lieber, wenn sie die ganze Zeit lächelte, aber es muß ja gemacht werden.»

Sie: «Vielleicht sind wir da gar nicht so unterschiedlich. Hast du Interesse an einigen guten Vorschlägen?»
Er: «Nein, eigentlich nicht... Ich weiß einfach nicht, ob ich es irgendwie anders machen kann... auf meine Weise, meine ich.»

Die meisten Konflikte können an diesem Punkt gut und gern beendet werden. Den Partnern ist gelungen, einander zuzuhören und die jeweiligen Grenzen ernst zu nehmen. Sie haben aufeinander Eindruck gemacht, statt einander zu überzeugen versucht, und die «musikalische» Qualität des Gesprächs ist wichtiger für das Befinden der ganzen Familie als mögliche Absprachen oder Schlußfolgerungen. Wir stellen uns häufig vor, die Entwicklung ginge schneller vonstatten, wenn wir zu einem Resultat kommen, aber das ist nur selten der Fall. Oft stockt sie. Sarah wird möglicherweise noch einige Wochen oder Monate frustriert oder auf ihren Vater wütend sein, wenn er ihr die Windeln wechselt. Aber damit kann sie viel besser leben als mit Eltern, die sie als Waffe in einem Machtkampf benutzen.

Lassen Sie uns einen Augenblick zu dem ersten Versuch der Frau, die destruktive Interaktion in ihrer Familie zu ändern, zurückkehren:

Sie: «Das kann doch nicht richtig sein, jedesmal, wenn du ihr die Windeln wechselst, weint sie. Warum gehst du immer so grob mit ihr um?»
In direkte Sprache umgesetzt sagt sie:
○ «Du machst das verkehrt, und du bist zu grob mit ihr.»

Ihr Eröffnungssatz ist ein gutes Beispiel dafür, wie in der zwischenmenschlichen Interaktion der Inhalt im Verhältnis zum Prozeß stets unterlegen ist. Lassen Sie uns annehmen, daß die Beobachtung der Mutter stimmt und die Interaktion zwischen Vater und Tochter tatsächlich unangemessen ist, weil er sie ohne Einfühlungsvermögen behandelt, wie eine Aufgabe, die zu lösen ist. Jedoch sind die Wortwahl, der anklagende Tonfall und die Mimik, in die die Mutter die Botschaft kleidet, ebensowenig einfühlsam und kränkend, wie sie ihm vorwirft zu sein. Ihre Aussage wird damit unglaubwürdig, und statt das Problem in ihrer Familie zu lösen, verdoppelt sie es. Ihre Fürsorge für die Tochter verliert mit der Zeit ihren Wert, wenn sie nicht mit der entsprechenden Beachtung des Partners einhergeht.

Das Paradoxe dabei ist nun, daß sie so spricht, weil sie auf diese Art von ihren eigenen Eltern korrigiert wurde. Ihr ganzer Organismus erinnert sich an den Schmerz, und sie reagiert deshalb im Namen der Tochter, aber es ist nur eine Frage der Zeit, bis sie anfängt, ihre Tochter auf die gleiche Weise zu behandeln. Genau wie ihr Mann und alle anderen ist sie unschuldig zu ihrem destruktiven Verhalten gekommen, aber der elterlichen Verantwortung für neues Leben folgt die Verantwortung, zu versuchen, über die unfruchtbaren Handlungen und Haltungen hinauszukommen, die das Resultat ihrer Liebe zu ihren eigenen Eltern sind.

Die gleichwürdige Führung

Die Geschichte der Führungsrolle innerhalb der Familie ist breit gefächert. Wenn wir allein die aktuelle Europakarte überblicken, gibt es alle Varianten vom herrschsüchtigen, patriarchalischen Haustyrann, der sanften, entschlossenen Mutter Erde, dem demokratischen Duo, den effektiv manipulierenden Verwaltern der Küchen- und Kinderzimmer, der respektvollen, funktionsorientierten Führung bis hin zur alles kontrollierenden Schwiegermutter – und dem Paar, das verbissen um jeden Quadratmillimeter Macht kämpft.

Die gleichwürdige Führung 271

Die gleichwürdige Führung ruht auf zwei Grundpfeilern. Der eine ist die wachsende soziale, politische und ökonomische Gleichheit zwischen den Geschlechtern, der andere ist die Idee, daß Männer und Väter ein aktiver Bestandteil der alltäglichen häuslichen Unternehmungen sein sollen und – nicht zuletzt – gefühlsmäßig in die Familie integriert und aktiv, täglich für die Kinder sorgend. In Beziehung auf die europäische Familiengeschichte ist das ein revolutionierender Gedanke.

Stets hatten Männer und Väter wichtige Funktionen in der Familie und im Verhältnis zur Familie, aber nur ausnahmsweise sind sie Teil der rhythmischen, kontinuierlichen Gemeinschaft von Mutter und Kind gewesen. Noch in der Mitte der dreißiger Jahre empfahlen dänische Erziehungswissenschaftler, die Kinder sollten gegessen haben, ehe der Vater von der Arbeit nach Hause kommt. Dem Herrn des Hauses und Versorger der Familie war nicht zuzumuten, die tägliche Hauptmahlzeit in Gesellschaft kleiner Kinder einzunehmen!

Die gleichwürdige Führung ist dadurch charakterisiert, daß beide Elternteile alle in der Familie notwendigen Rollen beherrschen und sie willens sind, einander zu ergänzen und in den Funktionen überlappend zu agieren, wenn es nötig sein sollte. Auch wenn sich bei einzelnen Elternpaaren mit der Zeit eine gewisse Arbeitsteilung, den Interessen und Talenten entsprechend, einstellen wird, so ist das doch keine Frage einer nach Funktionen aufgeteilten Führung, wie man sie immer dort findet, wo sich der Mann der Feldbestellung, der Tiere und Maschinen annimmt und die Frau der Kinder, des Hauses und Gartens. Diese Art der Führung mit feststehenden Verantwortungsbereichen kann zweifellos von großer Würde und viel Respekt geprägt sein; aber das ist nicht dasselbe.

Weiterhin basiert die gleichwürdige Führung darauf, daß beide Erwachsene gleichermaßen beschlußfähig sind und die Beschlüsse entweder gemeinsam getroffen oder dem überlassen werden, der am kompetentesten ist. Sie unterscheiden sich von der demokratischen Führung, denn dort wird alles diskutiert und gemeinschaftlich, möglichst einstimmig beschlossen. Das heißt unter anderem, daß die Entscheidungen des Partners unterstützt werden, auch wenn man sich nicht einig ist. Uneinigkeit und Unterschiede zum Beispiel in der Art des Denkens und der Prioritäten machen sich in der gleichwürdigen Partnerschaft nach der Beschlußfassung oftmals als Feedback bemerkbar, aber sie führen nicht zu einem Machtkampf. Debatten werden nicht geführt, um recht zu bekommen, sondern um einen Eindruck zu vermitteln und ernst genommen zu werden.

Man könnte die gleichwürdige Familie als postdemokratische Familie bezeichnen, die die qualitative Bedeutung der Entscheidungen höher schätzt als den Entscheidungsprozeß und die Minderheit einbezieht, statt sie auszugrenzen und zu isolieren.

Die Führung der Eltern in bezug auf ihre Kinder geht von dem Grundgedanken aus, daß sowohl Eltern als auch Kinder unterschiedliche Grenzen und unterschiedliche Bedürfnisse haben. Sie beruht nicht auf der Einigkeit der Eltern über Grenzen und Regeln, sondern auf dem Prinzip, daß jede und jeder einzelne das Recht hat, so ernst genommen zu werden, wie er oder sie nun einmal ist.

Es gibt keinerlei Vorbilder, denen wir folgen könnten, darin liegt eine Schwierigkeit beim Aufbau gleichwürdiger Führung in Familien. Es gibt mehr und mehr Familien, denen dieser Führungsstil gelingt, aber weder in gesellschaftlichen Institutionen noch im politischen Leben, noch in privaten Unternehmungen gibt es entsprechende Führungsmodelle, die den Weg weisen könnten. Das ist einer der vielen Gründe, warum eine gleichwürdige Partnerschaft in der Familie nicht auf Anhieb realisiert werden kann. Das ist ein allmählicher

Entwicklungsprozeß, der fortwährend seinen Inhalt und seinen Zustand ändert, je nach dem Wachsen der Familie und nach der Entwicklung der einzelnen Familienmitglieder. Die Verwirklichung dieses neuartigen Führungsstils bringt weder mehr noch weniger Frustrationen mit sich als all die vielen anderen Arten, eine Familie zu führen, nur daß hierbei andere Werte hochgehalten werden.

Partnerschaft und Elternschaft

Wenn ein Paar das erste Kind bekam, war es Tradition, daß der Mann weiterhin wie zuvor arbeitete oder sich um seine Karriere kümmerte, lediglich ergänzt um die Vaterwürde und eine erhöhte Verpflichtung, der Versorger zu sein. Wenn eine Frau Mutter wurde, änderte sich ihr Status ziemlich radikal. In der Regel hieß das prinzipiell, daß sie ihre unabhängige, weibliche Identität zugunsten der Mutterrolle aufzugeben hatte, die – eventuell erweitert um die Rolle als Großmutter – ihre Rolle für den Rest ihres Lebens blieb.

So ist es in großen Teilen der Welt noch immer, und die Vorstellung, daß es auch anders sein könnte, ist verhältnismäßig neu. Frauen begannen, ihre Rolle als unangemessene soziale und existentielle Einschränkung zu erleben. Und etwas später fingen auch Männer an, sich mit den menschlichen Mängeln ihrer Rollen zu beschäftigen.

Aber die starre Festlegung auf die Rollen als Vater und Mutter ist nicht nur historisch begründet. Ein Kind zu haben ist etwas so Überwältigendes und ein so gewaltiger Aufruhr der Gefühle, daß die meisten Paare sehr schnell beginnen, sich selbst und gegenseitig mit diesen Sonderrollen zu identifizieren. Manche hören sogar auf, einander mit Vornamen anzusprechen, sondern nennen sich statt dessen gegenseitig «Vater» und «Mutter».

Die Eltern

Die meisten von uns sind durch ihr Elternsein so erfüllt, daß die Partnerschaft für einige Jahre in den Hintergrund rückt. Prinzipiell läßt sich sagen, jede Schwächung der elterlichen Partnerschaft und die daraus folgenden Entbehrungen und Frustrationen sind auch für die Kinder von Nachteil. Aber einen besonderen Aspekt in der Partnerschaft von Eltern gibt es, der von großer Bedeutung ist für das Elternsein und für die Möglichkeit von Eltern, die ihre Kinder betreffende Konflikte zu bearbeiten und zu lösen.

Dieser besondere Aspekt ist die Möglichkeit der Partner, miteinander als Mann und Frau reden zu können, als Freunde und Liebende und als zwei Menschen mit jeweils ganz eigener Identität. Wenn einer Frau nicht gefällt, wie ihr Mann ihren Sohn bei den Schularbeiten hilft, ist es wichtig, ihn als seine Freundin und Partnerin anzusprechen und nicht als die Mutter ihres Kindes. Wenn eine Ehefrau sich um die gemeinsame Teenagertochter ängstigt, wenn die sich irgendwo herumtreibt, dann ist es wichtig, daß ihr Ehemann an ihren Sorgen teilnimmt, als ihr Mann und nicht als Vater seiner Tochter. Die Elternrollen eignen sich für die Interaktion mit den Kindern. Bei der Interaktion zwischen Erwachsenen ist es wichtig, daß Erwachsene sich selbst darstellen (keine Rolle spielen).

Das ist nicht nur wichtig, um die Freundschaft und Erotik lebendig zu erhalten, sondern – scheinbar paradox – besonders um uns als Eltern und als Menschen weiterzuentwickeln. Wenn wir uns über unsere Beziehungen zu den Kindern immer nur in unseren Rollen als Vater und Mutter unterhalten, dann stehen die Kinder ständig im Mittelpunkt der Gespräche, die sich dann unvermeidlich darum drehen, was die Kinder tun und was sie nicht tun und so weiter. Aber damit wir uns als Elternmenschen entwickeln und unseren Kindern so angemessen wie möglich begegnen können, müssen wir von uns selbst sprechen – miteinander. Ruhig mit den Kindern als Ausgangspunkt oder Anregung für das Gespräch, aber nicht als dessen einziger Dauergegenstand.

Meistens vergessen wir das und benötigen deshalb Hilfe, um daran zu denken, daß wir außer Vater und Mutter auch noch eigenständige Männer und Frauen sind, mit Erlebnissen, Gefühlen, Bedürfnissen, einer Geschichte und mit Träumen, alles vollkommen unabhängig von unserer Rolle als Eltern. Es ist angeraten, dies durch symbolische Handlungen zu bekräftigen, durch Kinobesuche, Wochenendausflüge, Essengehen zu zweit, aber darüber hinaus ist es gut, sich gegenseitig jedesmal darauf aufmerksam zu machen, wenn einem von uns aufgefallen ist, daß nun schon eine Stunde lang unser Gespräch sich ausschließlich um unsere Kinder drehte.

Wenn ich zu Anfang dieses Kapitels auf die Geschichte verwies, geschah das nicht primär um der Vorgeschichte willen, sondern weil uns das Vergangene noch immer so nahe ist, daß viele moderne Eltern eine Art geistigen Widerstand dagegen entwickelt haben. Grob gesagt kristallisiert der sich in der Vorstellung, das Leben einer Familie mit Kindern bestehe aus Ansprüchen, harter Arbeit und noch mehr Ansprüchen und die einzigen Möglichkeiten für individuelle Entwicklung könnten deshalb nur außerhalb des Zuhauses gefunden werden.

Hin und wieder treffe ich Familien, in denen diese Vorstellung der Ursprung eines Teufelskreises wurde, wo sich die Eltern für ihr gemeinsames Leben in der Zweierbeziehung als immer unwichtiger erleben. Nicht, weil sie einander nicht wichtig sein konnten, sondern weil sie keine Möglichkeit sehen, es zu sein. Von manchen wird dies so erlebt, als ob ein Anstoß von außen die Familie bedrohe. Aber die eigentliche Bedrohung ist häufig das bei diesen Menschen fehlende Gespür für die vorhandenen Möglichkeiten, ihrer Partnerschaft immer wieder neuen Auftrieb zu geben.

Kaum etwas ist nach meiner Erfahrung so ausschlaggebend für die gedeihliche Entwicklung jedes einzelnen wie eine liebevolle, wechselseitig verbindliche und existentiell fruchtbare Partnerschaft. Daß dies ganz oben steht auf der Prioritätenliste für Familien, ist allerdings etwas Neues, und es gibt nach wie vor unzählige Familien, bei denen vor allem eines ins Auge springt: das Ausmaß des ungenutzten menschlichen Potentials.

Gegenseitigkeit ist Respekt vor der gleichen Würde

Ich glaube, wir Menschen haben immer, wenn wir der Unberührtheit und Unschuld unseres neugeborenen Kindes als Eltern gegenüberstanden, darin ein Wunder gesehen und Ehrfurcht und Verantwortung empfunden. Der Wunsch und der Drang, das Kind zu beschützen und zu lieben, und der Wille, ihm ein gutes Leben zu geben, steigen in uns auf wie bei einem inneren Sonnenaufgang, wobei es kaum eine Rolle spielt, wie unsere eigene Kindheit einmal gewesen ist und wie unzulänglich unser Dasein heute ist.

Dieser Drang zu *geben* erwächst in uns bei der allerersten Begegnung mit dem Kind, unabhängig davon, ob wir selber seine Eltern sind oder ob wir ein Kind adoptieren, und in vielen Erwachsenen, die keine Kinder haben können, wächst dieses Verlangen, zu geben, aus einem sehnsüchtigen Schmerz.

Das Wechselspiel von Geben und Nehmen im Umgang mit Kindern ist andererseits etwas, das die meisten von uns mit ihnen gemeinsam erst lernen müssen. Die Möglichkeit, die sie uns geben, daß wir uns nämlich aufgrund ihres Daseins wertvoll fühlen, sollte uns bewußtmachen, ihnen dasselbe zurückzugeben, damit sie sich als Menschen von unantastbarem Wert erleben können.

Gegenseitigkeit ist Respekt 277

Das kann nur geschehen, indem wir unsere Ichbezogenheit zu drosseln und uns für ihre persönliche Kompetenz zu öffnen lernen, von der sie im Unterschied zu uns nicht wissen, daß sie sie uns geben, ehe wir sie entgegennehmen. Wenn wir das nicht lernen, wachsen sie in dem Glauben auf, sie hätten keinen anderen Wert als den, den man in Zensuren und sozialem Erfolg messen kann. Das ist nicht nur schmerzlich für sie und abträglich für unseren Kontakt mit ihnen, sondern auch schlecht für die Gesellschaft, in der sie leben und für die sie Verantwortung übernehmen sollen.

Möglicherweise ist die traditionelle, einseitige Art, in der Eltern ihren Kindern begegnen, ein Hinweis darauf, daß wir das immer gewußt haben. Wenn Kinder artig sind und sich tatsächlich oder scheinbar harmonisch entwickeln, haben sich Eltern immer über diese Zeichen ihres eigenen Wertes und ihrer Kompetenz gefreut und das damit quittiert, daß sie den Kindern gezeigt oder erzählt haben, wie gut sie sind. Wenn dagegen Kinder schwer zu erziehen, unartig, frustriert und destruktiv waren, reagieren die Erwachsenen darauf immer mit dem Gedanken, schuld daran sei etwas, was sie nicht getan, nicht genug getan oder zu tun versäumt haben, und damit schieben sie sich selbst ein Stück Inkompetenz zu. Eltern haben immer schlicht geglaubt, es gehe nur voran, wenn sie mehr *geben* – mehr Erziehung, mehr Liebe, mehr Verbote, mehr Schläge, mehr Kontrolle und so weiter.

Vermutlich gibt es dafür zwei triftige Erklärungen. Die eine ist selbstverständlich die kulturelle: So machen es alle. Die andere ergibt sich daraus, wie wir Menschen, wenn wir in unseren Beziehungen zu anderen erleben, daß wir nicht so wertvoll sind, wie wir gern wären, unmittelbar reagieren: nämlich aggressiv. Wir sind gereizt, frustriert, wütend und gewalttätig. Und da, wo am meisten auf dem Spiel steht, im Verhältnis zu unseren Kindern und Partnern, reagieren wir am heftigsten. Wir ziehen ihren Wert für uns in Zweifel und werfen ihnen auf diese Weise vor, daß wir uns selber nicht wertvoll genug fühlen.

Das passiert schon, wenn sie klein sind und auf dem unebenen Plattenweg stolpern. Wir reißen sie hoch und reagieren mit einem unwirschen «Paß doch auf!». Das passiert auch, wenn der Fünfjährige zum drittenmal an einem Tag weinend mit aufgeschlagenem Knie nach Hause kommt. «Du mußt halt lernen, besser aufzupassen!» Wenn Lehrer in der Schule uns mitteilen, unser Kind erfülle nicht ihre Anforderungen oder Erwartungen, werden wir auf sie oder auf die Kinder wütend oder auf alle beide. Wenn unsere Paarbeziehung ins Stocken geraten ist oder zerbröselt, finden wir den Fehler beim anderen, und wenn wir als Erwachsene mit dem Leben nicht zurechtkommen, werfen wir das unseren Eltern vor, der Gesellschaft oder einfach irgend jemandem sonst. Wenn wir nicht gelernt haben, unseren Zorn nicht immer nach innen gegen uns selber zu richten und zu versinken in Schuldgefühlen, Depressionen und Selbstanklagen.

In bezug auf Kinder, haben wir gelernt, müssen wir erzieherisch handeln, um mit dieser Situation fertig zu werden. Nicht gelernt haben wir, lieber ihrer Kompetenz sorgfältig zu lauschen und davon zu lernen, so daß wir dadurch so wertvoll werden, wie wir es uns wünschen. Wenn das Verhalten unserer Kinder uns dazu bringt, uns weniger wertvoll zu fühlen, ist das fast immer so, weil wir es auch nicht sind: Das hat uns niemand erklärt. Das kommt daher, daß wir vor Ausbruch des Konflikts selber nicht kompetent genug waren, um unsere liebevollen Gefühle in liebevolle Handlungen umzusetzen, unsere guten Absichten in eine fruchtbare Interaktion. Wir können das nicht so schnell durch Handeln ändern. Wir können uns unseren Kindern nur öffnen und versuchen, ihre spontanen oder (aus Rücksicht auf uns) verzögerten Rückmeldungen zu entschlüsseln. Kinder versuchen nicht, uns irgend etwas beizubringen, und sie folgen keiner pädagogischen Theorie. Sie leben einfach mit uns zusammen und lassen uns wissen, welche Erfahrungen sie machen.

Die meisten von uns entwickeln sich menschlich so langsam, daß wir noch lange, nachdem unsere Kinder schon erwachsen sind, nicht aufhören, wütend oder vergrätzt zu sein. Das macht nichts, solange wir nicht an der Illusion festhalten, es sei ihre Schuld. Davon abzulassen ist nicht leicht, insbesondere, weil so viele von uns zu Beginn unseres Lebens mit Erwachsenen zu tun haben, die es nicht besser wissen.

Der Vater eines unkontrollierbar gewalttätigen Jungen von sieben Jahren blickte mir einmal direkt in die Augen und fragte, mit all der Verzweiflung und dem Trotz in der Stimme, die sein Sohn geerbt hatte: «Muß man wirklich so viel darüber nachdenken, was man zu einem kleinen Jungen sagt? Meine Eltern haben ihr Lebtag nie etwas anderes gesagt als NEIN!» Es wird den Leser kaum überraschen, daß ich antworten mußte: «JA!»

Register

Erstellt von Dr. Barbara Gerber

Aggression und Kooperation des Kindes mit Erwachsenen 89–91
Anerkennung und spontane persönliche Reaktion 107 f.
– durch gut überlegte persönliche Rückmeldung 110
– persönlicher Verantwortung, Abhängigkeit des Kindes von der 161
Anpassung, Erziehung zur 30 f., 43 f.
– und altes Ideal des Massenmenschen 42
– des Kindes an die Machtstruktur der Familie 21
– des Kindes an gesellschaftliche Rollenerwartungen (äußere Anpassung) 30 f.
– soziale (Aufgabe der Integrität), in Feudalgesellschaften und Diktaturen 92 f.
Autorität, Aufstand gegen die 12
– persönliche, und Grenzen 219 f.
– persönliche, und persönliche Sprache im Ausdruck von Grenzen 224–226
– persönliche, und Selbstbefragung 222 f.
– persönliche, statt alter Rollen 221

destruktives / autodestruktives Verhalten Jugendlicher (Kriminalität, Drogenmißbrauch) und angemessenes Verhalten der Eltern 258 f.
– von Kindern und Jugendlichen 206 f.
– und Kooperation des Kindes mit Erwachsenen 53 f., 87
Dialog, «gleichwürdiger» persönlicher 15
– gleichwürdiger, mit Teenagern 245 f.
– als Mittel der Wahrnehmung persönlicher Verantwortung 162
– persönlicher, zwischen Eltern 268 f.
– als Weg zum Verhandeln über soziale Grenzen 234 f., 238

Ehe, alte 20
Einsamkeit von Kindern mit Verantwortung 193–196

Register

Elternschaft und Lernprozeß als Konflikt 197 f.
Entwicklung des Kindes, gesunde, durch Anerkennung von Verschiedenheit und Uneinigkeit der Eltern 27
– des Kindes, gesunde, und Interaktionsprozeß innerhalb der Familie 33
– des Kindes und Jugendlichen, gesunde 118 f.
ernst nehmen 34, 60, 151–157
– statt alter Erziehung 164–166
Erziehung 9
– alte, statt ernst nehmen 163
– alte, und Fremdbestimmung 140
– alte, zum Gehorsam 82 f.
– alte, auf Kosten der persönlichen Verantwortung 137–139
– alte, und geringes Selbstgefühl 109
– antiautoritäre 11
– belehrende, als Hindernis sozialer Verantwortung 178
– Einstellung zur, demokratische 9
– Einstellung zur, neue 13–15
– Einstellung zur, traditionelle 11
– «freie» 11
– Normen und Grenzen in der 32
– Sprache der 22
– traditionelles Ideal der Einigkeit der Eltern in der 26 f.
– traditionelles Ideal der Gerechtigkeit in der 29 f.
– traditionelles Ideal der Konsequenz in der 27 f.
Erziehungsmethode, Absurdität des Begriffs 22 f.
Erziehungsmethoden 22 f.
– als Hindernis persönlicher Verantwortung 173 f.
– Oberflächlichkeit der alten 69

Familie 9, 14 f.
– alte, Rangordnung 20
– alte, und soziale Sicherheit 21 f.
– «demokratische» 32, 35, 70
– demokratische Werte und Ideologie als Grundlage der 31–33, 36
– als existentielle und emotionale Einheit 34
– und alte Familienstruktur 17
– gleichwürdige, als postdemokratische 272
– juristischer Begriff der 34

- als Machtstruktur 20f.
- soziale Bedeutung der, in verschiedenen Kulturen 12f.

Familientherapie 15f., 21, 50f., 202, 258–260

Frau, weibliche Werte als menschliche Grundwerte 37

Frustration und Trauer des Kindes bei Verweigerung der Erfüllung eines Bedürfnisse/Wunsches 235f.

Führung der Eltern in bezug auf das Kind 272

Geben und Nehmen im Umgang mit Kindern auf der Grundlage von Gegenseitigkeit 276f.

Geschlechterrollen, Demokratisierung der 31, 36
- und Gleichheit innerhalb der Familie 34–37
- Gleichwürdigkeit als Alternative zu 35

«*gesehen*» *werden* 100–106, 123f.

Gewalt gegen Kinder und Jugendliche 12, 61, 125f.
- gegen Kinder und Jugendliche, Konsequenzen der 59, 128–132
- gegen Kinder und Jugendliche, durch Mißachtung 17–20
- physische, und Euphemismen 60f.
- elterliche Rechtfertigung der 28
- und Schuldzuweisung an das Kind 127
- durch Strafe 29f.
- Typen der 125f.
- Verantwortlichkeit der Erwachsenen für 132
- Übernahme der Verantwortung für die 130
- und Zerstörung des Selbstgefühls 125f.

Gleichwürdigkeit 14, 40f.
- als Dimension der neuen Familie 39
- als dynamischer Prozeß 40
- und Freundschaft zwischen Eltern und Kindern 241
- in der Führung der Familie 270–273
- und Gleichheit bzw. Ungleichheit 40f.
- und harmonisches oder disharmonisches Verhalten 93f.
- in der Kooperation mit Kindern und Jugendlichen 166f.
- Psychotherapie und 41f.
- Qualitäten für den Erwerb von 42
- und Respekt für die Verschiedenheit von Partnern 263
- Schwierigkeiten im Erwerb von 42

Grenzen, alte, als familiäre «Verkehrsregeln» 218 f.
- in der «demokratischen Familie» 229 f.
- innerhalb der Machtstruktur der alten Familie 25 f.
- als Selbstbegrenzung Erwachsener und Kinder 26
- soziale 232
- unterschiedliche, der Eltern 231
- und persönliche Verantwortung 230
- und Verletzung der Integrität des Kindes 226–228

Handlungsalternativen zur traditionellen Erziehung 14
Hilfsbereitschaft anstelle von Pflichterfüllung 183 f.

Inkompetenz von Eltern 277–279
- der Erwachsenen 66, 113 f.
- der Erwachsenen, Verantwortung für die 112
Integrität, Arten der Verletzung der kindlichen 56, 58, 79
- Behauptung der 71–74
- und Identität 55
- Opferung der, als Langzeitwirkung von Gewalt 61 f.
- Opferung der, und Schmerz 78 f.
- physisches, und Nahrungsaufnahme 71–74
- und Selbstgefühl 57, 125
- Verletzung der, durch Inzest 56
- Verletzung der, durch physische Gewalt 60 f.
- Verletzung der, und Signale 81 f.
- Verletzung der physischen, und Rechtfertigung der Erwachsenen 62, 88
Interaktion 202 f.
- der Geschlechter 31 f.
- zwischen Kindern und Erwachsenen 11, 75
- zwischen Kindern und Erwachsenen, Verantwortung der Erwachsenen für die 34, 204, 251
- zwischen Säuglingen und Eltern 11
Interaktionsprozeß, Einwirkung von Kindern auf den, in der Familie 34
- Forderung nach Liebe im familiären 38 f.
- und demokratische Spielregeln in der Familie 34
- und Verantwortung der Erwachsenen in der Familie 33 f.

Kampf des Kindes um Integrität und Erfüllung seiner
  Bedürfnisse 65–69
Kinder, von Geburt an sozial und menschlich 11, 23
– Interesse für 21
– Statusveränderung der 140 f.
– altes Verständnis der Natur der 11, 22, 43 f., 62
Kinder- und Familienpolitik 11
Kleinkindpädagogik 11
Kompetenz des Kindes 10, 15, 63, 111 f., 161 f.
– des Kindes und Ehestreit 63 f.
– des Kindes (Integrität, Soziabilität, Kooperationsfähigkeit) 63
– des Kindes bei Integritätsverletzungen 58
– Mangel an 9
– Unterdrückung der 55, 57
– bei Zweijährigen 23 f.
Konflikt zwischen Integrität und Kooperation 43 f., 75 f.
– als Machtkampf 35 f.
– zwischen elterlicher Verantwortung und persönlicher
  Verantwortung des Kindes 208
Kontakt, Mißlingen des, zwischen Eltern und Kindern 108 f.
Kooperation und Ausdruck verheimlichter oder unbewußter
  Gefühle 50
– direkte und spiegelverkehrte 45, 51–55, 101 f.
– des Kindes mit einer selbstzerstörerischen
  Elternpersönlichkeit 51
– des Kindes in der Interaktion mit anderen 45, 49
– des Kindes nach Kränkungen 59
– als Nachahmung der Erwachsenen durch Kinder 45 f., 50
– als kompetente Rückmeldung des Kindes 46, 48
– Verweigerung der 80 f.
– verfehlte Vorstellung von 46, 50
Kränkung und Lernprozeß 71
– autodestruktive Reaktion auf 56 f.
– und Rechtfertigung der Erwachsenen 62
– (Verletzung der Integrität des Kindes) 57–59
Kriterien für Handlungen (Maßstäbe) 15
Kritik (und Lob) als Machtinstrument der Erwachsenen
  106–110

Liebe der Eltern zu ihren Kindern 100

Macht, elterliche, und Unterdrückung der negativen Reaktionen der Kinder auf die Machtausübung der Eltern 216f.
- elterliche, und Verantwortung 199f.
- Respekt vor 20
- subtilere, der Erwachsenen über Kinder 205

Machtkampf zwischen Eltern und Kindern 150f.

Machtstruktur der alten Familie, totalitäre 20f.

Mann und Vater, Kritik am 36f.

Modell, skandinavisches, für die Entwicklung zwischen Erwachsenen und Kindern 12, 17

nicht ernst nehmen 152f.

nicht «gesehen» werden und familiäre Rollenzuteilung 119–122
- und mangelndes Selbstgefühl 115–118

Partnerschaft, Bekräftigung der, unabhängig von der Elternrolle 274–276
- Schwächung der elterlichen, zum Nachteil der Kinder 274

Persönlichkeit, fremdbestimmte 109f.
- und Überlebensstrategie 264–266

Pflichten von Kindern in der Familie 179–184

Pflichterfüllung, Verweigerung der, und Befreiung Jugendlicher von der 255f.

«Polizeiordnung», familiäre, in der alten Familie 25

Psychologie 75, 180
- traditionelle 10, 48, 67

«Präpubertät» 24

Pubertät und alte Erziehung 239
- psychosexuelle Entwicklungsphase und Konflikt 24
- und Funktion der Eltern als Hinterland 250f.
- und Notwendigkeit der Justierung des Gleichgewichts von Elternschaft und Partnerschaft 251
- Verletzbarkeit Jugendlicher in der 267
- und Verlustgefühl der Eltern durch Selbständigwerden des Kindes 246

Respekt und Akzeptanz 37 f.
Rollen, alte familiäre, als Stereotype 220
Rückmeldung, persönliche, und persönliche Verantwortlichkeit 166

Schuldgefühl (Verlust an Selbstgefühl) als autodestruktive Reaktion auf Kränkung 56 f.
Selbstgefühl, Abgrenzung von Selbstbewußtsein und Selbstvertrauen 95–97
– Blockierung bei Adoptivkindern, Pflegekindern, behinderten Kindern 115 f.
– geringes 95, 98 f. 106 f.
– geringes, der Eltern 133 f.
– gesundes 96
– gesundes, Bedingung für 134
Selbstvertrauen 97
Service als Vernachlässigung 170
Signale und Symptome, psychosomatische, für Konflikt 84–87
Sozialpädagogik 11
Sprache, alte, der Erziehung 22, 244
– persönliche 102 f.
– persönliche, des Kindes 159
– persönliche, und Verantwortung 157 f.
– quasi-persönliche 159
Strafe und Zerstörung des Vertrauens / Selbstgefühls 29

Teenager und Abgrenzung von den Eltern 241
– und Aufbegehren gegen Erziehung 242
– und Schuldzuweisung 25
– und Übernahme von Verantwortung für praktische Funktionen in der Familie 251 f.
– und Unterstützung durch die Eltern 243
– und Verlust der Kooperation mit den Eltern 240
Trotzalter, verfehlter Begriff von 23 f.

Überkooperation 255
Überverantwortlichkeit von Kindern für ihre Eltern
  184–194
– Langzeitwirkung von 191 f.
– Signale für 189
«*Unsichtbare*» *Kinder*, Gründe für 122 f.

Verantwortlichkeit für Vernachlässigung 171 f.
Verantwortung, elterliche, mißverstandene, und Macht
  145 f.
– persönliche (existentielle) 137–140
– persönliche, Bereiche 149 f.
– persönliche, bei Konflikten um Hausaufgaben 213–215
– persönliche, bei Konflikten um die Schlafenszeit 211–213
– persönliche, bei Konflikten um morgendliches
  Wecken 209–211
– persönliche, als Lernprozeß 147–149
– persönliche, von Säuglingen und kleinen Kindern 161 f.
– persönliche, und Selbstbestimmung 139
– persönliche, und Selbstgefühl als Gegensatz zu
  Überverantwortlichkeit 193 f.
– persönliche, und persönliche Sprache 172 f.
– persönliche, in unterschiedlichen Kulturen 142 f.
– persönliche, und Verwechslung mit Service 168–170
– soziale 137 f.
– soziale, auf der Grundlage persönlicher Verantwortung
  175 f.
– soziale, und persönliche Ansprache 178 f.
Verhalten, elterliches, bei Frustration/Trauer des Kindes
  236
Verhältnis zwischen Erwachsenen und Kindern, kulturelle
  Unterschiede im 13
– zwischen Erwachsenen und Kindern, qualitative Verbesserung
  im 39
Vorbilder und Rollenmodelle, fehlende 13, 35

Wertvorstellungen, Auflösung und Umwandlung von alten 17